**CSSCI来源集刊**

山东大学国际汉学研究中心　　主 办

主　编　王承略　　副主编　聂济冬

Chinese Books and Sinology

二〇二三年第二辑

（总第十三辑）

山东人民出版社·济南

国家一级出版社　全国百佳图书出版单位

**图书在版编目（CIP）数据**

汉籍与汉学．总第十三辑/王承略主编；聂济冬副主编．—济南：山东人民出版社，2023.12
ISBN 978-7-209-14921-1

Ⅰ．①汉… Ⅱ．①王… ②聂… Ⅲ．①汉语—古籍研究—世界 ②汉学—研究—世界 Ⅳ．①G256.23 ②K207.8

中国国家版本馆 CIP 数据核字（2024）第 007796 号

汉籍与汉学（总第十三辑）
HANJI YU HANXUE（ZONG DISHISAN JI）
主　编　王承略　副主编　聂济冬

主管单位　山东出版传媒股份有限公司
出版发行　山东人民出版社
出 版 人　胡长青
社　　址　济南市市中区舜耕路 517 号
邮　　编　250003
电　　话　总编室（0531）82098914
　　　　　市场部（0531）82098027
网　　址　http：//www.sd-book.com.cn
印　　装　青岛国彩印刷股份有限公司
经　　销　新华书店

规　　格　16 开（210mm×285mm）
印　　张　13
字　　数　270 千字
版　　次　2023 年 12 月第 1 版
印　　次　2023 年 12 月第 1 次
ISBN 978-7-209-14921-1
定　　价　32.00 元

如有印装质量问题，请与出版社总编室联系调换。

# 《汉籍与汉学》编委会

# 目　录

## 学术信息

# CONTENTS

## Cultural and historical study

## Academic information

# 《杜律集解》在日本江户时代的衍生文献述论

## ——以《杜律要约》为中心*

李利军

[摘　要]《杜律集解》是日本江户时代最流行的杜集，产生了六种衍生文献。《杜律要约》作为其中最早的一种，是日本杜诗学本土化转型的初次探索。其成书博引文献，受到明代类书的影响，具有工具书面目。该书体例简省，内容上具有"简"和"博"的特点，不录杜诗、较少引申发挥是其与中国杜诗学著述明显的区别，该书具有学术笔记体的博杂性，这是与《杜臆》等不录杜诗的中国杜诗学著述的区别特征。《杜律要约》对《杜律集解》在释词、诗法、意旨等方面多有补益，也存在文本讹误、体例不严整、注解繁复等不足。该书与《杜律集解》的积极对话，以及体例和内容方面的创新，开启了《杜诗解草案》《杜律发挥》等日本江户时代杜诗学对《杜律集解》的独特接受。

[关键词]日本江户时代；杜诗学；《杜律集解》；《杜律要约》

## 一、引言

日本江户时代（1603—1868）一个重要的文化现象是读杜风气的高涨，最直接的原因是明代邵傅《杜律集解》的传入。[①] 该书在江户时代初期传入日本，就引起翻刻热潮，并形成了六种衍生文献，日本杜诗学的系统深入研究也就此展开。佚名编著的《杜律要约》是其中最早的著述，目前尚未引起学界关注。[②] 本文以此文献为中心，就日本江户时代《杜律集解》的衍生文献略作申述。

【作者简介】李利军，西北大学文学院博士研究生，天水师范学院副教授。

\* 本文系国家社科基金重大项目"日本天理图书馆藏汉籍调查编目、珍本复制与整理研究"（20&ZD276）阶段性成果。

① 张伯伟：《典范之形成：东亚文学中的杜诗》，《中国社会科学》2012 年第 9 期。

② ［日］静永健、刘维治：《日本的杜甫研究述要》，《南阳师范学院学报》2010 年第 7 期；张伯伟：《典范之形成：东亚文学中的杜诗》，《中国社会科学》2012 年第 9 期；冯雅、高长山：《日本的杜甫诗研究——以五山、江户时期为例》，《外国问题研究》2012 年第 4 期；黄自鸿：《江户时代杜甫研究与接受——大典显常的〈杜律发挥〉》，《杜甫研究学刊》2019 年第 2 期。上述论文论及江户时代杜甫研究专著，均未提到《杜律要约》。

平安时代（794—1192）早期，杜甫诗就传入日本，但从五山时代（1192—1602）的虎关师炼开始，杜诗在日本才受到重视，其《济北诗话》有四则阐发杜诗诗意，考释本事及典故，是日本杜诗学的发端。五山诗僧义堂周信、江西龙派、雪岭永瑾解读杜诗颇多心得，杜诗讲座在禅林盛行。由于上层僧人与官府关系密切，因此，研杜之风流行于贵族和僧侣群体，杜集的传播渐趋活跃。

江户时代的杜集接受与批评更为集中和深入。这一时期，传入日本的杜集至少有 30 余种 100 余种。① 重要杜集如黄希、黄鹤《黄氏补千家集注杜工部诗史》，赵汸《杜律赵注》，虞集《杜律虞注》，单复《读杜愚得》，张綖《杜工部诗通》，颜廷榘《杜律意笺》，傅振商《杜诗分类》，钱谦益《钱注杜诗》，朱鹤龄《杜工部诗集辑注》，顾宸《辟疆园杜诗注解》，吴见思《杜诗论文》，沈德潜《杜诗偶评》，仇兆鳌《杜诗详注》，杨伦《杜诗镜铨》，张远《杜诗会粹》，卢元昌《杜诗阐》，范馨云《岁寒堂读杜》，浦起龙《读杜心解》，刘濬《杜诗集评》均在其中。

杜集和杜诗学文献在江户时代的大量传播，最突出的现象是以邵傅《杜律集解》为中心，集中于杜律的传播与评骘，使得评杜论杜渐成风潮，产生了一批杜诗学专题论著。据统计，平安时代共有 36 种和刻本杜集问世②，这其中，自宽永二十年（1643）至元禄十年（1697）五十余年间，《杜律集解》及其《杜律五言集解》《杜律七言集解》单行本共刊行了 20 种和刻本③。

《杜律集解》是明代闽县（今福建福州）人邵傅注解的《杜工部七言律集解》和《杜工部五言律集解》的合刻本，邵氏"自青衿至皓首"编成《杜工部七言律集解》二卷，万历十五年（1587）由友人陈学乐梓行，"业诗者争凭之作蹊径，以入杜氏门墙"，受陈氏"注杜诗五言律"之请，邵傅"杜门扫轨，几八月而稿就（《杜工部五言律集解》四卷)"，陈学乐于万历十六年（1588）将二书合刻为《杜律集解》六卷。④ 该书融汇吸收宋以来千家注、俞浙、虞集、单复、赵大纲、张敬孚等名家注本评语，仅作题注，句间释词义，诗尾简评意旨，考论得失，博采众长，阐发新义，简练通达，但成书以来，国内鲜见流传，仅被仇兆鳌《杜诗详注》在"凡例"中作为"备采"文献。与国内的冷遇相

---

① 中国运往日本的书籍即唐船持渡书，除了宽永二年（1625）至正保四年（1647）无详细记录，江户时代的东传杜集都在被大庭修《江户时代における唐船持渡书の研究》作了详尽统计，何振据此搜检出 31 种共 115 部杜集，其中浦起龙《读杜心解》以 21 部居首，详见何振《论杜诗在日本江户诗坛的传播与接受》，《域外汉籍研究集刊》第 18 辑，第 480—481 页。

② 何振：《论杜诗在日本江户诗坛的传播与接受》，《域外汉籍研究集刊》2018 年第 2 期。另据严绍璗《日藏汉籍善本书录》（下），《杜律七言集解》二卷有 2 种版本，《杜律集解》六卷有 10 种版本，《杜律集解五言》四卷《杜律集解七言》二卷有 2 种版本，共 14 种，中华书局，2007 年，第 1447—1448 页。

③ 汪欣欣《邵傅〈杜律集解〉考论》一文在静永健、陈翀《近世日本〈杜甫诗集〉阅读史考》的基础上考订最详，《中国典籍与文化》2020 年第 4 期。汪文将清水玄迪、宇都宫遯庵补注的《鳌头增广杜律集解》六卷（元禄九年，1696）也纳入《杜律集解》和刻本系统，实则该书在增补引录大量注疏的基础上辩证发明，已成为一种新的杜集文献。

④ 陈学乐：《刻〈杜工部五言律诗集解〉序》，《杜律集解（五言）》卷首，日本贞享二年（1685）刻本，台北图书馆藏本，第 3—4 页。

反,《杜律集解》一经传入日本,就因其"简而不繁,人人读之"① 的普及性,引起了轰动效应,不仅很快成为畅销书,而且使杜甫"一跃为这一时期的一个文化偶像,终于在日本知识阶层中得到了一定的地位"②。

元禄十年后,《杜律集解》在日本的传播与接受上升到一个新阶段,该书再无和刻本问世,但基于《杜律集解》的杜诗补注和疏解趋于活跃,从此,在五山时代杜诗散论和平安时代杜诗传播的基础上,日本杜诗学展开了系统深入的本土化转型。

现存的江户时代日本杜诗学著作共有 6 种,佚名编《杜律要约》二卷(元禄八年,1695)、清水玄迪、宇都宫遯庵补注《鳌头增广杜律集解》六卷(元禄九年,1696)、度会末茂辑录《杜律评丛》三卷(正德四年,1714)、大典显常撰《杜律发挥》三卷(文化元年,1804)、津阪东阳注解《杜律详解》三卷(天保六年,1835)、服部元彰注解的日文稿本《杜诗解草案》四卷(永嘉四年至明治三年,1851—1870),都集中地对《杜律集解》展开文本笺释和诗学批评。

《杜律要约》是一部札记,无序跋,作者以及《杜律集解》底本均无考,按照《杜律七言集解》在前、《杜律五言集解》在后的编排次序作注,共两卷,上卷有"七言上卷"(未标目,即序言和七言卷上)"七言下卷""杜诗五言补阙私记"(即序言和五言卷一),下卷有"五言卷二""五言卷三""五言卷四"。不录诗作原文,以词句领起条目(上卷129 条,下卷 113 条),既注释杜诗,也注解《杜律集解》的注,著作体例总体上属于"疏"的范畴,但又有质疑《杜律集解》的地方,注释偏重五言(体量约为七言的二倍),标记训读符号。该书立命馆大学图书馆和哈佛燕京图书馆有藏,均为元禄八年中野九右卫门刊本,前者名为《冠解翼考杜律集解要约》,后者书作《杜律要约》,被收入《中国文集日本古注本丛刊》影印。③

## 二、《杜律要约》博采文献与明代类书在江户时代的流行

宏富的文献辑录是《杜律要约》的一大特征。在这部 15000 多字的《杜律集解》札记中,博引了 96 种四部汉籍,来源极为丰富。具体如下表所示:

| 部类 | 书名 |
| --- | --- |
| 经部 | 《易经》《尚书》《诗经》《周礼》《礼记》《论语》《孟子》《尔雅》《说文解字》《字汇》《古今韵会举要》 |

① 张伯伟:《典范之形成:东亚文学中的杜诗》一文提供了文献来源:《鹅峰林士文集》第 37 卷《畀尾退》,相良亨等编《近世儒家文集集成》第 12,东京ペりかん社,1997 年,第 390 页。冯雅、高长山:《日本的杜甫诗研究——以五山、江户时期为例》扩充了这一文献的文本内容:林春斋在给寺尾尾退的信《致尾退》中所说:"诗无盛于唐,唐多才子,以子美为最,杜诗多解,然千家分类笺注集注,皆堆而不易读也,今年邵傅《杜律集解》,简而不繁,人人读之。"
② [日]静永健著,陈翀译:《近世日本〈杜甫诗集〉阅读史考》,《中国文论》第 1 辑,上海古籍出版社,2014 年,第 211—212 页。
③ 卞东波、石立善主编:《中国文集日本古注本丛刊》第一辑,上海社会科学院出版社,2020 年,第 50—116 页。

续表

| 部类 | 书名 |
|---|---|
| 史部 | 《战国策》《吕氏春秋》《史记》《汉书》《后汉书》《吴越春秋》《春秋左传集解》《三国志》《晋中兴书》《晋书》《荆州记》《史记正义》《史记索隐》《新唐书》《资治通鉴》《通鉴纲目》《文献通考》《大明一统志》 |
| 子部 | 《老子》《庄子》《南华真经注疏》《庄子翼》《淮南子》《列子》《扬子法言》《孔子家语》《白虎通义》《周子通书》《初学记》《西京杂记》《世说新语》《拾遗记》《神仙传》《唐才子传》《金陵语录》《鹤林玉露》《酉阳杂俎》《墨庄漫录》《老学庵笔记》《容斋续笔》《蒙求》《吕氏童蒙训》《困学纪闻》《韵府群玉》《蓬窗日录》《焦氏笔乘》《徐氏笔精》《续说郛》《白孔六帖》《太平御览》《文苑英华》《本草纲目》《古今源流至论》《事文类聚》《野客丛书》《事物纪原》《琅邪代醉篇》《丹铅总录》《事言要玄》《刘氏鸿书》《文苑汇隽》《卓氏藻林》《唐类函》《尚友录》《书言故事大全》 |
| 集部 | 《楚辞》《文选》《玉台新咏》《诗格》《文苑英华》《诗人玉屑》《诗法入门》《瀛奎律髓》《唐诗选注》《杨升庵文集》《唐诗归》《杜工部草堂诗笺》《黄氏补注集千家注杜工部诗史》《集千家注杜诗》《杜律演义》《杜律虞注》《杜律赵注》《读杜诗愚得》《刻杜少陵先生诗分类集注》《钱注杜诗》《杜工部诗集辑注》《辟疆园杜诗注解》《杜诗会粹》 |

征引文献包括经学、小学、史志、政书、诸子、草本、小说、笔记、考据学、文学总集、别集、诗格、诗话等类型。另外，还有单篇作品如贾谊《过秦论》、陆机《文赋》《东宫作诗》、孙绰《天台山赋》、李密《陈情表》、李白《答高山人兼呈权顾二侯》、李华《吊古战场文》、韩愈《与李翱书》等，可见富瞻驳杂的文献基础。其中的蔡梦弼《杜工部草堂诗笺》、黄鹤《黄氏补注集千家注杜工部诗史》、高楚芳《集千家注杜诗》、张性《杜律演义》、虞集《杜律虞注》、赵汸《杜律五言赵注》、邵宝《刻杜少陵先生诗分类集注》、朱鹤龄《杜工部诗集辑注》等12种杜集文献，使《杜律要约》具有了开阔的杜诗考评视野。

《杜律要约》最主要的文献来源是唐徐坚《初学记》，宋王楙《野客丛书》、祝穆《事文类聚》、高承《事物纪原》、胡继宗《书言故事大全》，元阴幼遇《韵府群玉》，陈懋学《事言要玄》、刘仲达《刘氏鸿书》、张鼎思《琅邪代醉篇》、廖用贤《尚友录》、杨慎《丹铅录》、卓明卿《卓氏藻林》、俞安期《唐类函》、孙丕显《文苑汇隽》等唐以来的类书，共征引有62条，以明代类书为主体，占引述文献的四分之一强。明代类书也是迟一年印行的《鳌头增广杜律集解》重要的文献来源。① 这种情况既是类书作为资料汇编的整合性和寻检利用的便捷性带来的，也反映了江户时代前期日本汉籍刻印和传播的一种现象。

据日本汉学家大庭修考察，现存元刊本和五山版图书中的韵书和类书最常见，是服务禅僧的作诗需要，因此，推测明代类书因其百科辞典和知识源泉的实用色彩弥补了元

---

① 《鳌头增广杜律集解》大量引用杜集文献补注《杜律集解》，也随处可见训释文字、揭示史实和典故来源等内容。据笔者统计，该书征引69种文献，多频次征引了《群书拾唾》《事言要玄》《文苑汇隽》《徐氏笔精》《书言故事大全》《琅琊代醉篇》《五车韵瑞》《丹铅录》《万姓统谱》等明代类书。

刊本不足，一类具有明显休闲俗书色彩的类书成为江户时代汉籍传入的重要组成部分。<sup>①</sup>

江户时代，以木雕版为代表的印刷术成熟，"藩校"和"寺子屋"的建设推动了基础教育蓬勃发展，以京都和大阪为中心的经济和文化活动繁荣，中下层武士和町人逐渐加入汉语著述和阅读的行列。<sup>②</sup> 繁荣的明代类书编纂包罗中国古代的知识、故事和作品，有可能作为汉文知识普及读物而被广泛使用。明代被赵含坤称为"类书的弥盛造极"<sup>③</sup>。据赵先生统计，明代共有 597 种类书，40500 余卷，两倍于宋辽金元时期。但是，在亨保五年（1720）弛禁之前，江户时期的汉籍输入受到较为严格的控制，幕府派遣"书目改役"常驻长崎，审查唐船持渡书内容，对以基督教类书籍为核心的查禁政策是否影响到明代类书的传入，并无从确考。<sup>④</sup>《杜律要约》和《鳌头增广杜律集解》引用类书的情况反映了类书并未受此政策影响。

二部书共采录明代类书 16 种，这些类书"芟繁就简，欲便初学者，且便阅市者"<sup>⑤</sup>，为了满足基础性的、广泛的知识消费，侧重载录辞藻典故、日用常识、历史故事、字词用例、姓氏源流等内容的类书，编排精练醒目，成为阅读古籍和吟诗作文的实用工具书。普及知识的有效性必然和可读性紧密结合，为了增加阅读的趣味，类书的内容往往浅显通俗，甚者"好为异说""语多猥涩"<sup>⑥</sup>。《杜律要约》对以上明代类书的征引，印证了大庭修关于明代通俗类书成为江户时代传入汉籍重要部分的推论。

《杜律集解》缘于其浅近通俗而成为江户时代一枝独秀的杜诗读物，上述类书也因浅显易懂的优势而得以广泛传播。长泽规矩也编《和刻本类书集成》六辑<sup>⑦</sup>，选入的 12 部明代类书占总量一半，其中有十部刊印时间确考，均成书于江户前期，即《书言故事大全》（正保三年，1646），《群书拾唾》（承应元年，1652），《劝惩故事》（宽文九年，1669），《古今类书纂要》（宽文九年，1669），《日记故事大全》（宽文九年，1669），《群臣故事》（宽文十二年，1672），《事物异名》（延宝二年，1674），《故事必读成语考》（天和二年，1682），《卓氏藻林》（元禄九年，1696），《故事雕龙》（亨保十年，1712），《艺林伐山故事》（正德六年，1716），从书名一望可知明代通俗类书在江户时代的流行。

《杜律要约》大量摘录这种类书是风气使然，以类书为主的文献来源，既为《杜律要约》的注解提供了丰富的文献基础，也为《杜律要约》提供了实用性的编纂导向，使其具备了研读《杜律集解》工具书的性质。在《杜律集解》流行与类书传播的大背景下，

---

① ［日］大庭修：《江户时代中国典籍流播日本之研究》，杭州大学出版社，1998 年，第 14—15 页。
② 张博：《日本江户时代的出版业——从庶民阅读史视角的考察》，《古代文明》2015 年第 1 期。
③ 赵含坤：《中国类书》，河北人民出版社，2005 年，第 183 页。
④ 据《江户时代中国典籍流播日本之研究》，审查通过的唐船持渡书都要被编制具有提要目录性质的大意书，但其中的部分图书无子目，因此未能得出江户时代前期类书传入的具体情况。
⑤ ［明］孙丕显：《文苑汇隽凡例》，《文苑汇隽》卷首，明万历三十六年（1608）刻本，中国国家图书馆藏。
⑥ ［清］永瑢等撰：《徐氏笔精提要》，《四库全书总目》（上），中华书局，2003 年，第 1027 页。
⑦ ［日］长泽规矩也编：《和刻本类书集成》（第三至五辑），上海古籍出版社，1990 年。

《杜律要约》适应了当时杜诗接受者的汉学基础，满足了日本社会的阅读取向，同时，也在《杜律集解》基础上丰富了内容，进一步拓展了解读视角。

### 三、不录诗文的简省体例与《杜律要约》的创变

不录诗文的简省体例是《杜律要约》另一大特征。自宋代注杜以来，历代注杜者踵事增华，往往穷尽毕生之力注杜，以致叠床架屋，愈演愈烈。据统计，到了清代，杜诗集评本竟有93部之多。① 注释文本的层累虽然丰富和深化了读杜视角，但也在一定程度上造成了阅读障碍。因此，在注杜史上做加法的同时，有一种通过选注和刻印白文本等手段做减法的逆向努力。元、明两代最主要的杜诗文本是杜律选注，虽有诗学风尚影响的因素，却也是宋代杜集注解烦琐、穿凿附会引起的反动，傅振商"每厌注解本属鑫测，妄作射覆，割裂穿凿，种种错出，是少陵以为诠性情之言，而诸家反以为逞意妄发之的也，何异以败蒲藉连城，以鱼目缀火齐乎！因尽剔去，使少陵本来面目如旧，庶读者不从注脚盘旋，细为讽译，从真性情间觅少陵，性情之薪火不减，少陵固旦暮遇之也"②，所编刻《杜诗分类》，仅保留杜诗白文及被删减的邵宝《分类集注杜诗》题注，冯惟讷《杜律删注》删去虞注、但录诗文，卢世㵆《杜诗胥钞》只录杜诗白文和自注。另外，在晚明至明末清初，还出现了一些不录杜诗的杜诗研究著作，如明代唐元竑《杜诗捃》仅标篇名，或引诗句予以评论，或合并评论数首诗，杨德周《杜注水中盐》依诗题选录张表臣、杨慎、张綖、邵宝、钱谦益等诸家评论，并附以己见，王嗣奭《杜臆》以札记方式按诗题逐首评论杜诗。但此三书并既未出现在唐船持渡书账目中，也不见于日本杜诗学者引述，因此，《杜律要约》的体例编排与以上三书精神相通、不谋而合。《杜律要约》条目名称下标注"某（板）左/右（注）"，显然是对某一版《杜律集解》具体页码文字的注解，这种寄生于被注解书籍，仍以独立面貌刊行的情况，是其形式上的一个特色，内容选择和学术倾向更显其独创性。

《广雅》："要，约也"，"约，俭也"。《杜律要约》以之为名，取其俭约之义，反映出简省精练的编撰原则，体现为"简"的内容特色和"博"的学术倾向。

"简"即篇幅简短，不繁引他注，不录杜诗，不深作辨析。不录杜诗，是《杜律要约》与宋以来中国杜集在普遍意义上的不同之处。《杜律要约》只对《杜律集解》的字词句作疏解，每一条目少则数字，多则数句，篇幅短小，涉及陈学乐和邵傅序文、108首诗和55条邵注，不到《杜律集解》一半的内容。具体来看，有198个条目仅摘录一条文献，另有8条群举两种以上文献，文献之间用"○"间隔，如七言上卷"司存"条云："《泰伯篇》曰：笾豆之事，则有司存。○《前汉书》七十九《冯奉世传》：若乃转输之费，则有

---

① 张慧玲：《明代杜诗文献的传播概貌》，《图书馆研究》2017年第3期。

② 傅振商：《杜诗分类叙》，《四库全书存目丛书》集部第5册，第82页。

司存，将军勿忧。○《古今源流至论·后集·侍从部》：润色典诰，主判司存，谋议政事，参决疑难，孰非侍臣责也。○《晋书·潘岳传》云：禁暴捕亡，恒有司存。"将有司和职掌两重含义都含括其中。针对《杜律集解》转引自其他文献的内容，《杜律要约》只标示文献出处，如《杜律集解》五言卷二《陪王侍御宴通泉东山野亭》云："赵注：阮宣漂流，往来人间，居止何地？答曰：'得醉处即为家。'"《杜律要约》五言卷二"阮宣"条云"出于《世说新语》任诞篇"，《杜律集解》五言卷三《闻高常侍亡》"何殊地下郎"句注：世说颜子为地下修文郎。《杜律要约》五言卷三"世说颜子"条云"出于《蒙求》引《二十国春秋》"，这也是《杜律要约》注释简明的一种体现。

抄录文献作为疏解说明，较少引申发挥，体现出《杜律要约》与中国杜诗学截然不同的趋向。中国传统诗学历来强调"以意逆志"，发覆作者旨意及时代信息，既是为了破译诗句密码，也力图通过作品即作者的"言"，考察生平事迹即作者的"行"，与诗人沟通精神，从而更透彻地理解作品的精神内涵。杜诗学是这一传统的重要代表，历代杜诗注解或是在笺释字词和典故的基础上阐发诗意，或者诗史互证深求诗旨，往往秉持"以意逆志"为主体的阐释理念，力图通过深解和发明，在解读杜诗意旨上超迈前人，凌越同侪。《杜律要约》则重在指出《杜律集解》字、词、句的文献根据，至于对杜诗意旨的理解和杜诗艺术的认识，都呈现在摘录文献当中，甚少直抒己见，这种谨慎的态度在日本杜诗学史上具有开创性和代表性。其后的日本杜诗学著作都不轻易直接表达看法，《鳌头增广杜律集解》主要是对高楚芳《集千家注杜诗》、赵汸《杜律五言赵注》、邵宝《刻杜少陵诗分类集注》、顾宸《辟疆园杜诗注解》、朱鹤龄《杜工部诗集辑注》涉及《杜律集解》诗作的汇评汇注，《杜律评丛》是《瀛奎律髓》《石林诗话》《诗薮》《艺苑卮言》等文献涉及133首杜甫七律的评论集汇，百余年后的《杜律发挥》和《杜律详解》，也都大体保留了这一传统。①

"博"是指《杜律要约》注解内容广泛，涉及历史故事、典章制度、文字训释、诗歌技法、哲学思想等方面，大大溢出了对杜诗本体的讨论，也是《杜律要约》和《杜诗捃》《杜注水中盐》《杜臆》这三部中国杜诗学著作的主要区别。作为研杜《杜律集解》的札记，《杜律要约》熟练运用《千家注》以来通过引述文献训释字词的注杜模式，还借鉴了杂考琐记类型的学术笔记体例，通过摘抄文献，达到辨析论述的目的，可以视为一部表达论学见解的综合性学术笔记。

杨慎《丹铅别录序》引葛洪语云："余抄掇众书，撮其精要，用功少而所收多，思不烦而所见博。"② 杨慎的《丹铅总录》涉及丛考杂辨和经史训诂，稽古论今，内容博杂，被

---

① 《江户时代杜甫研究与接受——大典显常的〈杜律发挥〉》认为《杜律发挥》反映了大典显常"虚己"和"思之又思"的态度，第67页；赵睿才《津阪孝绰〈杜律详解〉与〈夜航诗话〉互证类考》认为《杜律详解》"注解评论多引他人语，己见亦杂其间"，《华夏文化论坛》2018年第1期。

② 王文才、张锡厚编：《升庵著述序跋》，云南人民出版社，1985年，第72—73页。

《杜律要约》多次摘引。序文揭示其编撰学术笔记的过程和心得。按该书条目内容的撰述方式和涉及的知识范畴，《杜律要约》与之颇为相似。以《丹铅总录》天文类条目为例，条目名有"长短星"等名物，有"晚见朝日"等短语，有"宋儒论天外"等事件，再按照"文献名＋摘录内容"的模式作注解，或以引文结束，或在引文后作简评，《杜律要约》的名目在名物、短语、事件外增加了"字"，注解也采用这一模式。至于内容，《杜律要约》摘录《释名》《说文解字》《鹤林玉露》《书言故事大全》等文献释"碑""鸥""节度""更点"的来历，与对应诗歌关涉不多，却蕴含了丰富的文化信息，反映了《杜律要约》内容的广博。就学术倾向而言，《杜臆》等书在杜诗学积累的基础上钻研探究，考辩和评论杜诗，体现了专和深的特点，而《杜律要约》作为衍生于《杜律集解》的文本注释，既满足了《集解》读者群的基础性通俗性阅读需求，也在不同杜集的多文本比较中作出显性或隐形的评判，兼具普及型和学术性。

### 四、对《杜律集解》的补益

《杜律集解》对前人的注释"或以句取，或以意会，或录全文，或错综互发，或繁简损益"[①]，多不注明出处。《杜律要约》对《集解》字义、本事、语典的出处作了说明，并通过具体化的补充和辨疑，就杜诗系年、诗法、意旨等内容对《杜律集解》多有补益。

首先，探讨杜诗技法的具体运用。邵傅《集杜律七言注解序》云："少陵矩度精严，正变两备，句中藏字，字中藏意，翻腾典故，变化融液，独称诗圣，盖七言律之宗范也。"指出杜律以"藏字""藏意"设辞命意，具有裁剪精妙、句式严整的特点，《杜律要约》七言卷上"句中藏字"条引赵汸《杜律五言注》注《杜位宅守岁》"谁能更拘束"句：

> 《诗法》云"句中隐字"，此之谓也，谁能更无拘束，隐"无"字。

此诗作于天宝十载（751），杜甫贫病潦倒之极，除夕夜，到从弟即李林甫女婿杜位府中守岁，趋附之徒络绎献颂，唯唯谄媚，不胜拘束之态，唯有杜甫纵酒自遣，于冷眼旁观中深感厌恶和悲哀，"谁能更"具有排他性，诗中即"唯我"之意，"谁能更拘束"即只有我泰然豪饮，了无拘束，诗句隐"无"字是杜诗句法之妙，当为胜解。[②] 相邻的"车箱箭栝之一联"对杜诗句法运用表达了独立的见解：

---

① ［明］邵傅：《集解凡例》，《杜律集解（七言）》卷首，日本贞享二年（1685）刻本，台北图书馆藏本，第5页。
② 这一意见可惜至今仍未引起注意，作为杜甫研究最新成果的萧涤非主编《杜甫全集校注》和谢思炜校注《杜甫集校注》均未采录。

是秀句也。车箱箭栝，元峰谷之名，而后用之，则只假用车箭之实事也。言乘车入此谷，则径路而不能还，渐到峰前则有穴，是定何人应以箭射透，若自穴见，则恐通天欤？假设辞也。如是解，则此一联句法意旨融液而不滞也。

此条注《望岳》颔联"车箱入谷无归路，箭栝通天有一门"，华山车箱谷之深邃逼窄与箭栝峰之高峻险拔形成呼应，具有空间和情感张力，并由"通天有一门"导出结语"高寻白帝问真源"，作"假设之辞""句法意旨融液而不滞""秀句"的解读，以典故和奇瑰想象映照华山之险，虚实相生，诗意灵巧生动，见解无复依傍，新颖别致。

又如，《杜律要约》"对雪"条引《瀛圭律髓》：

他人对雪必豪饮低唱，极其乐，惟老杜不然，每极天下忧。①

这是就五律《对雪》（战哭多新鬼）而发，《瀛圭律髓》结合了杜甫七律《阁夜》《野望》、五律《对雪》（北雪犯长沙）（战哭多新鬼）以及歌行《岁晏行》等咏雪诗的内容，总结其"每极天下忧"的一般性特征，深得杜甫咏雪诗精髓，《杜律要约》则借此简明有力地概括了五律《对雪》（战哭多新鬼）的诗旨。

"字中藏意"条例举《题张氏隐居》：

以"金银"谓宝，以"麋鹿"谓隐也。"丁丁"字中含求友意，皆字中藏意，杜诗之妙也。

这也是《杜律要约》罕见地直陈观点，探讨杜诗字法，虽然是对张性《杜律演义》删繁就简而来②，但与"句中藏字"类似，都是在解读字词含义的基础上体会杜甫作诗用心，探求杜诗艺术的高妙。

陈学乐《刻杜工部五言律诗集解序》云："取材六朝，用格陶谢，此少陵之所以声诸诗也，君凤披六朝之典故，习陶谢之风调，钊宦游涉万里途，家学承万卷书。取而注之，犹象罔之得玄珠也。"认为取用六朝的典故和学习陶渊明、谢灵运的诗体格调是杜诗声律的两大重要来源，邵傅不仅熟谙六朝典故和陶谢风调，而且行万里路，读万卷书，解杜必然深得杜律精髓。《杜律要约》中的《杜诗五言补阙私记》引王安石《金陵语录》引申说明：

---

① 丁放：《金元明清诗词理论史》，安徽大学出版社，2000年，第66页。

② ［明］张性《杜律演义》云："《史天官书》'败军破国之墟下积金宝，上皆有气。'……公言独行深山以寻访张君，闻伐木之声而山意更幽，见隐居之深僻，亦兼《伐木》篇求友之事。"《杜律演义　杜律虞注》，黄永武主编《杜诗丛刊》第一辑，台湾大通书局，1974年，第84页。

山谷谓："不读书万卷，不行地千里，不可看杜诗。杜诗无一字无来处。"王荆公曰"杜少陵读书破万卷，下笔如有神"，自言入神处。

不仅指出了序文"宦游涉万里途，家学承万卷书"的典故来历，也意在说明，杜诗的成就在于"读书破万卷""无一字无来处"，欣赏杜诗也要博览群书，在丰富的生活体验中感受杜诗的神妙。《杜律要约》五言卷三"浮查"条云：

查槎同。此昼景而言。浪翻崖压，桥分岸绕，珊瑚薜荔，无所不具云。

这是评《观李固请司马弟山水图三首》其三"高浪垂翻屋，崩崖欲压床。野桥分子细，沙岸绕微茫。红浸珊瑚短，青悬薜荔长。浮查并坐得，仙老暂相将"。就字义和诗意补充《集解》。

其次，针对《杜律集解》的观点提出新见。《杜律集解（七言）》注《至日遣兴奉寄北省旧阁老两院故人二首》其一"何人错忆穷愁日，愁日愁随一线长"：

承上言趋走伤心，倒衣参谒，其穷愁正如至日之渐长也。诸老谁错忆我之愁，随日长而解慰之耶？错忆只是相忆，曰错者，婉词也，如蒙人取录，谦言谬取谬录也。穷愁可忆，况愁又无已乎？诸家牵扯道长之意，俱非。①

《杜律要约》七言卷上"牵扯道长"条云：

牵扯，共引也。是盖引愁之义也。道长者，《易泰卦》君子道长，小人道消也。盖此意吾虽愁穷，道则长之谓也。此两说共非也。

《杜律七言集解》主要参考张性《杜律演义》和赵大纲《杜律测旨》。张性《杜律演义》此句注云"冬至阳长阴消，谓之愁尽日"，以"道长"作"阳长阴消"之解，赵大纲《杜律测旨》纠其误："君子道长，穷固当亨矣。此言何人错忆我穷愁之日，为道长之日，不知我之穷愁，方与日而俱长，盖叹其穷而不得亨也。"②"穷固当亨"颇见功利之心。《集解》"诸老谁错忆我之愁，随日长而解慰"的理解，亦显乞怜之意，《杜律要约》从穷愁更长君子风骨和操守的高度驳《集解》和诸注。《杜律集解（五言）》卷二概括《和裴迪登新津寺寄王侍郎》诗意，认为：

---

① ［明］邵傅：《杜律集解（七言）》，日本贞享二年（1685）刻本，台北图书馆藏本，第19页。
② 转引自钟文娟《明人赵大纲〈杜律测旨〉研究》，首都师范大学硕士学位论文，2022年，第29页。

此诗大意谓山水黄脱，纷纷无限，裴乃倚之吟诗，闻蝉声之凄，见鸟影之没，而自悲其风物者，盖登临以忆王侍郎也，此和裴《登寺寄王缙》诗中之意。末则言我贪佛日光辉，惟随意以宿僧房耳，抑奚能共登临以吟诗乎？有讽意在，观《西安寺寄裴》"太向交游万事慵"可见。①

以杜诗虚设裴迪登临之秋景，烘托裴登临之悲情，呼应裴迪诗忆王缙的本意，结句引《暮登四安寺钟楼寄裴十迪》"知君苦思缘诗瘦，太向交游万事慵"作警语，劝裴迪不要太执着于交游，以至于苦吟成瘦，忆友而悲。《杜律要约》"何限倚山木"条则云：

> 起句问裴何以吟诗之苦，且见吟诗之时。五六句言裴吟诗之情，乃答起句。三四句述裴吟诗之景，寂寞自然。结句以己意独无悲思，亦相应起句。

重在强调结构的承转和呼应，认为杜诗起句以秋日登临何以悲秋的设问引出主题，颈联以景语为承接，作表达和情绪上的缓冲和铺垫，颔联写裴迪苦吟的悲情，回应首句之问，结句将杜甫"独无悲思"与裴迪悲苦之情作对比，也通过这一同景异情的比较照应起句。《杜律要约》不仅延伸了《杜律集解》的解读视角，而且避免了《杜律集解》深凿之弊。

再次，纠正《杜律集解》释词错谬。《杜律集解（五言）》卷三《送李卿晔》"晋山虽自弃"，注："晋山，《宗室志》载，'道士尹君隐晋山，不食粟，尝饵松柏'，比李卿晔。"②《杜律要约》"尹君"条云：

> 此注应误。晋山比晋安，甫此时居晋安，自言也，非指李卿晔。李卿，官人也，何可自弃哉？

又如《杜律集解（五言）》卷三《望牛头寺》"牛头见鹤林"，注"鹤林，灵台观"。《杜律要约》"灵仙观"条云：

> 是仙人所居，故言灵仙观也。然此注不可也。唐人终不解此注，误。近自百年计以来，明其误欤？鹤林即长乐寺也。

《杜律五言集解》主要参考单复《读杜诗愚得》和赵统《杜律五言赵注》③，《杜律五言赵

① ［明］邵傅：《杜律集解（五言）》（第一册），日本贞享二年（1685）刻本，台北图书馆藏本，第 63 页。
② ［明］邵傅：《杜律集解（五言）》（第二册），日本贞享二年（1685）刻本，台北图书馆藏本，第 14 页。
③ 参考汪欣欣关于杜律集解所用底本的观点，《〈杜律集解〉考论》，《中国典籍与文化》2020 年第 4 期。

注》未收此诗，《读杜诗愚得》卷九该诗注云："鹤林，即灵台观也。"① 《杜律要约》驳《集解》之误，《杜臆》"《志》云：'州南七里有鹤林寺'，注谓灵仙观，误"② 的观点可作为支持。

《杜律要约》引经据典地考释《杜律集解》字词和用典出处，也能具体揭示杜诗艺术特征。审视其做法，反映出该著既服膺汉注，又敢于突破的评注意识。《杜律要约》以拾遗补阙的态度注解词句，阐发新见，却都以中国杜集律注为依据或生发点，尤其以高楚芳《集千家注杜诗》、邵宝《刻杜少陵先生诗分类集注》、朱鹤龄《杜工部诗集辑注》参考最多，其所论述，并未超出中国杜诗学研究的范围。此外，还学习模仿中国杜诗学评注的视野及方法理念，有关诗法的讨论多以中国诗学著作为圭臬，《杜律要约》引述最多的文献是《瀛奎律髓》，其中关于杜甫字法、句法、章法的见解均被《杜律要约》所吸收。另外，在严谨求实地注引文献时，还寻求突破。杜诗评注考释在经过中国历代学者的迭相求证和深入探析，几无余地，《杜律要约》却能寻隙而入，考释发明，澄清误读，多有所的。这些创获也使其从《杜律集解》的被动接受一变为主动与《杜律集解》展开深入对话，虽然是寄生文本，却因此获得了相对独立的地位。

## 五、《杜律要约》的不足

《杜律要约》作者通过博引文献的释词解义消解江户时代读者的阅读困难，发《杜律集解》所未发，补《杜律集解》之不足，但受种种局限，也存在一些问题。

首先，文本讹误。如将朱鹤龄《杜工部诗集辑注》中的一些杜甫行实考述混入《新唐书·杜甫传》，"更点"条训解未标示出处，作"一更戌时，二更子时，三更丑时，四更寅时，五更卯时，谓之五更"，当为漏抄"亥时"之失。误字甚多，如七言上卷"奉和贾至"条录贾至《早朝大明宫》诗，"共沐恩波凤池上"的"池"误作"毛"，"扬子法言"条"第六五百卷"为"五百卷第八"之误，七言下卷"汹汹"条"汹汹，音凶，又去声"之"去声"为"上声"之误，七言上卷将杜诗"远害朝看麋鹿游"的"远害"误作"远客"进行训释，同卷"郭英乂"误作"郭英父"等。

其次，体例不严谨，有编排混乱之处。《杜律要约》的条目总体上依照《杜律集解》中文字顺序编排，但也存在排序混乱、前后颠倒的问题。如"目极"条（目极伤神谁为携）、"少城"条（茅斋寄在少城隈）、"参差"条（石势参差乌鹊桥），分别出于《杜律集解》七言上卷《野望》《秋尽》《玉台观》，《杜律要约》都编在七言下卷，出自邵傅《刻〈杜工部五言律诗集解〉序》的"狐腋"被窜编在七言卷下的条目中间。《杜律要约》引述文献也未严格贯彻其"文献名＋引述文本"的模式，如"影静千官里"条云："谭云

---

① ［明］单复：《读杜诗愚得》第三册，明天顺元年(1457)朱熊梅月轩刻本，中国国家图书馆藏本，第9页。
② ［明］王嗣奭：《杜臆》卷五《望牛头寺》，上海古籍出版社，1983年，第163页。

'佳句'，钟云'影静二字，深妙可思。'""万匹强"条云："或曰'筹数之法，自五下云弱，自五上云强。'"前一条出自钟惺、谭元春辑《唐诗归》卷二十五，后一条出处无考，《杜律要约》均未标示文献名。无疑，未标引文献出处的条目弱化了注解的说服力。

再者，注引文献有失"要""约"旨意之处。"花门"条云："《集注》卷三《留花门》注：按《唐志》甘州有花门山堡，东北千里至回纥卫帐，今言花门，正指回纥也。"按，《杜律集解》五言卷二《即事》诗"闻道花门破"句下注："花门，回纥也"，已经作了非常明确的解释，《杜律要约》注解累赘。《杜律集解》五言卷二《即事》诗注："此诗言先时史朝义诱回纥入寇，而和亲之事非矣。故人怜公主之归，抛云鬟，胜宝衣，皆归而释之也。"《杜律要约》五言卷二"腰支"条云："诸注无此事，言带之事也。"漫无头绪，不知所云。

最后，《杜律要约》在普及常识的通俗性和杜律研杜的专业性两个维度展开研究，通过系统深入的疏解，植根于中国杜诗学的基础，在体例、内容、倾向等方面独树一帜，形成了鲜明的特色。其后，服部元彰的《杜诗解草案》更为通俗地普及《杜律集解》常识，大典显常的《杜律发挥》作为又一部不录杜诗、精练简省的《杜律集解》学术笔记，用"夺胎换骨"的方法，从浩瀚的文献征引中解脱出来，考系年，辨异文，驳诸注，论诗艺，成为日本江户时代杜诗学的一座高峰。

## Commentary on the Derivative Documents of *DuLv Collection* in the Edo Era of Japan

### —Centered around *DuLv Collection Offer*

### Li Lijun

**Abstract**：*DuLv Collection* is the most popular Du Ji during the Edo period, producing six derivative texts. As one of the earliest works, *DuLv Offer* is the first exploration of the localization transformation of Japanese Du poetry studies. It has become a book with extensive citations, influenced by the Ming Dynasty's genre books, and has the appearance of a reference book. The book is concise in style and has the characteristics of simplicity and richness in content. It does not include Du Fu's poetry and is less extended and utilized, which is a clear difference from Chinese Du Fu's poetry works. The book has a broad and complex academic note style, which is a distinguishing feature from Chinese Du Fu's poetry works that do not include Du Fu's poetry, such as *Du Yi*. *DuLv Offer* provides many supplements to *DuLv Collection* in terms of interpretation, poetic style, and meaning, but there are also shortcomings such as text errors, incomplete style, and complex annotations. The active dialogue between this book and *DuLv Collection*, as well as the innovation in style and content, opened up a unique acceptance of *DuLv Collection* by Edo period Du poetics, such as *Du Fu's poetry Interpret Draft* and *Du Lv Develop*.

**Keywords**：Edo period；Du Poetics；*DuLv Collection*；*DuLv Offer*

# 日藏佚籍《宋元明诗隽》选录元诗的文本来源与文献文化意义

赵 昱

[摘 要] 日本国立公文书馆（原内阁文库）收藏《宋元明诗隽》一部，按照《宋诗隽》《元诗隽》《明诗隽》的次序选录宋、元、明三朝诗歌，分体编排，并逐首附有评点。其书托名李攀龙、吴从先、袁宏道、陈继儒诸家编纂、增订，实为建阳书坊伪造。通过对《元诗隽》所收诗人诗作的详细梳理比较，可知其文本内容与明代后期编成的《尧山堂外纪》高度重合，或有共同的材料来源。而这样一部伪托总集之所以会出现于晚明，又是明代中后期的诗学思想递嬗、书坊意在谋利、评点文化兴盛等诸多因素综合作用的结果。

[关键词] 《宋元明诗隽》；元诗；总集；《尧山堂外纪》；辨伪

明代弘治、正德以降，在复古主义思潮的整体笼罩之下，李梦阳、何景明等"前七子"大力倡导对于盛唐近体诗的模拟学习，"诗必盛唐"成为当时诗歌创作、评价的基本法则与标准，宋诗、元诗随之逐渐不受推重，前者甚至径遭否定①。嘉靖、隆庆年间，继之而起的"后七子"进一步发展了这种文艺观点，更催生了李攀龙《古今诗删》直接割裂唐、宋、元、明诗歌演进脉络的极端实践形式②。因此，有明一代编纂问世的唐诗总集数量繁多，而宋诗、元诗总集数量较为有限。结合《明史·艺文志》和《四库全书总目》的著录，不难发现，明人所编元诗总集，仅有偶桓《乾坤清气集》、孙原理《元音》、宋绪《元诗体要》专录元诗，且均成于明代前期的太祖、成祖两朝③；李蓘《宋艺圃集》

【作者简介】赵昱，武汉大学文学院副教授，研究方向为中国古典文献学。

① 李梦阳《潜虬山人记》："山人商宋、梁时，犹学宋人诗，会李子客梁，谓之曰：'宋无诗。'山人于是遂弃宋而学唐。"[明]李梦阳撰，郝润华校笺：《李梦阳集校笺》第 4 册，中华书局，2020 年，第 1617 页。何景明《与李空同论诗书》："近诗以盛唐为尚，宋人似苍老而实疏卤，元人似秀峻而实浅俗。"郭绍虞主编：《中国历代文论选》（一卷本），上海古籍出版社，2001 年，第 238 页。

② [清]永瑢等撰：《四库全书总目》卷一八九《古今诗删》提要："是编为所录历代之诗，每代各自分体，始于古逸，次以汉魏南北朝，次以唐，唐以后继以明，多录同时诸人之作，而不及宋元。盖自李梦阳倡不读唐以后书之说，前后七子率以此论相尚。攀龙是选，犹是志也。"中华书局，1965 年，第 1717 页。

③ [清]永瑢等撰：《四库全书总目》卷一八九，中华书局，1965 年，第 1712—1713、1714 页。

《元艺圃集》、潘是仁《宋元名家诗选》，不唯唐诗而标举宋、元两朝诗歌，则是受到了公安派代表袁宏道的影响；符观《唐诗正体》《宋诗正体》《元诗正体》《明诗正体》，曹学佺《石仓历代诗选》，通选历代诗歌，但规模体量仍以唐诗、明诗部分为最多。上述各书之外，日本国立公文书馆（原内阁文库）又收藏《宋元明诗隽》一部，中国国内无存，《日本所藏稀见明人诗文总集汇刊》（第一辑）已经影印①，不过相关研究成果至今鲜见。有鉴于此，本文主要围绕其中《元诗隽》的选诗问题，尝试探究、揭示它的文本来源和文献文化意义，敬祈方家是正。

## 一、《宋元明诗隽》的体例内容概说

日本国立公文书馆藏明万历四十七年（1619）序刻本《宋元明诗隽》，题吴从先编、袁宏道补订。首页钤"蒹葭堂藏书印""浅草文库""书籍馆印""日本政府图书"诸方，尾页钤"昌平坂学问所"长方、"文化甲子"朱章，盖原为日本江户时代书画收藏家木村孔恭（1736—1802，号蒹葭堂）旧物，文化元年（当为清嘉庆九年，1804）归昌平坂学问所，明治七年（当为清同治十三年，1874）迁往浅草文库，最终入藏内阁文库。

全书凡四册，第一册为宋诗（二卷）、元诗（一卷），第二、三、四册为明诗（六卷）。最前有署名何伟然的《宋元明诗隽总序》：

> 六经彪炳，尤考信于《诗》，以征王风、验民俗、理性情、明伦纪，次及山水之寄兴、花鸟之舒褒、风情月态之酣畅，种种托讽，在在写灵，大抵皆往昔豪喆鸣志作也。李唐以此设科，一时云蒸雾蔚，猗与郁哉，无庸喙矣。降而赵宋，再降而夷元，虽国运递迁，文运任变，无不言载纸上、神留字中，家有传，户有诵，亡啻汗牛充栋矣。独我皇明诸名公，各有不朽名言，卒未尝与世俱传。此果诗运盛兴，仅见于先天之唐，不复见于后至之明耶？抑亦唐有以知之载而明无见知之纪耶？本宁李先生业有《唐诗隽》行世矣，较李于鳞评选犹详。且悉兹吴公宁野复编《宋元百名家诗隽》。又自皇太祖启运，迄迄圣天子飞龙，二祖十宗以来，其间翊赞皇猷，如宋潜溪、刘诚意、方正学等，代代迭出，未容数数，何莫非强世宏志，吐垂世新声，即言人人殊，志人人异。总之缘心术可卜学术，缘学术可卜治术，即唐少陵、长庚，更何多逊焉？且其搜罗多方，品骘有度，关系世教，资淑身心。标摘题林，如窥作者之意；评释词窾，顿解读者之颐。写景写情，即诗即画，试一披阅、一游咏，恍若太美玄酒，隽而淡也；豹胎熊掌，隽而奇也。郎官鲙、五侯鲭，隽而为珍羞；乳窟膏、郫筒液，隽而为异品。愈出愈奇，愈玩愈永，故颜之曰隽。是编出，吾知宋、元、皇明诸名家当与李唐诸名公并垂今古矣。宁直有功先贤，抑且嘉惠后学。时万

---

① 陈广宏、侯荣川编：《日本所藏稀见明人诗文总集汇刊》（第一辑），广西师范大学出版社，2019年，第3—4册。

　　历己未夏，仁和欲仙何伟然题。

　　这篇序文作于万历四十七年，日本国立公文书馆著录的版刻时代即据此推定；作者托名何伟然（字欲仙、仙瞾），或因他曾从事袁宏道别集的编定、刊刻工作①。据其所述，李攀龙（1514—1570，字于鳞）和李维桢（1547—1626，字本宁）都编有唐诗选本，而后者的《唐诗隽》更胜一筹②。继之又有吴从先（字宁野，号小窗）编选《宋元百名家诗隽》和《明诗隽》，"宋、元、皇明诸名家当与李唐诸名公并垂今古矣"。在序文的字里行间，作者骄傲地推崇有明一代诸家诗歌，认为它们体现着"诗运盛兴"的又一高峰，较之唐代的李白与杜甫"更何多逊焉"。同时，对于宋诗、元诗家传户诵、汗牛充栋的现实情状，他也并非偏颇忽视，这一基本态度，显然又与晚明公安派竭力反对一味复古、尊唐的风尚正相契合。

　　正文半页九行，行二十字，双行小注字数同；版心上刻"宋诗隽""元诗隽""明诗隽"，中刻卷次，下刻页码。宋元诗和明诗卷首分别有目录，所选诗作按照五言绝句、五言律诗、五言古风、七言绝句、七言律诗、七言古风的次序分体编排，但各个体裁内部却既不标题材类目，又未按照诗人时代先后，顺序较为凌乱，易使读者困惑。以《宋诗隽》五言古风的后八首为例，依次为张南轩《送元晦》、谢叠山《感秋》、苏东坡《送刘邠》《送曾巩》、黄山谷《咏江梅》、陈后山《咏妾薄命》、苏东坡《独乐园吟》、滕茂实《使金自吊》，苏轼三诗前后分隔；类似地，七言绝句收录王安石、苏轼各5首作品，或署王介甫、苏子瞻，或署王荆公、苏东坡，中间还错杂排列着张南轩、司马温公、范文正公、黄山谷、陈希夷等人诗作③。而之所以会出现这样的现象，当与编纂成书时所依据的文本来源有着最为密切的关系（说详下文）。

　　《宋诗隽》和《元诗隽》，首行分别题"新刻李于鳞先生批评宋诗选卷之首""新刻李于鳞先生批点元诗隽卷之首"，二、三、四行题"古歙吴从先宁野甫汇编""公安袁宏道中郎甫增订""仁和何伟然欲仙甫参校"；《明诗隽》首行题"新编评释皇明诸名公诗隽卷之一"，二、三行题"从先吴宁野选辑，眉公陈继儒参阅""仲裕穆光胤删订，虞佐孙觐

---

　　① 何伟然：《类刻袁石公先生集纪事》，见［明］袁宏道著，钱伯城笺校《袁宏道集笺校》附录三"序跋"，上海古籍出版社，2018年，第1866—1868页。

　　② 事实上，除李攀龙《古今诗删》之外，所谓的《唐诗选》"乃明末坊贾割取《诗删》中唐诗，加以评注，别立斯名"。［清］永瑢等撰：《四库全书总目》卷一八九《古今诗删》提要，中华书局，1965年，第1717页。而李维桢的唐诗选本，如萧世熙刻《新镌名公批评分门释类唐诗隽》也是托名。

　　③ 这一部分的详细次序为：苏子瞻《上元侍宴》、王介甫《春夜吟》、张南轩《立春偶成》、苏东坡《咏花影》、司马温公《初夏居洛》、范文正公《春钓台》、黄山谷《秋思》、苏东坡《山林绝句》、王荆公《题江宁驿舍》、苏东坡《咏秋日牡丹》、苏子由《寄兄子瞻》、司马温公《过康节居》、陈希夷《规种隐君》、程明道《题淮南寺》、秦少游《秋意》、寇莱公《春日偶书》《夏日闲居》、黄山谷《登南楼有咏》《登远观台》、欧阳公《幽谷种花》、朱文公《春日寻芳》《观书有悟而作（二首）》、王荆公《北山写怀》、杨龟山《题书斋自警》、张横渠《观芭蕉有感》、朱文公《水口行舟咏》《论〈易〉有感》、程明道《秋中咏》、苏东坡《初晴后雨》、谢叠山《闲居作》《蚕妇吟》、王荆公《钟山写景》、程明道《酬韩公》、谢叠山《庆金庵寓意》、陈玉善《题湖山图》、邵尧夫《莫春吟》、程明道《谢寄丹》、朱晦翁《答论启蒙》《答瞿昙意》、王荆公《茅檐》、黄山谷《安乐吟》、苏子美《春意》。

扬校正",四行题"书林师俭堂梓行",卷末又刻"师俭堂少渠萧世熙梓行"一行。宋、元、明各朝诗人首次出现时,诗题之下一般都有双行小注,简要介绍人物的名、字、号、生平行事及诗歌创作的背景或本事。例如,周茂叔《书门扉》题下注:"讳敦颐,号濂溪。讲明道学,与程朱并驾。"魏仲先《书屋壁》题下注:"讳野。真宗使人召野,野遁去。使还,以此诗奏上,曰:'野不来矣。'"各首作品的上方天头与诗末,还刻有长短不一的评点文字,如苏东坡《咏花影》天头眉评"寄语在花,寄意又不在花",诗末"评:以花影喻小人,以太阳、明月比仁宗与太后,托物寄忱,最见含蓄",只是不知评点者是谁。

## 二、《宋元明诗隽》选录元诗的文本来源析论

《宋元明诗隽·元诗隽》共选录 30 位诗人的 43 首作品(五言绝句 1 首、五言律诗 2 首、七言绝句 10 首、七言律诗 30 首),据第一册卷首《宋元诗隽目录·元诗》:

> 五言绝句:余廷心《赠郑氏》
>
> 五言律诗:达兼善《咏上林莺》、许鲁斋《观物》
>
> 七言绝句:吕玄英《题鹤傍牡丹图》、王叔能《题刘宠庙壁》、王冕①《咏画梅》、赵汸《赋蟋蟀咏》、潘纯《题宋高宗刘姬图》《题赵子固画兰》、顾琛《戏题僧道宠妾》、柏子庭《戏幼童女早婚》《有人集古句一绝》、顾仲英《自题画像》
>
> 七言律诗:杨渊海《临终诗》、吕思诚《戏笔》、陈旅《元夕怀钱塘》、傅若金《却国王进姬》、达兼善《简虞邵庵》《春日次宋显夫韵》、贡师泰《赠傅与砺广东教授》、郭矮梅《咏炭》、成廷珪《赋活死人窝》、张翥《中秋不赴对月》、张翌《居左丞幕下吟》《其次题》、陶宗仪《题梦索轩》、袁凯《诗呈杨廉夫》、杨维祯《改题王节妇》《铁笛诗》、倪元镇《思归咏》《赋戒饮诗》、谢子兰《讯顾阿瑛》、丁鹤年《题梧竹轩》《为上人赋些子景》、吉雅谟丁《遗楮帐》《挽脱脱太师》、复见心《赋药庵》《咏日本国白牛》《尝承诏赐食谢诗》、仁一初《题石蟹泉》《祥止庵有夏日西泉咏》、陈希邵《春田园》

初览目录所列,最直观的感受便是,有元一代诸多颇负盛名的诗家——如刘秉忠、刘因、吴澄、陈孚、袁桷、虞集、杨载、范梈、揭傒斯、黄溍、萨都刺、迺贤等,皆未入选,而所选诗人诗作,呈现出两个主要特点:一是他们的活跃时代几乎都在元代中晚期,甚至不少人还由元入明,例如余阙(1303—1358)、泰不华(1304—1352)、王冕(?—1359)、赵汸(1319—1369)、顾瑛(1310—1369)、贡师泰(1298—1362)、张翥

---

① 原文作"王日兔",大概"冕"字误分上下。

（1287—1368）、陶宗仪（1316—？）、袁凯、杨维桢（1296—1370）、倪瓒（1301—1374）、丁鹤年（1335—1424）、吉雅谟丁（丁鹤年表兄，与释来复有交）、释来复（1319—1391）等，难道《元诗隽》的编者对于元代后期的诗作情有独钟、偏爱有加吗？那么为何会出现这种情况呢？二是与明人所编其他元诗总集《乾坤清气集》《元音》《元艺圃集》《石仓元诗选》等书相较，《元诗隽》的选诗差异极大。以陈旅和傅若金为例：陈旅有《安雅堂集》五卷传世，《乾坤清气集》《元音》《元艺圃集》《石仓元诗选》分别选其诗 20、41、2、63 首，《元诗隽》只选了《元夕怀钱塘》，而这首诗《乾坤清气集》《元艺圃集》未选，《元音》《石仓元诗选》均题作《元宵怀钱塘》；傅若金有文集十一卷、诗集八卷传世，《乾坤清气集》《元音》《元艺圃集》《石仓元诗选》分别选其诗 23、45、9、77 首，《元诗隽》只选了《却国王进姬》，而这首诗《乾坤清气集》《元艺圃集》《石仓元诗选》都未选，《元音》题作《却侍姬》。换言之，陈旅、傅若金的诗篇佳作并不少，《元诗隽》的编者却仿佛置若罔闻，这又是什么缘故所致？

通过与现存文献的对比，我们最终发现，《元诗隽》所录诗人诗作，实与明代蒋一葵《尧山堂外纪》的一部分内容高度重合。《尧山堂外纪》一百卷，系蒋一葵择取远古传说时代以至明朝中后期的各种人物僻闻琐事，依照年代先后，以人名标目，汇编而成。清代四库馆臣讥刺其书"雅俗并陈，真伪并列，殊乏简汰之功。至以明诸帝分编入各卷之中，尤非体例矣"[1]，贬入子部杂家类存目。

今检《尧山堂外纪》[2]，卷六八至卷七七载录元代人物故事，始自杨奂、王合卿、关汉卿、马致远等，讫于顾瑛、丁鹤年、复见心。其中，卷七五、七六、七七这三卷的细目为：吕思诚、王叔能、陈旅、傅若金、达兼善、达理马识礼、余阙、贡师泰、成廷珪、张翥、张昱、王冕、赵汸、陶宗仪（以上卷七五），潘纯、高栻、顾琛、袁凯、陆象翁、张明善、唐志大、柏子庭（以上卷七六），杨维桢、倪瓒、顾瑛、丁鹤年、复见心（以上卷七七）。首先，这里出现的人物及其排列次序，基本上与《元诗隽》相同。而具体区别则在于：第一，达理马识礼、高栻、陆象翁、张明善、唐志大这五人的轶事里，或无涉诗作，或仅有残句，故而不予选录。第二，吕玄英、杨渊海、郭矮梅、谢子兰、吉雅谟丁、仁一初这六位诗人，虽然《尧山堂外纪》未见立目，但他们分别见于卷七四方谷珍、卷七四梁王孛罗、卷七五贡师泰、卷七七顾瑛、卷七七丁鹤年、卷七七复见心名下，所以诗人诗作亦出自该书。只不过，由于《元诗隽》依照体裁编排，吕玄英《题鹤傍牡丹图》和杨渊海《临终诗》就分别排在七言绝句和七言律诗的最前，而非整卷最前。这样算来，只剩下许衡《观物》和陈希邵《春田园》两首诗，当有其他的文本来源。

其次，各诗题下小注，与《尧山堂外纪》中的文字全同或近似，这就意味着《元诗

---

① ［清］永瑢等撰：《四库全书总目》卷一三二《尧山堂外纪》提要，中华书局，1965 年，第 1127 页。
② ［明］蒋一葵撰，吕景琳点校：《尧山堂外纪》（外一种），中华书局，2019 年。

隽》的诗人小传、诗歌本事等信息，皆缺乏统一的格式与详备的要素，存在随意性较大的问题。如下表所示：

| 《元诗隽》 | 《尧山堂外纪》 |
|---|---|
| 达兼善《咏上林莺》即泰不花，蒙古人，伯牙吾台氏。父为台州录事，因家于台。年十七，江浙乡试第一，廷试赐进士及第，自号白野，世称白野状元。 | 达兼善即泰不花，蒙古人，伯牙吾台氏。父为台州录事，因家于台。年十七，江浙乡试第一，廷试赐进士及第，自号白野，世称白野状元。（卷七五） |
| 赵汸《赋蟋蟀咏》字子常，歙人，号东山。至正末为江南行枢密院都事。 | 赵汸字子常，歙人，号东山。至正末为江南行枢密院都事，国初召修《元史》，不愿仕，归。（卷七五） |
| 袁凯《诗呈杨廉夫》字景文，号海叟，袁潜翁介可潜子也。其先蜀人，后占籍华亭也。 | 袁凯字景文，号海叟，袁潜翁介可潜子也。其先蜀人，后占籍华亭。洪武间为御史，议事不合，趋朝过金水桥，诡得风疾，仆不起，太祖命以木钻钻之，忍死不为动。遂放归。太祖念之，遣使即其家，起为本郡儒学教授，景文瞠目熟视使者，唱《月儿高》一曲，使者复命，以为诚风，乃置之。（卷七六） |
| 仁一初《题石蟹泉》少从廉夫游，善歌诗，字亦遒劲。 | 仁一初少从杨廉夫游，善歌诗，字亦遒劲，与张伯雨友善，尝题石蟹泉诗曰……（卷七七） |

以上四例，泰不花小传全同；赵汸、袁凯的小传则省略了入明以后的事迹；仁一初其人其事附载复见心之后，题下小注也只是将原本的叙述性文字加以节取而形成。

再次，《元诗隽》的编者一味照搬故事内容而不加辨析、核实，又造成了新的错误。最典型者，即余廷心《赠郑氏》："清源无浊流，芳兰有竞芬。摛毫诵勿赞，勉哉贤子孙。"《尧山堂外纪》卷七五记载："浦江郑氏九世不分居，余廷心赠诗有曰：'清源无浊流，芳兰有竞芬。摛毫诵勿赞，勉哉贤子孙。'复大篆'浙东第一家'五字旌之。"① 然而，余阙《青阳先生文集》卷一有《美浦江郑氏义门》诗，末四句为"清源"以下二十字，可知《尧山堂外纪》仅为节录。到了《元诗隽》开篇，却变成了一首"五言绝句"，错谬尤甚。

---

① [明]蒋一葵撰，吕景琳点校：《尧山堂外纪》（外一种），第 3 册，中华书局，2019 年，第 1168 页。

综上所述，《元诗隽》以"隽"为名，标榜佳篇，可惜徒有元诗总集的形式，并不能够真正体现明人对于元代诗歌的审美趣味和选录意图。就现存文献言之，它与明代蒋一葵的杂钞笔记《尧山堂外纪》内容重合度最高。① 当然，《尧山堂外纪》卷七五至卷七七各人名目之下，亦有不为《元诗隽》选录的诗作，究其缘由，或者是编者为了避免完全对应而有意删汰以掩人耳目，或者是二书之上还有共同的文本材料来源，史无详证，遽难论定。

### 三、伪托总集的性质与意义

前文已述，在尊唐抑或尊宋的诗学取向上，李攀龙推崇唐诗近乎偏激，因而绝无可能在《古今诗删》之外另行编选并批点宋元诗歌，所谓"新刻李于鳞先生批评宋诗选卷之首""新刻李于鳞先生批点元诗隽卷之首"的题名，已经十分可疑。而刊刻《宋元明诗隽》的师俭堂，则是明代万历年间建阳书坊主人萧腾鸿（字庆云）及其子萧少衢（字世熙）等的室名，刻印过《鼎镌陈眉公先生批评西厢记》二卷、陈继儒辑《镌陈眉公评选秦汉文隽》四卷、吴从先《新刻李于鳞先生批评注释草堂诗余隽》四卷、陈继儒评《镌陈先生评选庄子南华真经隽》四卷、袁宏道选《鼎镌诸方家汇编皇明名公文隽》八卷等。② 从形式上看，师俭堂刊印的这些典籍，在书名上几乎均冠有"鼎镌""隽"的字样，以示"新刻""精选"之义，又往往采用相同的行款版式，且多署李攀龙、吴从先、陈继儒、袁宏道之名（图1、图2），但实质上，它们都是伪托之作，是书坊主人希望借重名家以扩大宣传、增加销量继而谋取商业利润的产物。③ 同样地，《宋元明诗隽》所号称的吴从先选辑、袁宏道增订、陈继儒参阅等题署，也只是些炫人耳目的噱头，它从头至尾就是一部由坊贾粗制滥造的伪作；其中《元诗隽》的部分更是拼凑元末诗人轶事、改编成为总集的形式，既不足以呈现有元一代诗歌的风貌与特色，又与总集"删汰繁芜，使荑稗咸除、菁华毕出"④ 的功用要求相去甚远。

---

① 除《元诗隽》之外，《宋诗隽》中所见诗人诗作，与《尧山堂外纪》记载的宋代人物故事之间的关联问题，笔者将另文探讨，此不赘述。

② 瞿冕良编著：《中国古籍版刻辞典》，齐鲁书社，1999年，第132页。

③ 例如："《明文隽》八卷，旧本题曰袁宏道精选、邱兆麟参补、陈继儒标旨、张萧校阅、吴从先解释、陈万言汇评，盖坊间刻本，托宏道等以行。前有周宗建序，谓有志公车业者，其沉酣之无后，亦必非宗建语也。"[清]永瑢等撰：《四库全书总目》卷一九三《明文隽》提要，第1757页。"明人评批本《草堂诗馀》……署名主要有五家：杨慎、李攀龙、李廷机、董其昌、沈际飞等……尤其是标明李于鳞、李廷机、董其昌等，知为书商所乱，扯虎皮作大旗，炫人眼目，这是书商运作的手段……"邓子勉：《两宋词集的传播与接受史研究》，华东师范大学出版社，2015年，第140页。"陈继儒在晚明有很大的影响力，这种巨大的名人效应也渗透到了戏曲出版领域，其与李贽、汤显祖等人成为书贾们重点关注的对象，托名其人的戏曲刊本数量颇广……师俭堂曲本所载'云间眉公陈继儒评''陈眉公批评''云间陈继儒题'等信息均为假托……"杨少伟：《陈继儒戏曲评本真伪考辨》，《文化遗产》2022年第5期。

④ [清]永瑢等撰：《四库全书总目》卷一八六《总集类》小序，中华书局，1965年，第1685页。

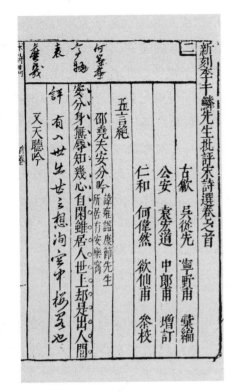

图1　日本国立公文书馆藏万历四十七年（1619）序刻本《宋元明诗隽》正文首页

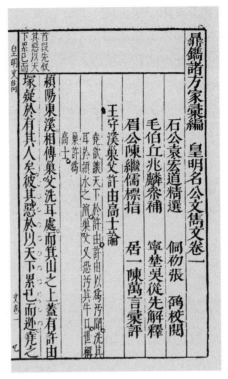

图2　天津图书馆藏泰昌元年（1620）刻本《鼎镌诸方家汇编皇明名公文隽》正文首页

　　诚然，任何一部伪书，都无法脱离其所问世的具体历史时代而单独存在。《宋元明诗隽》尽管冒称李攀龙、袁宏道、陈继儒诸家，不足为信，但是结合文学思潮的变迁与典籍流传的消长来看，其书在编集、评点等方面，仍有一定的文献文化意义。

　　一方面，"前七子""后七子"极力推崇盛唐诗歌而抹杀宋元诗歌价值的主张，后来遭到了晚明公安派袁氏三兄弟的激烈批评。尤其袁宏道，强调"代各有诗"，诗歌史上并非只有盛唐诗一枝独秀。他认为："大抵物真皆贵，真则我面不能同君面，而况古人之面貌乎？唐自有诗也，不必《选》体也；初、盛、中、晚自有诗也，不必初、盛也。李、杜、王、岑、钱、刘，下逮元、白、卢、郑，各自有诗也，不必李、杜也。赵宋亦然。陈、欧、苏、黄诸人，有一字袭唐者乎？又有一字相袭者乎？至其不能为唐，殆是气运使然，犹唐之不能为《选》，《选》之不能为汉、魏耳。……夫诗之气，一代减一代，故古也厚，今也薄。诗之奇之妙之工之无所不极，一代盛一代，故古有不尽之情，今无不写之景。然则古何必高，今何必卑哉？"① 又如："至于诗，……世人喜唐，仆则曰唐无诗；世人喜秦、汉，仆则曰秦、汉无文；世人卑宋黜元，仆则曰诗文在宋、元诸大家。"②

① ［明］袁宏道著，钱伯城笺校：《袁宏道集笺校》卷六，上海古籍出版社，2018年，第304—305页。
② ［明］袁宏道著，钱伯城笺校：《袁宏道集笺校》卷一一，上海古籍出版社，2018年，第573页。

可以说，从李梦阳"宋无诗"到袁宏道"唐无诗""诗文在宋、元诸大家"的论述，都为当时总集编纂的审美趣味提供了理论资源，并借由具体的编选实践从而在文学传播层面扩大这些文艺观念的社会影响。《宋元明诗隽》诞生于晚明，既着力表彰明诗之盛，又不尽废宋诗和元诗，正是有针对、有意识地提倡重新审视宋元诗歌价值的导向结果。当然还应注意的是，明中叶"诗必盛唐"的取法和评价准则，强行遮蔽了宋元诗应有的艺术光彩，亦严重损害了宋元诗作、诗集的保存和传播。在这样缺乏坚实文献基础的消极发展态势下，一旦又开始关注元诗，相关别集、总集就有极大可能伪造以欺世。例如，明末潘是仁编选《宋元六十一家集》，其中所收录的三十五种元人诗集，半数以上从无其书，仅根据其他选本汇编而成①。与之类似，《元诗隽》也是书坊为了射利，"拿来"式地改造，而且竟然不能顾全元代百年国祚之间的各个时期，只靠截取趣闻逸事中的诗人诗作聊以敷衍充塞。直至清代康熙年间顾嗣立辑编《元诗选》，元诗总集的编纂才克服了浮躁的习气，重回正轨。

另一方面，明代嘉靖、万历以降，商业出版与文学评点交互促进——书坊主人为了谋利，大量假托李攀龙、汤显祖、袁宏道、钟惺、陈继儒诸名家，希望推动坊间俗本的流布；而与雅正典丽的文章和诗歌相较，评点文字寥寥数语、意涵浅近，更便于读者快速吸收，并从中领会传统诗文的精妙，因而能够较好地帮助书坊扩大市场。就《元诗隽》而言，各诗只有每句末字和与评语相对应的词句旁加以圈点，评语则言简意赅，大多以点明诗歌所表达的景趣、情趣、理趣为主。例如，达兼善《咏上林莺》颈联"柳嫩难分色，歌停稍辨音"字旁加圈，诗末"评：'分色''辨音'语，令人转瞬，令人倾耳，诗中画也"；王冕《咏画梅》"个个花开淡墨痕""只留清气满乾坤"二句字旁加圈，诗末"评：淡墨痕、满乾坤，语自警人"；倪元镇《思归咏》颔联"三杯桃李春风酒，一榻菰蒲夜雨船"二句字旁加圈、尾联"他乡未若还家乐，绿树年年叫杜鹃"二句字旁加点，天头眉评"春风酒、夜雨船，都是佳况"，诗末"评：游子看故乡之怨、此诗思归之情，勤渠亦若尔"；等等。总体上看，与选录的宋诗和明诗相较，元诗部分数量最少，且不具备总集的审美旨趣，评点也就容易流于表面化、零碎化。

## 四、结语

明、清时期，诗歌尊唐还是尊宋，纠缠聚讼，难分胜负。有明一代，无论是"前七子""后七子"，还是公安派、竟陵派，对于唐宋诗歌论述更多，对于元诗措笔寥寥，这就使得明代诗家如何评价元代诗歌，较少见于诗学史的专题论述。而作为"文章之衡鉴"的总集文献②，又天然地肩负着文学批评的部分功能，进而成为文学思想研究的重要资

---

① 杨镰：《元佚诗研究》，见《元代文学及文献研究》，中华书局，2015年，第19—20页。
② ［清］永瑢等撰：《四库全书总目》卷一八六《总集类》小序，中华书局，1965年，第1685页。

源。因此，明人所编元诗总集，就为后人了解、研究这方面内容提供了有益的切口和丰富的材料。从这个意义上看，明初所编《乾坤清气集》《元音》《元诗体要》的价值自不待言①，而《宋元明诗隽》中的《元诗隽》虽然是书坊伪造的产物，不足以全面反映元诗的特色以及明人的真实尊尚，却可以间接折射明末诗学思想转变背景下，伴随着出版文化、评点文化的强力介入，元诗总集生成的一种路径取向。更何况，单纯孤立地考察《元诗隽》的相关情形而暂时未及《宋诗隽》和《明诗隽》，难免一叶障目；对于《宋元明诗隽》其书，仍有必要予以更加整体性的观照。

最后，明万历三十年（1602），日本进入江户时代。这一阶段开始，中国的书籍除了是知识、思想的物质载体，更以前所未有的商品贸易的形式，东传扶桑；同时，日本的庶民文化兴起，对各类文学读本的需求量也大幅增加。于是，明末建阳书林刊印的坊间版本，不仅在国内有其市场，而且凭借水路交通的便利，漂洋过海、远赴异域。后来随着时移世易，特别是清代朴学对于明代空疏之风的纠偏救弊，伪书流通渐稀，最终散亡。而那些庋藏彼邦之书，则以佚存的面貌，再度回归学者的视野，期待着新的发掘、开拓。

## The Textual Sources and Cultural Significance of the Bibliography of Yuan Poems Selection from the Lost Book *Song Yuan Ming Shi Jun* (《宋元明诗隽》) Collected in Japan

Zhao Yu

**Abstract**：*Song Yuan Ming Shi Jun* (《宋元明诗隽》), archived within the Japanese National Archives of Japan (formerly known as the Cabinet Library), presents a selection of poems from the Song, Yuan, and Ming dynasties in the order of *Song Shi Jun* (《宋诗隽》), *Yuan Shi Jun* (《元诗隽》), and *Ming Shi Jun* (《明诗隽》), categorizing these poems by genre and appending commentaries to each piece. While it purports to be compiled and revised by Li Panlong, Wu Congxian, Yuan Hongdao, and Chen Jiru, this anthology is fabricated work falsely ascribed to renowned scholars created by the Jianyang Bookshop. The detailed collation and comparison of the poems in *Yuan Shi Jun* reveal significant textual resemblances with *Yao Shan Tang Wai Ji* (《尧山堂外纪》) compiled during the late Ming Dynasty. This similarity suggests the possibility of a shared source of the material. The genesis of such a pseudo-anthology in the late Ming Dynasty can be

---

① 杨镰《元诗文献研究》指出："明人编选的元诗总集文献价值高的，主要出现在明初……总的来说，由于离元亡未远，编者一般抱着存有元一代诗史的立意，着意扩大视野，也并非专据别的总集抄撮成书以射利。"《元代文学及文献研究》，中华书局，2015 年，第 38 页。

attributed to a confluence of factors，including successive shifts in poetic thought in the middle and late Ming Dynasty，the profit-driven intention of the bookshop，and flourishing commentary culture.

**Keywords**：*Song Yuan Ming Shi Jun*（《宋元明诗隽》）；Yuan poetry；Anthology；*Yao Shan Tang Wai Ji*（《尧山堂外纪》）；Authentication of Ancient Books

# 明代稀见集句诗集《联锦诗集》东亚传本考<sup>*</sup>

王园瑞

[摘　要] 台北故宫博物院所藏夏宏《联锦诗集》三卷本在抗战期间曾由原北平图书馆移交至台北故宫博物院，目前为海内孤本，价值极大。另有中科院藏《联锦诗集》两卷本，对三卷本进行删减、分类和重编，亦为孤本，此本后流传至朝鲜半岛和日本，分别产生了朝鲜刻本与和刻本，存世亦稀。该书三卷本存诗比他本多出32首，另附周鉴所作《联锦诗集后序》，为他本所未载，而他本亦可补三卷本所残缺的黎颢《联锦诗集后序》及部分诗文。因此，此书不仅为东亚汉籍流转的生动个案，也是旧籍间互相补正的鲜活例子。

[关键词]《联锦诗集》；东亚流传；和刻本；文献价值

明代中期诗人夏宏，字仲宽，又字铭乾，号用德，姑熟（今安徽当涂）人，主要活动于景泰、天顺年间，《明史·艺文志》载其"天顺中，官松溪教谕"①。夏宏擅长集句，著有集句诗集《联锦诗集》，因其"囊括百氏，涉猎古今"②，对后世集句诗影响深远。笔者今见台北故宫博物院藏明景泰六年（1455）陈縠刻王廷吉增修本《联锦诗集》三卷（后简称为"三卷本"），中科院藏明景泰陈縠刻王廷吉增修本《联锦诗集》两卷（后简称"两卷本"），日本国立公文书馆内阁文库藏《联锦诗集》的朝鲜刻本两卷与和刻本两卷，方知《联锦诗集》版本之复杂性与案例之典型性，惜乎业内学者尚未对此书版本作系统梳理，对散落各地的《联锦诗集》缺少整体观照。③今不揣浅陋，对《联锦诗集》诸本之间的关系与东亚流传略加考述，以求教于方家。

【作者简介】王园瑞，浙江农林大学茶学与茶文化学院讲师，研究方向：域外汉籍与汉学、茶文化传播。

＊　本文系国家社科基金重大项目"日韩所藏中国古逸文献整理与研究"（20&ZD273）阶段性成果。

① ［清］万斯同：《明史·艺文志》，《续修四库全书》第326册，上海古籍出版社，2002年，第568页。
② 三卷本罗绮《联锦诗集序》，文中所引《联锦诗集》相关内容皆出于此本。
③ 关于《联锦诗集》的研究现状，国内学者金程宇首次提及此书版本及藏存情况，并将和刻本《联锦诗集》影印惠世，可参看《和刻本中国古逸书丛刊》第58册（凤凰出版社，2012年，第379—620页）。日本学者藤本幸夫《日本现存朝鲜本研究（集部）》（京都大学学术出版会，2006年，第122—124页）考察了朝鲜刻本《联锦诗集》的版式特征与著录情况。台北故宫博物院所藏三卷本与中科院所藏两卷本，《明代别集丛刊》《明代诗文集珍本丛刊》皆未影印。

## 一、台北故宫博物院藏《联锦诗集》三卷本的版本概貌与藏弆流转

台北故宫博物院藏《联锦诗集》三卷，共两册，明景泰六年成都陈君毅刻王廷吉增刊本。十行二十一字，线黑口，四周双边，双黑鱼尾，版心上镌卷次和页数，不镌书名。卷一卷端题"将仕佐郎姑孰夏宏仲宽集"，卷二、卷三卷端题"将仕佐郎署松藩卫儒学致仕姑孰夏宏集"，末附夏宏《为汪金宪集绣林十二咏》（残）。卷首有天顺六年（1462）刘定之《联锦诗集序》、天顺癸未（1463）汪浩《联锦诗集序》、景泰六年罗绮《联锦诗集序》，后有天顺元年（1457）周鉴《联锦诗集后序》、□□《联锦诗集后序》（残）。

罗绮序中提及："景泰壬申，余承命来镇松维，间取而读读，见其确荟萃诸作，然随物赋形，规矩绳墨，若出于己，窃加叹矣。已而成都守进贤陈君毅锓梓以传，泸州幕滇云王廷吉复增刊之，仲宽乃谒余序。"称其于景泰三年（1452）已取而读之，故景泰三年可以作为《联锦诗集》成书的下限。罗绮最早为《联锦诗集》作序，作序时陈君毅已付梓刊行，王廷吉增刊，故此本成书之初即为王廷吉增刊本。

《联锦诗集》自明代成书以来流传不息，《宝文堂书目》著录有"《联锦诗集》《联锦续集》"[①]，《万卷堂书目》著录有"《联锦诗集》一卷夏宏"[②]，《千顷堂书目》卷二十"夏宏《联锦集》四卷"条下注云："字仲宽，当涂。集唐句也，刘定之为序。宏官松溪教谕，别有《零金碎玉集》。"[③]《传是楼书目》载："《联锦诗》四卷，明夏宏，二本。"[④] 光绪间《重修安徽通志》卷二百二十七据《太平府志》载："夏宏，字仲宽，当涂人，官松潘儒学教谕。集唐人诗将千首，属对精切。有《联锦集》、续集、《零金碎玉集》行世，刘定之为之序。"[⑤]《振绮堂书录》著录"《联锦诗集续集》一卷"[⑥]，知清代有其续集单行本流传。通过上述著录可知《联锦诗集》初为四卷本，续集、《零金碎玉集》，亦为集句诗集。三卷本《联锦诗集》中共收录诗歌417首，罗绮序中提及"序次成帙者几四百，题曰《联锦集》"，周鉴后序中亦云"凡有所吟咏，集诸佳句成律诗凡四百首，名之曰《联锦集》"，因此《联锦诗集》成书刊行之初即为四百首左右，十分接近目前所见的三卷本诗歌数量，如若再添一卷，该诗集四卷本的诗歌数量当远超四百，与序文"几四百"之说相矛盾。结合《振绮堂书目》著录"《联锦诗集续集》一卷"，笔者推测，《千顷堂书目》与《传是楼书目》所著录的四卷本当是包括《联锦诗集》三卷与《联锦诗集续集》一卷。刘定之序文云："往年翰林侍读周君尧佐以《联锦诗集》示予，姑孰夏仲宽集句律诗也。其出奇至于和险韵、分僻题、摹写难状景物而意思贯串，若自出机杼。其多至于

① ［明］晁瑮撰：《晁氏宝文堂书目不分卷》，明钞本。
② ［明］朱睦㮮撰：《万卷堂书目》卷四，清光绪至民国间《观古堂书目丛刊》本。
③ ［清］黄虞稷撰，瞿凤起、潘景郑整理：《千顷堂书目》，上海古籍出版社，2001年，第528页。
④ ［清］徐乾学撰：《传是楼书目》，《续修四库全书》第920册，第847页。
⑤ ［清］何绍基等撰：《（光绪）重修安徽通志》卷二百二十七，清光绪四年（1878）刻本。
⑥ 罗伟国、胡平编：《古籍版本题记索引》之《振绮堂书录不分卷》，华东师范大学出版社，2011年，第139页。

累数十百首无几，时又有续卷若前所见之多，予异焉。"刘定之此序作于天顺六年，距夏宏《联锦诗集》成书（1452）已过近十年，其中提及"时又有续卷若前所见之多"，可知夏宏作《联锦诗集》近十年之后又作《联锦诗集续集》，故上述五人作序之本当为三卷本，也即《联锦诗集》成书之初为三卷本，后人将三卷本《联锦诗集》与一卷本《联锦诗集续集》合为四卷著录刊行。

《传书堂藏书志》载："《联锦诗集》三卷，明刊本。将仕佐郎姑孰夏宏仲宽集，刘定之序（天顺八年），汪浩序（天顺癸未），罗绮序（景泰六年），周鉴后序（天顺元年），黎颢后序（天顺二年），集唐宋元人诗为七律若干首。《千顷堂书目》云四卷，天一阁藏书。"① 从所作之序的顺序来看，传书堂所藏即为台北故宫博物院的《联锦诗集》三卷本。传书堂为浙江南浔蒋氏的私家藏书楼，所藏荟萃范氏天一阁、汪氏振绮堂、吴氏两罍轩等各家所藏历代古籍善本，王国维为蒋氏传书堂编撰书目，用力精勤。传书堂藏书自20世纪20年代后陆续散出，部分书籍毁于淞沪会战敌寇的轰炸中。遗存善本，则分藏于海内外各大图书馆。

台北故宫博物院附注有三卷本《联锦诗集》的相关信息，其中提及此本在1985年由原北平图书馆移交至台北故宫博物院，现藏于图书文献处（2021年与原书画处合并为书画文献处）善本部集部别集类，统一编号为平图014381—014382，著录于善本书目。笔者于《原国立北平图书馆甲库善本丛书》找到此书著录为"《联锦诗集》三卷，明夏宏撰，明景泰刻天顺递修本"，并目见此书②，即为台北故宫博物院藏三卷本。

此书在《续修四库全书总目提要》（稿本）著录为："《联锦诗集》四卷，明天顺刻本……首有天顺六年永新刘定之、南郡汪浩及景泰六年相台罗绮序，文末有天顺元年安成周鉴后序。……《千顷堂书目》载：'夏宏《联锦诗集》四卷'且云'别有《零金碎玉集》'，检此书前三卷均题《联锦诗集》，末附《为汪金宪集绣林十二咏》，无'零金碎玉'之名，知宏所著诗散佚多矣。"③ 此提要为近现代著名文献学家赵万里所写，赵万里在北京图书馆（现中国国家图书馆）从事善本采访、编目、保存工作长达50余年，主编善本书目《北平图书馆善本书目》《北京图书馆善本书目》等，所见之本应为上述三卷本。从其提要来看，刘定之、汪浩、罗绮所作的《联锦诗集序》及周鉴所作《联锦诗集后序》，顺序与三卷本相对应，因周鉴之后的序文残缺，而无法断定其作者，赵万里则略去不写，三卷卷题与末附《为汪金宪集绣林十二咏》之述皆与三卷本相吻合。至于其著录为《联锦诗集》四卷，当是遵从《千顷堂书目》著录之故，其续集及《零金碎玉集》皆散佚。

---

① 王国维撰，王亮整理：《传书堂藏书志》，上海古籍出版社，2014年，第1158页。
② 中国国家图书馆编：《原国立北平图书馆甲库善本丛书》第728册，国家图书馆出版社，2014年，第131—194页
③ 中科院图书馆整理：《续修四库全书总目提要》（稿本）第25册，齐鲁书社，1996年，第89页。

王重民《中国善本书提要》著录此书为："《联锦诗集》二卷，二册，明天顺间刻本，卷一题'将仕佐郎姑執夏宏仲宽集'，卷二题'将仕佐郎署松藩卫儒学致仕姑執夏宏集'，……刘定之序［天顺六年（一四六二）］，汪浩序［天顺七年（一四六三）］，罗绮序［景泰六年（一四五五），周鉴后序［天顺元年（一四五七）］，口口跋［残］，藏于北图。"① 此本从册数、版面形态、作序顺序及后序（跋）残缺等种种样貌来看，为三卷本无疑，而且王重民目见此本藏于北京图书馆，应与赵万里所见为同一本，王重民此处著录《联锦诗集》二卷有误。

至此，关于《联锦诗集》三卷本流转藏存情况基本清晰，《联锦诗集》原为四卷本，其中《续集》一卷或在清末民初散佚，《传书堂藏书志》著录为三卷本，藏于蒋氏传书堂，战火幸存，藏于民国时期国立北平图书馆（中国国家图书馆前身）甲库善本。抗战期间，为保护古籍，北平图书馆将这些善本古籍整体南迁至上海租界，后转运美国，寄存于美国国会图书馆，并于 1950 年拍摄成缩微胶片，这些胶片影印出版即为《原国立北平图书馆甲库善本丛书》，从中得以窥见《联锦诗集》三卷本之原貌。抗战胜利后，《联锦诗集》随这批运美善本于 1985 年转运我国台湾地区，存于台北故宫博物院。故此三卷本《联锦诗集》当为海内孤本，意义重大。

## 二、中科院藏《联锦诗集》两卷本与三卷本关系考

据《明别集版本志》载："《联锦诗集》二卷，明景泰陈榖刻王廷吉增修本，十行二十一字，线黑口，四周双边，双黑鱼尾，版心不镌书名②，卷端题'将仕佐郎姑執夏宏仲宽集'"，并列举罗绮序中"成都守进贤陈君榖锓梓以传，泸州幕滇云王廷吉复增刊之"数语，与其著录为"明景泰陈榖刻王廷吉增修本"相印证。此两卷本藏于中科院，亦为海内孤本，难以得见，后收入《第三批国家珍贵古籍名录图录》，但仅公布其首页图录。③因王红蕾女士帮助，又得见此本部分目录及罗绮部分序文，罗绮之序脱文三页，而且字迹漫漶，可粗略看出此两卷本残损较为严重。通过比较发现此本与三卷本明显不同，初步断定，此两卷本与三卷本分属于两个不同的版本系统，当为三卷本的分类重编本。重编者信息无从查考，结合上述三卷本五则序文皆未提及重编本相关内容，可以推测两卷本有后人选编的可能性，重编时间至少在天顺癸未汪浩写序文之后。从现有资料来看，两本之不同主要有以下两点：

---

① 王重民：《中国善本书提要》，上海古籍出版社，1983 年，第 568 页。

② 崔建英辑订，贾卫民、李晓亚参订：《明别集版本志》，中华书局，2006 年，第 140 页。按：据笔者核实中科院藏《联锦诗集》版式为：十行二十字，线黑口，四周单双边兼有，双黑鱼尾，版心似有著录痕迹，因残损难以辨认，故《明别集版本志》著录有失严谨。

③ 中国国家图书馆国家古籍保护中心编：《第三批国家珍贵古籍名录图录》第 6 册，国家图书馆出版社，2012 年，图录编号 09068。

### （一）两卷本对三卷本进行分类编选

两卷本对三卷本的诗歌依据不同的题材加以分类，重新调整了三卷本的诗歌顺序。三卷本无目录，而且多为一事一诗，当是按时间顺序写作。两卷本前列有分类目录（见图1），具体按照朝会诗、赠答诗、贺喜诗、题画题壁诗、寄怀诗、送别诗、次韵诗、拟作、悼亡诗、羁旅诗、游览诗、感兴诗、怀古诗、写景组诗等题材进行分类。这也导致了两本诗歌顺序的不一致，如两卷本前十首对应的三卷本顺序分别为第1、331、111、131、104、119、120、114、141、178首。

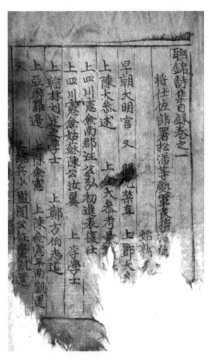

图1　中科院藏《联锦诗集》
两卷本　卷一部分目录

### （二）两卷本对三卷本部分诗题有所改动

对比图2与图3，从第一首诗歌的题目即可看出三卷本与两卷本的显著区别，三卷本为《早朝》，两卷本为《早朝大明宫二首》，可以想见，两卷本中存在对三卷本诗题的普遍改动现象。上述基本可以断定，《联锦诗集》在明景泰年间刊行之后存在两种版本，三卷本刊刻在前，两卷本重编在后。

虽中科院此本无法完整目见，但笔者于日本国立公文书馆寻得朝鲜刻本《联锦诗集》两卷（版本形态详见后文），对比发现朝鲜刻本诗歌顺序与二卷本一致，而且对照图3与图4，可以看出朝鲜刻本第一首诗歌的形态亦与两卷本相同，诗题同为《早朝大明宫二首》，故可以确定朝鲜本当以中科院两卷本为底本进行重刻，一定程度上也能反映出两卷本的原貌。关于《联锦诗集》三卷本与两卷本的不同，通过朝鲜刻本亦可补充参考。

 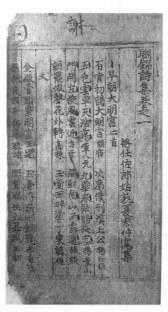 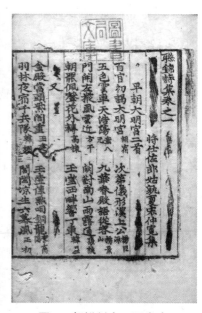

图 2　三卷本　　　　　　　图 3　两卷本　　　　　　图 4　朝鲜刻本　两卷本
台北故宫博物院藏　　　　　中科院藏　　　　　　　日本国立公文书馆藏

首先，三卷本收录诗歌 417 首①，而朝鲜本只收录其中 385 首，推测出两卷本可能在改编过程中对三卷本诗歌数量进行筛选删减。其次，对三卷本错乱顺序的调整。三卷本中多次出现版面的错行问题，导致一些组诗诗歌顺序错乱，如组诗《题胡明远轩中八咏》，三卷本中八首诗歌之间出现断裂，散落在各卷中，其一《鹤台仙迹》出现在第 91 首，其二《诗壁生香》出现在 96 首，其三《风景余月》出现在第 97 首，其四《春到梅兰》出现在第 98 首，其五《万竹清风》出现在第 396 首，其六《碧窗玩易》出现在第 397 首，其七《花圃开尊》出现在第 398 首，其八《花屏叠翠》出现在第 399 首，朝鲜本将其收归统一。② 最后，对三卷本部分诗句和署名加以擅改、订正。三卷本《上金大参考最复仕》颔联"南极一星朝北斗 杜甫，五云深处望蓬莱 丁复"，"五云"句，丁复诗集中未见，元人刘仁本《送进士王好问浮海会试》中有此句，疑误。朝鲜本此句擅改为"五云多处是三台 同上（杜甫）"，此句出自杜甫《送李八秘书赴杜相公幕》。再比如三卷本《拟宋邕游仙刘阮游天台五首》，其一无小标题，其二小标题列为"刘阮洞中遇仙子"，其三至其五皆有类似小标题，朝鲜本将此组诗题改为《拟宋邕游仙五首》，其一列小标题"刘阮游天台"，使得此首组诗更为整齐和规范。这种阅读痕迹也表现在对三卷本中一些诗句的订正上，如"春风疑不到天涯"句（《文会轩赏牡丹》），出自欧阳修《戏答元珍》，三卷本标注作者为高菊磵，误，朝鲜本更正为欧阳修；"与客携壶上翠微"句（《眉阳八景行人黄

①　按：台北故宫博物院所藏三卷本，并非足本，末附《为汪金宪集绣林十二咏》，仅有八咏，中间佚失 4 首，三卷本理应存诗 421 首，实际录诗 417 首。
②　朝鲜本《题胡明远轩中八咏》组诗中，《春到梅兰》一诗漏放入该组诗中，而是被放入前面"春景类"诗中，可据三卷本调整。

裳求题·象耳秋风》)，出自杜牧《九日齐山登高》，三卷本署名为皮日休，误，朝鲜本更正为杜牧。上述朝鲜本与三卷本对比后的不同，可能是其底本两卷本即有此调整、擅改和订正，亦有可能是朝鲜本在二卷本的基础上作上述改动，这些有待笔者后续目见中科院两卷本之完本，加以核实和验证。

## 三、两卷本《联锦诗集》的东亚传本

### (一) 朝鲜刻本

日本国立公文书馆藏有《联锦诗集》的朝鲜刻本。此本以中科院所藏两卷本为底本，前文已有印证，版面形态如下：

《联锦诗集》二册，半页十行每行十九字，白口，四周单边，花鱼尾，版心上镌“联锦”及卷数，下镌页数。卷一端题“将仕佐郎姑孰夏宏仲宽集”，卷二端题“将仕佐郎署松藩卫儒学致仕姑孰夏宏集”。卷首有汪浩序、刘定之序、黎颢序、罗绮序，后有嘉靖庚申年（1560）黄俊良跋。每册首有藏书印“新宫城书藏”，册尾有“白云书库”。每卷左肩墨书“联锦诗集乾（坤)”以示两卷。[①]

黄俊良（1517—1563)，字仲举，官至星州牧使，著有《锦溪集》，为朝鲜重要性理学者李滉之门人。其跋曰：

> 诗自唐宋以来，名家盛兴，众体蜂起，如回文联句之分，八音星药之名，其变极矣。若夏仲宽《联锦》之篇，亦骚家之一奇也。观其采精撷秀，叶韵属对，集诸家之长，如一手之出。浑然天成，不露斧痕，如九章绘衮，华彩眩目，八音拼奏，声律自谐，虽非诗道之大成，吁亦巧矣。今都事李义臣，获而玩之，白监司洪相昙，谋锓广布，其嘉惠之意勤矣。后之学诗者，博览广记，深见作者之意，游戏翰墨之余，一寓目焉，则点化妆缀之功，可以得三昧之妙矣。旹嘉靖庚申冬季下浣锦溪黄俊良书于星山之轩谨跋。[②]

李义臣，字君礼，官至德山郡守，当为两卷本《联锦诗集》的获得者，洪相昙，字太虚，时为庆尚道观察使，协助《联锦诗集》的刊行。由该跋可知，两卷本《联锦诗集》大约在16世纪中期已传入朝鲜，两卷本作为类编本显然更能适应朝鲜文人的阅读习惯，也是其在朝鲜半岛流传的文本优势，《考事撮要》“庆尚道”之“晋州”条著录有《连(联)锦集》[③]，当是李义臣等人的刊行本，原两卷本已不存。

---

① 关于《联锦诗集》朝鲜本的版面形态，可详参[日]藤本幸夫《日本现存朝鲜本研究(集部)》，京都大学学术出版会，2006年，第122—124页。

② 朝鲜刻本《联锦诗集》跋。

③ [朝鲜]鱼叔权撰：《考事撮要》，张伯伟编《朝鲜时代书目丛刊》第三册，中华书局，2004年，第1467页。

朝鲜本与两卷本诗歌顺序相同，但无两卷本之目录，收录诗歌385首。在版式上与两卷本三格署名不同，朝鲜本每句署名仅占两格，两字以上的姓名会作两行，符合朝鲜时期大部分集句诗的署名特点。诗歌内容部分，通过对照两卷本的目录可以看出，朝鲜本对两卷本的部分诗题作了一定的缩减，如第五首，两卷本作《上金大参考最复仕》，朝鲜本则缩略为《上金大参》；第六首，两卷本作《上四川宪佥汪公弘初进表复仕》，朝鲜本作《上汪公弘初进表复仕》；第九首，两卷本作《上翰林刘定之学士》，朝鲜本作《上翰林刘定之》；第十四首，两卷本作《上总兵少监闫公征蛮凯还》，朝鲜本作《上闫公征蛮凯还》等，朝鲜本缩减的信息多为官职名称之类，当是李义臣追求诗题更为精简的缘故。此外，朝鲜本会出现一些讹字，如第一首《早朝大明宫》（对比图3、图4），两卷本"次第仪刑汉上公"中"刑"字，朝鲜本误作"形"；"闾阖源生六幕风"中"源"字，朝鲜本误作"凉"，当为音近、形近而误。综上，朝鲜本是以两卷本为底本重新付刻而成，版式与诗题略有不同，讹误较多。

### （二）和刻本

日本国立公文书馆和关西大学图书馆藏有《联锦诗集》元禄十五年（1702）洛下书林八尾市兵卫刻本，该本后收录在金程宇《和刻本中国古逸书丛刊》中。版面形态如下：

《联锦诗集》二卷，半页十行行十九字，白口，四周单边，花鱼尾，版心镌"联锦诗集"，每卷分本末两集，扉页正中书"联锦诗集"，右题"明夏仲宽先生所著"，左书"雒书林贯道轩寿版"。卷一卷端题"将仕佐郎姑孰夏宏仲宽集"，卷二卷端题"将仕佐郎署松藩卫儒学致仕姑孰夏宏集"。卷首有汪浩序、刘定之序、罗绮序，后有黎颢序、黄俊良跋、鹰尾季村所作之志和"元禄十五年龙集壬午初春吉旦洛下书林八尾市兵卫新刊"牌记。

鹰尾季村《志》云：

> 夏仲宽之所著《联锦集》，集句律诗殆四百首，险韵僻题，尽奇中之奇也。真本鲜有传者，予珍藏焉尚矣。书林某屡请曰："扩仁偕美，则庶几赞善扶化之一端乎？"以言之旨不可拒焉，遂加倭训，以付之好学之士，固有所证发哉。[1]

笔者初看此本，发现此本版式、内容与朝鲜本几近相同，而且朝鲜本中佚诗形态也与和刻本相对应，和刻本后有黄俊良之跋，可知朝鲜本当为和刻本所覆刻之本，也是鹰尾季村《志》中所称之"真本"。鹰尾季村在《志》中详细阐述其对朝鲜本作了训点并付梓刊行以方便后学，《江户时代书林出版书籍目录集成》"享保十四年（1730）刊书籍目

---

[1]　和刻本《联锦诗集》志。

录"著录有"夏仲宽《联锦诗集》"①，便是和刻本《联锦诗集》的具体刊刻记录。

谨慎起见，笔者将和刻本与朝鲜本作一细致比较，发现两本之间亦有细微差别，分述如下：

1. 和刻本将朝鲜本两卷，按照题材每卷再分本末，从而割裂为四卷本。将朝鲜本卷一以《寄清沂谢崇广先生》一诗为分界点，此诗及之前为卷一，之后为卷二；朝鲜本卷二以《一乐轩为四川宪俭李公望集》一诗为分界点，此诗及之前为卷三，之后为卷四。

2. 和刻本收入诗歌 384 首，比朝鲜本少 1 首。少录的诗歌为《黄堂政成送泸阳太守》，此诗在朝鲜本中与前面《送泸阳太守贺公克逊》一诗重合，和刻本当是避免重复而删去此诗。

3. 和刻本对朝鲜本序文及个别诗歌顺序作了调整。朝鲜本将四人序文，不分前后序，全置于卷首，后附黄俊良之跋，而和刻本将其中黎颢所作之《联锦诗集后序》列于其后，后面依次为黄俊良之跋与鹰尾季村之志，更为规范。朝鲜本部分诗歌顺序由于错版原因，较为混乱，如朝鲜本《途中别方廷和》后接之诗实为《荔林画锦》，《途中遇故知》后接之诗则为《太白书堂》，对此，和刻本在覆刻之时皆予以调整归位。

### 四、共构完本：诸本间的互相补正

可以肯定的是，三卷本作为此后两卷本、朝鲜本、和刻本之祖本，一定程度上反映出《联锦诗集》的成书原貌，文献价值极大。两卷本无法目见全貌，且残损较为严重，但朝鲜本以两卷本为底本，可见两卷本之基本形态，借朝鲜本亦可为三卷本补充校勘。因此两本之间可互相补正，共构完本。

#### （一）三卷本《联锦诗集》的校勘价值

1. 可校正朝鲜本之诗句讹误

朝鲜本《自弃寄孙北溟挥使》"穷途日月困泥沙 薛逢"，三卷本作"穷途日日困泥沙 薛逢"。此句出自薛逢《长安春日》，《唐诗鼓吹》《石仓历代诗选》皆作"日日"，当据三卷本改。朝鲜本《再集无题·其一》"雪里新声是莫愁 曹松"，三卷本作"云里新声是莫愁 曹松"。此句出自曹松《陪湖南李中丞璋宴隐溪》，《唐诗鼓吹》《石仓历代诗选》《唐诗品汇》皆作"云里"，当据三卷本改。朝鲜本《再集无题·其五》"楼上人垂玉箸看 章碣"，三卷本作"楼上人垂玉筋看 章碣"。此句出自章碣《春别》，《唐百家诗选》《诗人玉屑》《唐诗鼓吹》皆作"玉筋"，当据三卷本改。朝鲜本《赠王以宁公子》"舍人草草好容仪 萨天锡"，三卷本作"舍人楚楚好容仪 萨天锡"。此句出自萨都剌《寄贺进士也先不花仲实除侍仪通事舍人》，《四部丛刊》影明弘治本《萨天锡诗集》和《元体诗要》皆作

---

① 庆应义塾大学附属研究所斯道文库编：《江户时代书林出版书籍目录集成》，井上书房，1962—1964 年，第118 页。

"楚楚"，当据三卷本改。朝鲜本诸如上述因形近、音近而产生的诗句讹误很多，皆应据三卷本校正。

2. 可校正朝鲜本之署名错误

朝鲜本中诗句署名错讹极多，对考察集句来源的准确性造成了极大的干扰，有赖于三卷本校正。

形近而误者如《何挥使清凉轩八咏·风幕篆烟》"清幽决胜仙家景"句，朝鲜本作"宋师"，三卷本署名吴宗师，是。《送泸阳幕宾王廷吉》"几年赞政慰民安"句，朝鲜本署名"吴德基"，三卷本署名"贾德举"，是。《竹雪轩寄王鹏举》"何人鹤上吹笙过"句，朝鲜本署名刘渊，三卷本署名刘沧，是。《贺新淦谢端礼寿七十》"降县老人更甲子"句，朝鲜本署名米复，三卷本署名丁复，是。"人间亦自有丹丘"句，朝鲜本署名韩偓，三卷本署名韩翃，是。《寄卢挥使升》"回首更惭江上鸥"句，朝鲜本署名赵间，三卷本署名赵碫，是。《题承恩致政》"弱冠登龙入粉闱"句，朝鲜本署名汪藻，三卷本署名王操，是。凡属此类，尚有十数例，不缕举。

张冠李戴者如《寄羽士吴巢云》"人间珠树吐三花"句，三卷本署名陈旅，朝鲜本署名隐翁，可据改。《望溪四咏·竹馆琴清》"明月清风无俗情"句，三卷本署名王贞白，朝鲜本署名为丁复，可据改。《湖上春游》"谢娥行处落金钿"句，三卷本署名韦庄，朝鲜本署名许浑，可据改。

署名颠倒者如三卷本《松洲十景·龙潭夜月》"九天凉露夜光寒 周贺""吟倚南楼正好看 窦牟"，朝鲜本将两者署名颠倒，可据改。

3. 可还原组诗的诗歌顺序

朝鲜本部分组诗顺序混乱，可依据三卷本还原这些组诗的正确顺序。列举如下：

《题金溪熊推己修己望溪四咏》，朝鲜本将诗题缩略并误写为《野溪四咏》，所咏之顺序为"望溪春眺、茅屋书声、梅窗诗趣、竹馆琴清"，而三卷本顺序为"望溪春眺、竹馆琴清、茅屋书声、梅窗诗趣"，可据调。

《闵宗起轩中八咏》，朝鲜本所咏之顺序为"山楼雨意 芸阁书声 书隐佳城 鳌峰精舍 紫泥初诏 道园怀古 竹寺清游 画锦荣归"，三卷本顺序为"山楼雨意 书隐佳城 鳌峰精舍 紫泥初诏 竹寺清游 道园怀古 芸阁书声 画锦荣归"，可据调。

《龙阳十景》，朝鲜本先将"朝阳仙洞 明月澄潭 太白书堂"三组并列，后七组"龙门长峡 悬崖瀑布 躞翠山亭 月泉秋影 溅珠飞泉 云根石亭 巢云楼阁"割裂在整本诗集之后，三卷本将其顺序完整列出，可据调。

《泸阳八景》，朝鲜本前六景"宝山春眺 白塔朝霞 龙潭春涨 观海秋澜 方山雪霁 东峦夜月"连贯列出，后两景"荔林画锦 榆柑晚渡"被割裂在整本诗集之前，三卷本收录完整，顺序连贯，可据调。

此外，朝鲜本诗题还有"衍文""倒文"之处，如朝鲜本《寄清沂谢崇广先生》《寄清沂曾公荣先生》，而三卷本诗题作《寄清沂谢崇广》《寄清沂曾公荣》，朝鲜本两首诗题后衍"先生"二字。朝鲜本《雪竹轩寄王鹏举》，三卷本作《竹雪轩寄王鹏举》，朝鲜本"雪""竹"二字误倒。以上皆从三卷本改。

### （二）三卷本《联锦诗集》的辑佚价值

1. 保存了周鉴的《联锦诗集后序》

三卷本后附有天顺元年（1457）周鉴《联锦诗集后序》，朝鲜本与和刻本皆未收录，或为两卷本删减诗歌的同时，对其序文也作了删减考量。① 鉴于此序的重要性，笔者全录如下：

> 《联锦诗集后序》
>
> 诗之源流尚矣，自吾夫子删诗之后，变为离骚，又变而为五言七言律诗、选体、歌行，曰谣曰引，体制不一。由汉晋唐宋至元以诗鸣世，卓然可称。虽代不过数人余，诸公之工于诗，擅于诸体制者，殆亦不下百有余家。若集古句成诗，虽始于王介甫，其后文天祥系燕狱五年，叹杜工部所遭，兴已时异而事同，集杜句成诗两百首，冠绝古今。《元诗体要》编陈刚中辈集句十八首，其格调音律足以规范后人哉。
>
> 朝文运亨，嘉名公之作可以追风雅而继李杜者盛矣，其集句仅见姑孰夏仲宽先生之作。先生性耽佳句，聚历代诸儒诗贯彻于心，凡有所吟咏集诸佳句成律诗凡四百首，名之曰《联锦集》。既已梓行，适先生至京师，偕同寅谷公茂过予，持以视焉，且请余序其后。余闲而诵之，观先生之集，字字着题，其中对偶之自然，音韵之铿锵，谐和妙处，迢将入神，设使当时之作者闻之，亦必含笑而心服矣。予窃譬如良冶范金，入模范之内，大而钟鼎，小而盘盂，各成其器。人虽知范金而成，然其文采粲著，器用完美，孰不爱而重之？其曰联锦云者，先生之自况耳，真足以追夫天祥之集杜、元诗之集句，并传于世而无疑矣。同志之士观之必有同于予心之同，然假予言哉？虽然先生所以臻兹自非其学之该博，才之通敏，天资高而识见超卓乌能然于？杜诗云："读书破万卷，下笔如有神。"令先生所述似之用，书是于末简。
>
> 天顺元年岁次丁丑夏五月既望　赐进士出身礼科掌科右给事中安成　周鉴序

周鉴此序作于天顺元年（1457），基本补全了《联锦诗集》前后序的完整链条。根据相关序文，作序五人皆为夏宏好友，《联锦诗集》付梓刊行之后，夏宏先在景泰六年（1456）请罗绮作序，后在天顺元年（1457）请周鉴作后序，天顺二年（1458）又请黎颙复序其后，时隔四年后，刘定之于天顺六年（1462）作序，次年汪浩作序。

---

① 按：朝鲜本以两卷本为底本，由于无法目见中科院所藏两卷本全貌，笔者推测两卷本可能亦未收录周鉴《联锦诗集后序》。

2. 辑补他本所佚诗歌及诗句

由于两卷本对三卷本进行了删减重编，以两卷本为底本的朝鲜本所选诗歌数量比三卷本少了32首，可据三卷本补全。限于篇幅，仅列其诗题如下：

《寄石松山人雷济民》《秋思》（三卷本同题有两首，朝鲜本仅选其一首）《寄友王元吉》《寄杨仲车》（三卷本同题有两首，朝鲜本仅选其一首）《寄黄太守璿》（三卷本同题有两首，朝鲜本仅选其一首）《题马仲璋梧竹轩》《题蒋公玉江湖胜览》《题邓子玑竹居》《贺金惟瓒生子》《凤山金登翰与予素交，求题忘忧轩及乃祖仪仲晏然斋，予喜其知诗，遂搜集成章》（《晏然斋》《忘忧轩》各一首）《蜀殿下蕲进挽诗二首》《题宪佥张尊桂岩》《题张金宪可山楼》《游慈恩寺》《寄刘孟璿先生》《送赵都阃镇边》《将致仕寄蜀中诸友》《闲中遣怀》《客中有感》《为汪佥宪集绣林十二咏》《奉成都太守张公信》《奉同府李君祥》《奉通府王君宗伦》

朝鲜本除上述32首未收录之外，其收录的部分亦存在诗句缺失现象，当是其底本两卷本文字漫漶或缺失，可据三卷本补全。辑录如下：

《赠贵州郭参将》，朝鲜本后四句逸，据三卷本可补"勋劳赫赫频分券　王祎，胆气堂堂合用兵　韦蟾。八郡元侯非不贵　杜牧之，貂蝉烨烨旧簪缨　傅若金"。

《寄谷给事中茂》，朝鲜本脱前四句，并未标注阙文，易误认为七言绝句。据三卷本可补"帝城东畔是蓬莱　薛汉，浩荡恩波遍九垓　杜本。今代使臣多郑马　甘立，昔年词客尽邹枚　孙逊"。

《泸阳八景·榆柑晚渡》，朝鲜本后两句逸，可据三卷本补"南去北来人自老　杜牧，棹声烟里独呕哑　韦端巳"。

《赠河都垣洪镇边》，朝鲜本前六句逸，可据三卷本补"赤心为国事三朝　邓绍先，百战山河血未消　欧阳玄。共说子龙多胆略　吴浩，兼闻去病最嫖姚　傅若金。西戎烽火音先捷　桂如祖，南缴车书路不遥　黄潜"。

《姑苏怀古》，朝鲜本后四句逸，可据三卷本补"弩台雨坏逢金镞　皮日休，竹里春愁冷翠裾　傅若金。倚柱寻思倍惆怅　张挺，夕阳空照槛间坟　罗邺"。

《开元禁直》，朝鲜本前四句逸，可据三卷本补"五更三点列鹓行　杜甫，曾入甘泉侍武皇　李郢。鸾转上林分曙色　楼大年，马随春仗识天香　李绅"。

《寄陈处信》，朝鲜本首联文字几近漫漶。难以辨认，三卷本甚是清晰，可补全为"天府由来百二强　杜牧之，清时无事奏明光　李商隐"。

3. 辑补朝鲜本部分诗序及诗题

上述论及朝鲜本对两卷本诗题的缩减，一般会省去地名、官名等相关信息，诸如此类皆可据三卷本补充。其中一些诗序、诗题中往往蕴含着作诗背景、作者交游之类的重要信息，这些亦被朝鲜本有意缩减隐去①，据三卷本可补。

朝鲜本《巢云楼阁集虞伯生句》，三卷本题为《巢云楼阁》，后有诗序如下："客有为余言：'公善于集古，昔者文天祥集杜而有成章，公可能集虞而成诗否？'余不觉技痒，遂以巢云楼阁而集虞伯生美句而成"，可据补。

朝鲜本《次韵送罗士冠》，三卷本诗题为《次黎纪善韵送铅山罗士冠先生纂修泸志完回任》，可据补。

朝鲜本《虚庵为李南辉先生集》，三卷本诗题为《虚庵为丰城湖茫李南辉先生集，因子士望贵褒封监察御史，虚庵别号也》，可据补。

**（三）朝鲜本《联锦诗集》的文献价值**

朝鲜本《联锦诗集》既有有意之删减改动，也有无意之讹脱衍倒。尽管与三卷本变化很大，依然具有一定的文献价值。

1. 可补三卷本所缺之诗及部分序文

朝鲜本所选385首诗中，除了《题莲池草堂》一诗，其余384首皆在三卷本之列。笔者发现三卷本《分题东阁寄梅送泸阳吴廷毕》与《上李学士》两诗之间空白五行，其版面刚好填入一首七言律诗，故三卷本此空白处，可据朝鲜本补《题莲池草堂》一诗。此外，三卷本后有周鉴和黎颢二人之序，其中黎颢之序后半部分缺失。由于无法看到此后序的署名，被王重民在《中国善本书提要》误认为残缺之跋，而朝鲜本收录有完整的《联锦诗集后序》，确认为黎颢所作，可据朝鲜本补全。

2. 可校三卷本部分文字漫漶诗句

朝鲜本文字清晰，排版整齐，可解决三卷本因文字漫漶而难以辨别的问题。如《一乐轩为四川宪佥李公望集》一诗颈联，三卷本文字已无法释读，可据朝鲜本校正为"荆树有花兄弟乐　许浑，椿萱无恙子孙贤　无名氏"。《山中□□景祥》一诗，三卷本不仅诗题中间两字无法辨别，而且前两联诗句亦模糊不清，可据朝鲜本《山中答毛景常》补正诗题当为《山中答毛景祥》，诗句补全为"爱山无乐住溪贫　王建，荒径今为旧宅邻　鲍防。一卧沧江惊岁月　杜甫，十年京洛共风尘　武元衡"。

## 五、结语

夏宏《联锦诗集》似为在中、日、韩三国分别刊刻的唯一一部集句诗集，在东亚汉文学圈中极具典型性，意义重大。台北故宫博物院所藏的《联锦诗集》三卷本与中科院所藏的两卷本皆为存世孤本，其中两卷本又在异域覆刻流传，朝鲜本以两卷本为底本重刻，和刻本又忠实地翻刻了朝鲜本，《联锦诗集》在东亚汉籍流动过程中被不断增添或减

---

① 按：上文已分析朝鲜本存在对两卷本诗题的删减情况，有鉴于此，此处列举的诗题及诗序缩减情况应是朝鲜本所为，两卷本当是保留了三卷本诗题原貌。

损，从而构筑了一个东亚汉籍史上极为生动的汉籍流传个案。三卷本与两卷本各有残缺，二本可相互补正，在两卷本残缺严重的情况下，保存完好的朝鲜本亦可提供部分佚文，亦具有一定的文献价值，对后期《联锦诗集》完本的校勘和整理大有裨益。

（附记：本文蒙国家古籍保护中心王红蕾老师提供部分图录得以目见中科院所藏版本，又承金程宇师提供资料，匡正指瑕，邢云龙、彭子航等诸君亦曾相助，谨此一并致谢。）

## A Study on the East Asian Version of the Pare Collection of Poems
### *Lianjin Poetry Collection* in the Ming Dynasty

Wang Yuanrui

**Abstract**：The three-volume collection of Xia-Hong's United Collection of Poetry was transferred from the old Beiping Library to the National Palace Museum in Taipei during the Anti-Japanese War, and is now the only copy in China with great value. In addition, the Chinese Academy of Sciences collected two volumes of "Joint Brocade Poetry", and the three volumes were deleted, classified and recompiled, which is also a rare copy, and this copy was later spread to the Korean Peninsula and Japan, respectively, producing Korean and peace copies. There are 32 more poems in the three volumes of this book than in this book, and there is also a Preface to the United Jin Poetry Collection by Zhou Jian, which is not included in this book, and this book can also make up the incomplete Preface to the three volumes of Li Hao's United Jin Poetry Collection and some poems. Therefore, this book is not only a vivid case of the transfer of Chinese nationality in East Asia, but also a vivid example of the complementarity of the old nationality.

**Keywords**：Lianjin Poetry Collection；Spread in East Asia；A wagram；Document value

# 日藏残宋本《圣宋千家名贤表启翰墨大全》的文献价值 *

段少华

[摘　要]《圣宋千家名贤表启翰墨大全》，是南宋庆元年间刊刻的一部四六文类书。是室町时代肖得岩（1360—1437）的旧藏，现存日本天理图书馆。同时此书又藏于我国国家图书馆，题为《圣宋千家名贤表启》。两书现存共二十三卷，其中有两卷相同，有十五卷仅见于日藏《翰墨大全》，极具文献价值。今以日藏《翰墨大全》与《全宋文》对勘，有"全篇"与"要段"共计41篇文章可补《全宋文》之阙，并能进一步明确《全宋文》中所收文章的作者归属，另外对校正《全宋文》录文在传抄、刊刻过程中产生的文字讹误问题亦有帮助。

[关键词]《圣宋千家名贤表启翰墨大全》；日藏残宋本；辑补；辨伪；校勘

日藏残宋刊本《圣宋千家名贤表启翰墨大全》（以下简称为日藏《翰墨大全》），是南宋庆元年间刊刻的一部表启类四六文类书，原书一百四十卷①，现存十七卷，编者不详。现藏在日本天理图书馆（天理大学附属天理图书馆），是室町时代惟肖得岩（1360—1437）的旧藏，与元人别集《新编翰林珠玉》合编在《天理图书馆善本丛书·汉籍之部》第九卷，于1981年由八木书店影印刊行。检索"全国汉籍——日本所藏中文古籍数据库"，该影印本又分别藏于日本京都大学人文科学研究所、国立国会图书馆、京都产业大学、一桥大学、神户市立中央图书馆、千叶县立中央博物馆、宫城县图书馆。而我国国家图书馆藏题为《圣宋千家名贤表启》一部，八卷。具体版本情况见施懿超的《宋代类书四六文叙录》，据其考证"国家图书馆本《圣宋千家名贤表启》应为（日藏）《圣宋千家

---

【作者简介】段少华，1981年生，西北大学文学院博士研究生，忻州师范学院讲师。研究方向：中国古典文献学、中国古代文学。

* 本文系国家社科基金重大项目"日本天理图书馆藏汉籍调查编目、珍本复制与整理研究"（批准号：20&ZD276）的阶段性成果。

① 日藏《翰墨大全》前有"门类"与"纲目"皆为一百四十卷。而《宋史》卷二百九志第一百六十二艺文八集类有"《千家名贤翰墨大全》五百一十八卷"（[元]脱脱等撰：《宋史》，中华书局，1985年，第5401页）。施懿超认为，"和本书（日藏《翰墨大全》）卷数有较大差异，是否即为本书，很难确定"。（施懿超：《宋代类书四六文叙录》，《古籍整理研究学刊》2007年第3期）

表启翰墨大全》一书的残本，只是卷数被剜改，顺序亦被混淆"①，现存共计二十三卷。两书仅有两卷相同，即日藏《翰墨大全》的第二十五卷上、下与第二十六卷，其余十五卷仅见于日藏《翰墨大全》，为我们研究宋代文学提供了弥足珍贵的新材料，极具文献价值。《全宋文》作为一代总集，规模巨大，蔚为宏福，但因在"普查搜采""校勘辨订"②等方面存在难度，疏漏在所不免，对其纠谬补缺的文章、著述③也是层出不穷，素材多采自地志、碑帖等文献。与此同时也有一些学者把视角转向域外汉籍，充分挖掘利用，成果丰硕。国图本《圣宋千家名贤表启》在《全宋文》整理时就已采用，本文就以日藏《翰墨大全》为重点考察对象，对《全宋文》进行辑补与订误。

## 一、辑补

日藏《翰墨大全》一书材料征引范围较广，许多不见于传世文献的四六文得以保存，可用来拾遗补缺。目前以日藏《翰墨大全》为中心作辑佚整理的有金程宇的《记佚存东瀛的两部宋代骈体文选——兼谈日本禅林四六与宋代骈文之关联》一文，然"披沙拣金，时时见宝也"④。笔者将日藏《翰墨大全》与《全宋文》详加比勘后，再次辑得41条。所辑之文先录《全宋文》已收作者的，依《全宋文》"以人标目，以文系人"（第360册《附录》）的体例，基本按作者生年排列，后列《全宋文》未被著录作家的。鉴于文章篇幅所限，所收之文仅予标目，标题皆随日藏《翰墨大全》，无标题者以首句为标题。佚文排列遵日藏《翰墨大全》分类，即先"要段"（仅收录文章的部分内容）后"全篇"。

### （一）《全宋文》已收作者

| 编号 | 作者 | 《全宋文》所在册/卷/起始页 | 日藏《翰墨大全》篇名 | 日藏《翰墨大全》所在卷/页 | 日藏《翰墨大全》分类 | 备考 |
|---|---|---|---|---|---|---|
| 1 | 王珪 | 52/一一二〇/2 | 阙名表（恭惟绍天宝图，恢帝洪烈）⑤ | 八/四左 | 要段 | |

---

① 施懿超：《宋代类书四六文叙录》，《古籍整理研究学刊》2007年第3期。

② 曾枣庄、刘琳主编：《全宋文》（第1册），上海辞书出版社、安徽教育出版社，2006年，第1—2页（以下皆用此本，仅标卷册，不再一一出注）。

③ 对《全宋文》进行补正的多以零章散篇的形式出现，内容集中在标点与作者的订误、文章的辑补等方面，也在这些已有成果基础上作"较系统的研究和增补"的，如李伟国的《宋文遗录》（见李伟国《论〈全宋文〉及宋代遗文的搜集和整理》，《新宋学》2020年第1期；李伟国《宋文遗录》，上海书店出版社，2022年）。

④ ［清］何文焕辑：《历代诗话》卷二，中华书局，2004年，第103页。

⑤ 《天理图书馆善本丛书汉籍之部·圣宋千家名贤表启翰墨大全》（第九卷）卷八，八木书店，1981年，第284页（以下所引皆用此本，只标卷页，不再一一出注）。

续表

| 编号 | 作者 | 《全宋文》所在册/卷/起始页 | 日藏《翰墨大全》篇名 | 日藏《翰墨大全》所在卷/页 | 日藏《翰墨大全》分类 | 备考 |
|---|---|---|---|---|---|---|
| 2 | 王安石 | 63/一三六三/2 | 阙名表（伏念臣向蒙特达之知，久玷高华之选） | 十九/十左 | 要段 | 又见清文渊阁《四库全书》本《五百家播芳大全文粹》卷六下（以下简称清《五百家》)① |
| 3 | 刘挚 | 76/一六六五/199 | 阙名表（近上封章，愿还官政） | 二十六/六右一六左 | 全篇 | 又见清《五百家》卷七下 |
| 4 | 曾布 | 84/一八三四/243 | 阙名表（嗣岁更端，宝历载新于大号） | 五/十三右一十三左 | 全篇 | 又见清《五百家》卷一下 |
| 5 | 邵博 | 184/四〇五四/368 | 阙名表（皇帝陛下宝运中兴，上仪再举） | 五/十二左 | 要段 | 又见清《五百家》卷一下 |
| | | 同上 | 阙名表（一元纪岁，既远取于夏时） | 五/十四右 | 全篇 | 又见清《五百家》卷一下 |
| 6 | 曾肇 | 109/卷二三七五/358 | 阙名表（伏惟经谨履端，道隆合序） | 六/五左 | 要段 | |
| 7 | 赵彦端 | 220/卷四八七九/140 | 阙名表（鲁史之大一统，盖谨天端周官之别） | 五/十二左 | 要段 | 又见清《五百家》卷一下 |
| | | 同上 | 阙名表（夏正三朝，肇启孟陬之纪） | 五/十三左 | 全篇 | 又见清《五百家》卷一下 |
| 8 | 洪迈 | 221/四九一一/339 | 《敷文阁待制谢表》 | 十八/十二右一十二左 | 全篇 | |
| 9 | 陈公亮 | 274/六二一二/410 | 《陈公亮再任》 | 十八/十四右一十四左 | 全篇 | |

**（二）《全宋文》未收作者**

1."要段"

赵汝谦②，《赵汝谦谢江西仓》，卷十八/十左，又见清《五百家》卷五中。

---

① ［南宋］魏齐贤、叶棻：《五百家播芳大全文粹》卷六下，清文渊阁《四库全书》本（以下所引皆用此本，只标卷数，不再一一出注）。

② 赵汝谦：字兼言，号雪屏，属宋太宗赵匡胤八世孙"汝"字辈，父不详（见清《广雅书局》丛书本《九史同姓名略》卷六十六），《宋史》无传。历太府寺主簿、枢密院编修官兼权兵部郎（《永乐大典》卷一万三千五百七，明钞本）。绍兴三十一年（1161）为海盐县（今属浙江嘉兴）县丞（《嘉兴府志》第十卷，明万历二十八年刊本）。乾道八年（1172）海盐县官从政郎。（《海盐县图经》卷九，明天启刻本）。淳熙四年（1177）任丽水县（今属浙江）知县，为官"号令严明，不畏强御，自奉甚薄"（《处州府志》卷第三，明成化二十二年刻本）。还曾为上高县（今属江西）县丞，时间不详，见明正德刻本《瑞州府志》卷六。代理过光山县（今属河南）知县，卸任不久升江西提举常平官，当在淳熙十五年（1188）左右。是年，陆九渊因"社仓"事有《答仓使赵汝谦书》。赵汝谦为太仆卿时作诗两首，描写和州（今安徽和县）"香泉"，又名"太子汤"等，见明万历三年刊本《和州志》卷一，无题，"地属江淮会，温泉作郁芬。源头清懒玉，池面气蒸云。铜浦今安在，新丰且未云。临流时一掬，回首探氤氲""陟降寻泉脉，坤舆果善藏。兰膏奕用力，并渫自生香。石髓成真液，山岑比玉冈。昭明思往迹，莫可绍遗芳"。

高子美①，《高子美谢到象州》，卷十八/十左，又见清《五百家》卷五下。其中"顾兹象郡，邈在狼荒。系民瘼之难闻，宜天心之曲轸"句，又见清影宋钞本（清钞本配补）《舆地纪胜》卷第一百五，后加小注"高子美象州谢表"；清同治九年刊本《象州志·纪故》第四帙，前题"宋高子美有象州谢表"。又清文渊阁《四库全书》本《记纂渊海》卷十五载"顾兹象郡，邈在狼荒"，小注"高子美表"。

佚名，阙名表（律生大吕，会逢弥月之辰），卷三/十左。

佚名，阙名表（恭惟皇帝陛下王功岁省，帝德日新），卷五/十二左，又见清《五百家》卷一下。

佚名，阙名表（孝悌既刑于寰海，恪恭尤笃于神明），卷八/四左。

佚名，阙名表（仰承恩纶，复持从橐），卷二十三/九右，又见清《五百家》卷七上。

2．"全篇"

马大同，《福帅到任谢表》，卷十八/十三右—十三左，又见清《五百家》卷五上。

汪允师②，阙名表（千里承流，视龟符之左），卷二十二/九左。

佚名，《贺光尧太上皇帝册尊号表》，卷一/十三左，又见清《五百家》卷一上。

佚名，阙名表（乾龙飞五式，观天子之当阳），卷三/十三左。

佚名，阙名表（臣某言，三阳交泰，正元会于路朝），卷六/六右，又见清《五百家》卷一下。

佚名，阙名表（璇政更端，会三元而启祚），卷六/六右—六左，又见清《五百家》卷一下。

佚名，阙名表（窃以律起黄钟，玉历应得天之统），卷七/六左—七右。

佚名，阙名表（七始载华，尧律应宵中之侯），卷七/七右—七左。

佚名，阙名表（修报本之诚，克遵盛典），卷八/十七左。

佚名，《移漕》，卷十八/十五右—十五左。

---

① 高孔休：字子美，生卒年不详，《宋史》无传。宋神宗元丰年间因元祐党事，都贬隐居在山西陵川锦屏山，时任陵川令的吕由庚曾邀谷汉臣、高子美等一众名流共锦屏山芍药雅集，见《陵川县志》《山西通志》等文献。除收于日藏《翰墨大全》外，另有8篇文章散见于在总集清《五百家》中，《象州到任谢相府启》（卷三十一）其中"眷此象台，邈在骆越。虽雕题交趾之俗，滋变华风，而含脯鼓腹之人，雅贪醇政"句，又见《舆地纪胜》卷第一百五，清影宋钞本（清钞本配补），文后小注"高子美谢相府启"；清同治九年刊本《象州志·纪故》第四帙，前题"又谢相府启"。《赴任上宪使启》（卷四十二上）、《赴任经由与袁守启》（卷四十三上）、《赴任经由与宋宰启》（卷四十四上）、《赴任上知县启》（卷四十四上）（又见于明初刻本《新编事文类聚翰墨全书》卷二十）、《太守与交代启》（卷四十四上）、《起居李宣谕察院启》（卷四十七上）、《回陈签判启》（卷四十八）。从这些文题和内容可略知其仕宦履历，最早在岭南地区为官，后在辗转桂阳（今属湖南）。开始为县一级长官，于宋仁宗、宋英宗年间，或者稍后宋哲宗年间，在象州（今属广西壮族自治区）任防御使一类，不久之后任提点刑狱公事，后疑授谏议大夫。

② 汪允师：生卒年不详，字绍祖。父亲汪师彦，叔父汪师忠（见《衢县志》卷二十一，民国二十六年铅印本）。元丰二年（1079）进士，仕建郡太守、刑部郎中。家学渊源。远祖唐代汪随，字仲方，大中祥符间（1008—1016）进士，历仕长泰县（今属福建漳州）知县事、兴化府（今属福建莆田、仙游等）兴化军知军事、黎州（今属四川汉源）守职方员外郎。汪待举，汪随曾孙，字怀德，政和元年（1111）进士。汪师忠，汪随元孙，原名师心，元符二年（1099）进士。

佚名，阙名表（东粤详刑，三月尚迟于报政），卷十八/十五左—十六右。

佚名，《建宁府到任谢表》，卷十八/十六右—十六左。

佚名，《谢庆寿降赦加恩表》，卷十九/八右。

佚名，《代谢除龙图阁学士致仕表》，卷二十一/八右。

佚名，阙名表（凤纪更新，协鲁经之谨），卷二十二/八右。

佚名，阙名表（艺课清綦，纂一岁授时之要），卷二十二/八右—八左。

佚名，阙名表（循尧之道，绍圣统于万年），卷二十二/九左—十右。

佚名，《谢赐春秋左传表》，卷二十二/十二左。

佚名，《谢赐御书法帖表》，卷二十二/十二左—十三右。

佚名，《谢御书七十二贤赞像表》，卷二十二/十三右—十三左。

佚名，《谢赐御书孟子表》，卷二十二/十三左—十四右，又见清《五百家》卷七上。

佚名，阙名表（门弧纪旦，方感于劬劳），卷二十三/十四左—十五右。

佚名，《谢赐夏月药》，卷二十三/十六左—十七右。

佚名，阙名表（臣闻陈力不能者，人臣之大戒），卷二十六/四左—五右。

此次借助日藏《翰墨大全》所辑宋人篇章，在文史方面颇有学术价值。不仅丰富了表启类应试文的材料，也可补正时人的仕宦履历、宋代官制等。此外还发现了一些尚未被录入《全宋文》的名臣、作家，其生平行迹等往往不见史志记载、后人考订，借此契机结合相关材料进行整理，可填史之空白。

## 二、辨伪

"无论做哪门学问。总须以别伪求真为基础工作"①，清代学者姚际恒以为"此读书第一义也"②。近日翻阅域外汉籍日藏《翰墨大全》时，与《全宋文》进行核对，发现《全宋文》由于辑佚来源的不同、替人代作、编撰误题等原因，存在有失考订而重出误收的情况。同时结合一些相关的文献资料作为佐证进行考辨，以备参考。

### （一）材料来源不同而重出误收

1. 王安石文误收入刘筠名下

日藏《翰墨大全》卷五（三右—三左）全篇收录《阙名表》（宫闱嗣庆，寰海交忻），作者王介甫。该文又见《全宋文》（第63册）卷一三七六，题为《贺生皇子表》一，作者王安石，据《临川先生文集》卷五八收录，同时又收录于《全宋文》（第14册）卷二七五，题为《贺册皇太子表》，作者刘筠，据《国朝二百家名贤文粹》卷一八二收录。三文题目一字之差，内容文字亦有若干不同，兹列于下：

---

① 梁启超著，杨佩昌整理：《中国近三百年学术史》，东方出版社，1996年，第274页。
② 林庆彰主编，顾颉刚等点校：《姚际恒著作集·古今伪书考》，台北"中研院"中国文哲研究所，1994年，第1页。

（1）日藏《翰墨大全》、刘文皆无"臣某言：都进奏院状报诞生皇子者"十四字。

（2）"中贺"，日藏《翰墨大全》、王文同，刘文"贺"作"谢"。

因此应当为同一文字的重收。按，此文或为王安石作。《全宋文》里所用《临川先生文集》版本以"《四库丛刊初编》影印的明嘉靖抚州刻本《临川先生文集》为底本，校以宋绍兴二十一年（1151）两浙西路转运司王珏刻的元明递本（简称"杭州本"）、南宋龙舒刻《王文公文集》（简称"龙舒本"）、明嘉靖二十五年（1546）应云鸑刻本（简称"应刻本"）、清光绪九年（1883）溧阳缪荃小峛山馆刻本（简称"缪氏本"）等。另从龙舒本及他书辑得佚文一百零四篇，合编为六十一卷"（第5册卷一三七六）。目前关于王安石文集的流传嬗变情况还存在争议，一般认为最早是北宋末任门下侍郎的弟子薛昂奉旨所编，然靖康之难，"后罹兵火，是书不传"[①]。这之后至绍兴十年（1140）之间出现"闽浙二本"，今已佚。绍兴十年任抚州（今属江西省抚州市）知州的詹大和再次校订刊刻王集，即以"闽浙二本"为底本，因前序言"吾今所校，仍闽浙之故耳"（《全宋文》第181册卷三九七七），题为"临川先生文集"，世称"临川本"，卷数不详，据后世诗文与史志记载考可能有前集一百卷，后集八十卷[②]。关于这个版本的存佚情况意见不一，认为或已亡佚，或明嘉靖三十九年（1560）何迁所刊印的即为"临川本"翻刻。但华东师范大学刘成国和中国社会科学院的王艳在这一问题上，通过新发现的材料和新视角作了推进，两人的见解虽不完全相同，但在"何迁本"所用底本绝非绍兴十年詹大和本上认识一致[③]。后来流传的一般认为主要有两个版本，一为绍兴二十一年王安石曾孙王珏重刊于杭州的，题为《临川先生文集》，称"杭州本"，一百卷。所据底本和参校本，学者考证各有不同，但现存版本基本认定为宋刊元明递修本，后世各式版本多出自此。一为南宋绍兴年间龙舒郡（今安徽舒城）刊印本，简称"龙舒本"，王安石曾在此任通判，题为《王文公文集》，一百卷。这个版本一般认为应早于绍兴二十一年"杭州本"，"宋以后未见翻版，传本几绝"[④]。现存两个残本，一存于上海博物馆，残本76卷，一藏在日本宫内厅陵部图书寮文库，存卷一至七十及两残卷。1962年中华书局上海编辑所去重影印出版为《王文公文集》（以下简称为1962年中华书局本），100卷，一般认为这是现存最早的宋刊王安石文集。今查是书卷十五收《贺生皇子表》文八篇，第七表正是《全宋文》所收之文，作者题为王介甫。该本所录作者可资参考，因为也有学者对"龙舒本"提出质疑，认为其

---

① ［清］丁丙：《善本书室藏书志》卷二十七，清光绪刻本。
② 刘成国：《王安石文集在宋代的编撰、刊刻及流传再探——以"临川本"与"杭州本"关系为核心的考察》，《文史》2021年第3辑。
③ 刘成国：《王安石文集在宋代的编撰、刊刻及流传再探——以"临川本"与"杭州本"关系为核心的考察》，《文史》2021年第3辑；王艳：《何迁本〈临川先生文集〉成书渊源考》，《山东图书馆学刊》2021年第6期。
④ 赵万里：《宋龙舒本王文公文集题记》，《王文公文集》卷首，中华书局上海编辑所，1962年。

大约是"真伪参半"①。刘筠著述见《宋史·刘筠传》《直斋书录解题》等，然多亡佚。刘筠参与过《册府元龟》等的修撰，有别集《肥川小集》，仅存诗十二首，另有将近120篇诗文皆从历代史书、总集与诗话等辑佚而出②。《全宋文》收录题为刘筠的来自宋总集《国朝二百家名贤文粹》，或称《新刊国朝二百家名贤文粹》等，现存版本皆宋庆元三年（1197）书隐斋刻本的残本③，晚于龙舒本。同时可结合文体与内容来分析。册，又称"策"，或者册命、诏册，帝王诏令的一种，帝王对臣下封免所用的文体，立皇后、太子时也用册文。表属古代大臣给帝王上的公牍文书，态度应该是恭敬的。同时文有"闻《螽斯》之言众子"句，典自《诗经·周南·螽斯》，"这是一首祝人多子多孙的诗"④，此诗利用螽斯生子繁多的特点，通过喻人子孙众多来表达祝贺。后有"华封之祝多男"句，语自《庄子·天地》，成玄英疏"华，地名也，今华州也。封人者，谓华地守封疆之人也。嘻，叹声也。封人见尧有圣人之德，光临天下，请祝愿寿富，多其男子"⑤。后世以"华封三祝"为祝颂辞，而文中还专取"多男"之义，可见作者之用意。南宋王应麟的《词学指南》专为指导应试写作而著，其卷三就"表"这一文体进行了阐释，专章讲解了如何谋篇布局，其中就"破题"之法作了说明，"一表中眼目全在破题二十字，须要见尽题目，又忌体贴太露"⑥。"螽斯""华封"两处用典破题，行文以下对上恭谨祝贺，当为"表"这种文体，绝不可能是"册"文，作者更可能是王安石。

2. 王安石文误入周必大名下

日藏《翰墨大全》卷五（三左—四右）收录《阙名表》（燕禖享德，方储锡羡之祥），作者为王介甫。又见《全宋文》（第63册）卷一三七六，题为《贺生皇子表》，作者王安石。《全宋文》（第228册）卷五〇七三，题为《降诞皇子贺皇帝表》，作者周必大，出《古今事文类聚》前集卷一九。该文见于1962年中华书局本《王文公文集》卷十五《贺生皇子表》第七表，一般认为早于绍兴二十一年（1151）刊刻，可资参考。日藏《翰墨大全》前有吴焕然序言"庆元庚申孟冬之书于介石庵"，表明该书为1200年序刊本，施懿超又据其的"纸质、版式、避讳、流传情况等"，考订其确为宋刊本⑦。《古今事文类聚》是一部类书，最早编纂于南宋淳祐六年（1246），南宋祝穆编纂了前、后、续、别集，元人富大用续新、外集，祝渊再续遗集，据沈乃文《〈事文类聚〉的成书与版本》一文考，现存版本最早为元刊本，"第一种是元代前期建宁府建阳县云庄书院刻本……第二种是泰定

---

① 刘成国：《王安石文集在宋代的编撰、刊刻及流传再探——以"临川本"与"杭州本"关系为核心的考察》，《文史》2021年第3辑。

② 权雪琴：《刘筠及其诗文研究》，西北师范大学硕士学位论文，2014年，第30—55页。

③ 祝尚书：《宋人总集叙录》，中华书局，2004年，第212—214页。

④ 程俊英、蒋见元：《诗经注析》（上），中华书局，1991年，第14页。

⑤ ［西晋］郭象注，［唐］成玄英疏，曹础基、黄兰发点校：《南华真经注疏》卷五，中华书局，1998年，第240页。

⑥ ［北宋］王应麟著，张骁飞点校：《词学指南》卷三，中华书局，2010年，第453页。

⑦ 施懿超：《宋代类书类四六文叙录》，《古籍整理研究学刊》2007年第3期。

三年吉州军庐陵武溪书院刻本"①。周必大文集最早由其子约在宋嘉泰四年（1204）整理完成，首次刊刻于开禧年间（1205—1207），后元明未有重刊，现存宋刊仅为残本，多为明清抄、刊本②。一般来说文献版本越早越可靠，作者疑为王安石。

日藏《翰墨大全》卷四（十五右）收录《贺册贵妃表》全文，作者题为王介甫。此文分别收录于《全宋文》（第228册）卷五〇七三，题为《贺册皇后表》，作者周必大，来自《古今事文类聚》前集卷一九；《全宋文》（第63册）卷一三七六，题为《贺贵妃进位表》，作者王安石。检索1962年中华书局本《王文公文集》卷十五收录《贺册贵妃表》，作者王介甫。国家图书馆所藏宋刊本《皇宋名贤五百家播芳大全文粹》（以下简称"国图宋本《五百家》"）卷一亦收录，同题，作者王介甫。《五百家》，一百五十卷，编纂时间不详，约为1190年序刊本，现存版本系统主要为宋刊本和明清抄本。其中宋刊有三个残本，分藏在北京大学图书馆、上海图书馆、北京图书馆（今中国国家图书馆）。其中国图宋刊本《五百家》为百卷本，卷帙最多，据国图所编《中国版刻图录》考"疑是绍熙间建本"③，绍熙年间为宋光宗赵惇1190年至1194年。虽有卷次被剜改，但仍可窥"宋刻原书之貌"④。同时该文又收录于《皇朝文鉴》，又名《宋文鉴》，一百五十卷，吕祖谦文集于宋淳熙五年（1178）十月间编定。现存主要有两个版本系统，皆为宋刊本，一为小字刊刻的麻沙刘将仕宅本，今藏北京大学图书馆，未见不可考。一为大字嘉泰四年（1204）新安郡斋刻本，晚于小字本，又分别于嘉定十五年（1222）、端平元年（1234）年间递修⑤，现存中国国家图书馆，《四部丛刊初编》据此影印，见其第六十五卷，题为《贺册贵妃表》，作者王安石。而且周必大还奉旨为《皇朝文鉴》作序，是书不到三十年间重刊，周必大于重刊当年十月间去世，作者归属应该不至于出错。周必大文集现有最早为明清抄本。《古今事文类聚》前人考订现存最早为元刊本，而题为王安石的三个版本皆为宋本。因此是文作者更可能为王安石。刘成国于《王安石文集》卷第五十八该文下注："祝穆古今事文类聚前集卷二十录为周必大之作，误。"⑥当从之。

3. 王安石文误收入张守名下

日藏《翰墨大全》卷二十三（十七左）收录《谢传宣抚问赐药表》，作者王介甫。该文又见《全宋文》第173册卷三七八三，同题，作者张守，出处为清《五百家》卷六下。按《五百家》是书体例，凡同一作者有多篇文章的，一般于第一篇文章下署名。清《五百家》卷六下《谢传宣抚问赐药表》一文往前附有作者的为《谢传宣抚问表》，标注作者

① 沈乃文：《〈事文类聚〉的成书与版本》，《文献》2004年第3期。
② 杨瑞：《周必大研究》，浙江大学博士学位论文，2007年，第20页。
③ 北京图书馆编：《中国版刻图录》（第1册），文物出版社，1990年，第36页。
④ 仝十一妹：《〈五百家播放大全文粹〉编纂流传考》，北京大学硕士学位论文，2013年，第32页。
⑤ 祝尚书：《宋人总集叙录》，中华书局，2004年，第113—119页；刘树伟：《吕祖谦〈皇朝文鉴〉版本考》，《图书馆学刊》2015年第1期。
⑥ ［北宋］王安石撰，刘成国点校：《王安石文集》卷五十八，中华书局，2021年，第1016页。

为张全真，依例《谢传宣抚问赐药表》文也当为张全真作。但据《宋人总集叙录》考，《五百家》"各钞本……根据内容，有的明显非前人所作，若从前人则为伪作或误收。这显然是钞本脱钞作者名所致"①。又清陆心源《仪顾堂集》卷十八有《毗陵集跋》，"张守《毗陵集》五十卷，原本久佚。乾隆中，馆臣始从《永乐大典》辑出，厘为十六卷。愚案：《毗陵集》遗文尚有出十六卷外者，如《贺天宁节表》……《十二月五日谢传宣抚问赐药表》……凡三十余首，见《五百家播芳大全》而本集所无也"②。四库馆臣最后言又见《五百家》，从《四库采进书目》可知，《五百家》当时各地进奉共有五部，但皆未记刊刻年代，后馆臣在此基础上编撰一部一百十卷的《五百家》，因此馆臣所言《五百家》版本似不可考③。检索国图宋本《五百家》和1962年中华书局本《王文公文集》皆未收录是文，可见陆心源所见当为明清本。因此版本上梳理，作者或为王安石，可备一说。姑存以俟考。

### （二）编者误题而重出误收

晁之道文误入晁以道名下

日藏《翰墨大全》卷四（七左）有"要段"《阙名表》（备膺显册，肇建储闱），未题篇名与作者。全文又收录于《全宋文》（第130册）卷二八〇一，作者晁说之。亦见于《全宋文》（第135册）卷二九〇八，作者晁咏之。皆题为《贺皇太子受册笺》。《全宋文》中两文皆出自《五百家》卷二中，必有一误。《全宋文》中所用《五百家》版本情况可见其第一次征引文献出处，即《全宋文》（第5册）卷一〇〇张逊《福建市舶到任谢表》，下注"《五百家播芳大全文粹》卷五下，文渊阁《四库全书》本"。检索清《五百家》卷二中题为《贺皇太子受册笺》一文，作者为晁之道。晁咏之（1066—1117），字之道，当为《全宋文》编纂者在整理中误题。

### （三）因代作而重出误收

1. 范祖禹文误收入司马光名下

日藏《翰墨大全》卷二十六（二右—二左）收录"全篇"《阙名表》（窃以不能者止），作者为司马君实。是文收录于《全宋文》（第54册）卷一一七五，题为《乞宫观表》，作者司马光。又见《全宋文》（第97册）卷二一二五，题为《求退第一表》，目下小注"以下代文潞公"，作者范祖禹。《全宋文》中共收录范祖禹《求退》表三篇，另有《再求退第一表》《第二表》《第三表》。在《全宋文》司马光的仅收第一表。宋仁宗至和六年（1083），文彦博被封为潞国公。文彦博的文集在宋已有整理，但现存最早为明本④，未检索到该文。司马光现存宋刊文集中亦未查到该文。《全宋文》中题为司马光的源自清

---

① 祝尚书：《宋人总集叙录》，中华书局，2004年，第191页。
② ［清］陆心源著，冯惠民整理：《仪顾堂书目题跋汇编》卷十八，中华书局，2009年，第514页。
③ 仝十一妹：《〈五百家播芳大全文粹〉编纂流传考》，北京大学硕士学位论文，2013年，第34页。
④ 申利：《〈文彦博集〉版本源流考略》，《图书馆杂志》2017年第1期。

《五百家》，检索国图宋本《五百家》卷十三中收录该文，题为《乞宫观表》，作者司马温公。《全宋文》中范文皆源自《范太史集》，所用版本见《全宋文》（第 97 册）卷二一二五，"以《四库全书》珍本初集本《范太史集》为底本，参校魏锡曾校清抄本《太史范文公文集》（简称魏校本）"，据学者们考证该文集虽在宋代有刊刻，但都亡佚，今存清抄本①。此外可结合文章内容来看，《求退第一表》言"三事列居"，"三事"有"三公"之意。《求退第三表》"备辅臣岂敢惮为"，《再求退第二表》"上还相印，退即里居"，《再求退第三表》"臣备位上宰"。司马光历仕四朝，翰林学士，元祐元年（1086）闰二月二十七官至尚书左仆射兼门下侍郎，位同宰相，身份相符。再《求退第二表》有"倘非疹疾，敢就便安"句，《再求退第三表》"复以足疡为梗，步履益艰"。司马光在元祐元年正月就开始疾病丛生，可见这年正月十四和八月二十四②所作两表文，《谢起居减拜表》③"去春以后，疾疹屡生"，《辞明堂宿卫札子》"臣近日患左足掌底肿痛，全然履地不得"（《全宋文》第 55 册卷一二〇七）。他另有《随求退表第一札子》《辞位第二札子》皆言已有月余因病不能上朝，虽稍有好转，但身体羸弱，脚肿难行，唯乞宫观一职，《辞作左仆射第三札子》一文则直接求免除尚书左仆射一职。《续资治通鉴长编》载，"（元祐元年）司马光、吕公著既迁官，有诏合门，光及公著正谢，特令再拜，不舞蹈。恭谢景灵宫神御，亦止再拜，光寻以疾，谒告。是日二十八日丁巳。复有诏放正谢及恭谢。光皇恐不敢奉诏，乞竢疾间入谢，依减拜指挥光，自是凡十有三旬不能出"④。司马光于当年九月间去世，史事与文章相合。此外，司马光与范祖禹当属世交，早有往来，范祖禹叔祖范缜年长司马光十二岁，两人为同科进士。司马光与吕公著渊源颇深，嘉祐六年（1061）同迁天章阁待制，前后共事多年，而范祖禹为吕公著婿。范祖禹十四岁入京，嘉祐八年（1063）进士，熙宁三年（1070）起跟随司马光修订《资治通鉴》。元祐元年闰二月司马光任提举编修实录，范祖禹充实录院检讨官，四月为著作郎，八月为著作郎兼侍读。同时在宋代，出入翰林院的士大夫往往奉命撰写诏制一类的代言文，《朝野类要》卷二，"两制：翰林学士，官谓之内制，掌王言、大制诰、诏令、赦文之类。中书舍人，谓之外制，亦掌王言，凡诰词之类"⑤。也有一些幕僚或专写手替人执笔，历代文献中能发现不少题为"代"写的作品。可见当时学者或以为该文作者为司马光，而后人可能在辑佚过程中发现其当为范祖禹所代作。

---

① 施懿超：《范祖禹主要生平事迹编年考略》，《阜阳师范学院学报》（社会科学版）2003 年第 6 期。祝尚书：《宋人总集叙录》，中华书局，2004 年，第 490—492 页。

② ［明］马峦、［清］顾栋高：《司马光年谱》，中华书局，1990 年，第 221—250 页。

③ 该文同时收录于清文渊阁《四库全书》本《范太史集》卷七与清《四部丛刊》影宋绍兴本《温国文正公文集》卷第五十七，根据文献来源与文章内容，也当为范祖禹为司马光代作。

④ ［南宋］李焘撰：《续资治通鉴长编》卷三百六十四，中华书局，1990 年，第 8732 页。

⑤ ［南宋］赵升编，王瑞来点校：《朝野类要》卷二，中华书局，2007 年，第 44 页。

**2. 黄庭坚文误收入司马光名下**

日藏《翰墨大全》卷二十五（上）（四左）有《进稽古编》文，署名司马温公。该文同时收录于《全宋文》（第54册）卷一一七五，名为《进稽古录表》，作者司马光。又见《全宋文》（第104册）卷二二八〇，题为《代司马丞相进稽古录表》，作者黄庭坚。《全宋文》题为司马光的出自其所纂《稽古录》，《稽古录》二十卷，现存版本皆为明清本①，司马光现存宋本文集均未见该篇。《全宋文》题为黄庭坚的源自清《四部丛刊》影印宋乾道刊本《豫章黄先生文集》卷十九，乾道为1165年至1173年。此外，黄庭坚集现存源流系统还有一部也是宋乾道间，刻于麻沙镇水南刘吉宅的题为《类编增广黄先生大全文集》五十卷，卷十三至十八配清钞本，存北大图书馆②，见《中华再造善本》（唐宋编）《类编增广黄先生大全文集》第三十五卷，收录的第一表即为《代司马丞相进稽古表》文。元祐元年这年黄庭坚四十二岁，供职于秘书省，闰二月间受司马光推荐，校定《资治通鉴》③，在行迹上也吻合，当是黄庭坚为司马光代作。正如《五十万卷楼藏书目录初编》对宋刊本《稽古录》二十卷所作叙录言："明徐氏曰，温公《进稽古录表》，黄鲁直代笔也。黄刻集中，而司马集不收，足见古人虚怀处。然两公文名俱重亦不嫌其假手耳。"④

**3. 曾子开文误入宋徽宗名下**

日藏《翰墨大全》卷四（八右）收录"要段""周封十子，或在幼童；汉立三王，甫能趋拜。矧予嫡长之懿，允协元良之称""岐嶷成风，温文异禀。粹矣天人之表，浑然金玉之相。弄以半圭，已见含饴之乐；佩之朱芾，早宜开国之荣"，题为《曾子开表》。《全宋文》（第163册）卷三五四六收录全文，题为宋徽宗《皇长子拜官制》。除与"要段"顺序前后不一外，文字相同部分一致，应出自同一文章。是文同时还见于《宋大诏令集》，但并未注明作者，且该汇编集一般认为编撰于南宋绍兴间，现存版本最早为清钞本⑤，似不能据以考查。不过清钞本《宋朝大诏令集》卷三十该文目下小注"元符三年七月辛卯"，元符三年（1100）七月初一为宋徽宗长子赵桓即后来的宋钦宗出生日，可备参考。曾肇，字子开，该年擢升为中书舍人，后迁翰林学士兼侍读，有代皇帝行文的职责。又见衢本《郡斋读书志》言曾肇有"内制五十卷"⑥，可知其一生多有"代言之文"。且从文体来看，这显然不是一篇表文，文章口吻以上对下，"门下朕蒙祖宗之休，荷天地之贶……特授检校太尉山南东道节度韩国公"，明显为制文。可见从版本、作者身份、文章体制看，该文或可能为曾肇代作。正如《〈全宋文〉部分文章作者之误考论》中所言《全宋文》误题作者的原因之

---

① 王瑞来：《〈稽古录〉发微》，《史学史研究》2017年第3期。
② 祝尚书：《宋人别集叙录》（上），中华书局，1999年，第502—523页。[北宋]黄庭坚著，郑永晓整理：《黄庭坚全集辑校编年》，江西人民出版社，2011年，第2—18页。
③ 郑永晓：《黄庭坚年谱新编》，中国社会科学出版社，1997年，第164—167页。
④ 莫伯骥著，曾贻芳整理：《五十万卷楼藏书目录初编》卷四，中华书局，2016年，第223页。
⑤ 王智勇：《〈宋大诏令集〉的价值及整理》，《四川大学学报》（哲学社会科学版）2000年第4期。
⑥ [南宋]晁公武撰，[南宋]赵希弁重编：《郡斋读书志》卷四下，《四部丛刊三编》影宋淳祐本。

一，乃"望文生义，无视宋朝以皇帝名义发布的许多圣旨、诏令、赦文、德音、国书、制、批答、口宣等多臣僚代笔的实事，将不少臣僚代笔之作归于皇帝名下"①。

## 三、校勘

日藏《翰墨大全》作为宋本，刊刻年代较早，在文字方面较好地保存了古本的原貌，可用来校勘《全宋文》。《全宋文》收录文章繁富，作家将近万人，作品十万余篇；所采文集传抄、刊刻情况复杂，且成书于众人之手，不免产生文字讹误情况，今通过日藏《翰墨大全》，同时参考别本，共同校正，列举如下。

例一：日藏《翰墨大全》卷二十四（四右）收录邵溥《请车驾西祀表》，有"天意溥临，人心协应"句。又见《全宋文》（第 173 册）卷三七六九，"协应"为"应协"。此文同时收录于国图宋本《五百家》卷一（中），作者邵泽民，亦为"协应"。邵溥（？—1148），字泽民，有《邵氏集》二十卷，见《郡斋读书志》《文献通考》，现已不存。其文散见于《建炎以来系年要录》，现存版本最早为清乾隆时四库馆臣从《永乐大典》中辑出②。溥临，广临，典自六朝王融的《永明九年策秀才文》"上帝溥临，赐朕休宝"③"协应"，应时，应运而生。《晋书·武帝纪》"八纮同轨，祥瑞屡臻，天人协应，无思不服"④，词性与语意相对，《全宋文》或为倒文，"协应"为是。

例二：日藏《翰墨大全》卷六（七右）有中山内翰的《贺二月表》"烛明庶政，慈保群生"。《全宋文》（第 14 册）卷二七五有《贺二月旦表》，"慈保"为"慈衍"，源自清《五百家》卷一下。刘筠，曾任翰林学士，河北大名人，古代属中山国，人称"中山内翰"，现存诗文多从历代文献中辑得。作为四六文，字词往往对仗，"烛明"应对"慈衍"或"慈保"。"烛明"，照亮，语出《汉书·礼乐志》"安世房中歌"，"吾易久远，烛明四极"⑤，考除本文外历代文献并无"慈衍"一典。"慈保"典自《国语·周语》"慈保庶民，亲也"，韦昭注"慈，爱也；保，养也"⑥。按，此处当刊行或抄写中文字讹误，用"保"字更为合理。

例三：日藏《翰墨大全》卷八（五右）收孙仲益阙名表（燔柴扬燎，膺上帝之居歆），有"以谓竭九州四海之力，茂对神休；率万邦黎献之臣，助成厘事"句。又见《全宋文》（第 159 册）卷三四二六孙觌《贺冬祀赦文表》，"神休"为"休神"。"休神"，按日藏《翰墨大全》为是。孙觌，字仲益，诗文集有《鸿庆居士集》，现存最早为明抄本⑦，

---

① 丁建军、刘冬青：《〈全宋文〉部分文章作者之误考论》，《历史文献研究》2017 年第 1 期。
② 聂乐和：《〈建炎以来系年要录〉的编撰和流传》，《史学史研究》1988 年第 2 期。
③ ［清］严可均编：《全上古三代秦汉三国六朝文》卷十二，中华书局，1958 年，第 2855 页。
④ ［唐］房玄龄等撰：《晋书》卷三，中华书局，1974 年，第 51 页。
⑤ ［东汉］班固撰：《汉书》卷二十二，中华书局，1962 年，第 1050 页。
⑥ ［春秋］左丘明撰，徐元诰集解，王树民、沈长云点校：《国语集解》，中华书局，2002 年，第 31 页。
⑦ 陈琳：《孙觌〈鸿庆居士集〉研究》，杭州师范大学硕士学位论文，2014 年，第 58 页。

清缪荃孙辑补有《鸿庆居士集补遗》（又称《鸿庆集补遗》）。再就句式语意上看，"休神"对"厘事"，"厘事"，即《汉书·文帝纪》中"祠官祝厘"事①，旧指帝王祈福或祷雨的祭祀，宋以后多由道士掌管。"休神"，《淮南子·俶真训》有"休其神者神居之"②，主张要善于养神，这样精神与形体才能得以安闲。"神休"语出《汉书·扬雄传》，"惟汉十世，将郊上玄，定泰時，雍神休，尊明号"③，是神明赐予福祥的意思，"休神"或为刊刻或抄写过程中的倒文。

例四：日藏《翰墨大全》卷十八（十一右）收录的《四川宣抚到任谢表》，同时收录于《全宋文》（第271册）卷六一一五，作者京镗，题为《四路安抚到任谢表》，文字多处有异，罗列如下：

"苴绖"《全宋文》作"苴经"；

"雅"《全宋文》作"惟"；

"五旬"《全宋文》作"五年"；

"故子孙之事父母，其敢二心"《全宋文》作"敬子孙之事父母，敢二其心"。

京镗现存《松坡词》一卷，其余诗文散见于各种文集、类书等④。经查并无"苴经"一词，按，"苴经"是。"苴绖"，丧服中麻布制的无顶冠与腰带，亦指居丧，典出《仪礼·丧服》："丧服。斩衰裳，苴绖、杖、绞带。"⑤ "惟"日藏《翰墨大全》作"雅"。"惟"，单单、但是；"雅"，用作副词，有"素来，向来"之意，从语意上看，当以"雅"为是，或为形近而误。且此用语方式见于历代文章，如《全宋文》（第49册）卷一〇六〇收录韩维《上皇太后辞避第一表》"窃念臣雅乏才称，数蒙天幸"，明屠隆《奉徐大宗伯》"私念樗散下材，雅乏当世之誉"⑥。再有"五旬"《全宋文》作"五年"，或以"五旬"为是。该文题为"四路安抚到任谢表"，后有"川浮陆走，未临蚕丛开国之区""制阃为今日诸侯之长"句，"蚕丛"，往往借指蜀地。"制阃"，宋代制置使司的简称。《建炎以来朝野杂记》乙集卷十二《京仲远将命执礼》，（淳熙）"十五年六月壬辰也。后四十日蜀帅赵子直以疾求去，上谕大臣曰：'汝愚召赴行在，京镗人才磊落，可除待制四川制置。'"⑦ 可见京镗在淳熙十五年（1188）任四川制置使，作为绍兴八年（1138）生人，至此正好五十

① ［东汉］班固撰：《汉书》卷四，中华书局，1962年，第126页。
② ［东汉］刘安编，刘文典撰，冯逸、乔华点校：《新编诸子集成·淮南鸿烈集解》卷二，中华书局，2013年，第55页。
③ ［东汉］班固撰：《汉书》卷八十七，中华书局，1962年，第3523页。
④ 冯昱渊：《南宋京镗研究》，河北大学硕士学位论文，2020年，第11—13页。
⑤ 《十三经注疏》整理委员会整理，李学勤主编：《十三经注疏·仪礼注疏》卷二十八，北京大学出版社，1999年，第540页。
⑥ ［明］屠隆：《白榆集》卷七，明万历龚尧惠刻本。
⑦ ［南宋］李心传撰，徐规点校：《建炎以来朝野杂记》乙集卷十二，中华书局，2000年，第699页。

年，"五旬"或更符合作者之意。而《全宋文》中"敬子孙之事父母，所宜一体""念国家之重军民，敢二其心"两句，从句意和对仗角度，"敬"应以《全宋文》为是，而"敢二其心"似日藏《翰墨大全》"其敢二心"更为合适。

例五：日藏《翰墨大全》卷二十一（三左）收录胡文定阙名表（沥恳计私，自投诚于君父），该文又见《全宋文》（第146册）卷三一四八胡安国《谢许侍养表》，源自清《五百家》卷六下。两个版本文字有异，其中"崇八行之举于以明伦""务本为仁"《全宋文》分别为"崇六行之举于以明伦""本务为仁"。此文亦见国图宋本《五百家》卷十一，皆同日藏《翰墨大全》，可作参考。胡安国（1074—1138）①，谥号文定，绍圣四年（1097）进士，著有《胡文定公武夷集》十五卷，今已散逸，现存文章47篇，全部收录于《全宋文》，辑自各类史籍、类书等②。从文本字句来看，"六行""八行"皆有出处，"六行"，六种美好的品德，《周礼注疏·大司徒》"以乡三物教万民而宾兴……二曰六行孝、友、睦、姻、任、恤"。到宋代演化为"八行"，崇宁五年（1106）"初立八行科"③，即在"六行"上再加上"孝""和"二种德行，第二年便以"八行"作为科举取士的方式。该文"矧当喜惧之年，深计短长之日"句，又见《四部丛刊三编》影元本中宋王应麟《困学纪闻》卷十九，题名为《以亲辞成都学事》④，胡安国任成都学事时为政和元年（1111）至二年（1112），依此该文作于以"八行取士"之后，可资参考。从语意上来说两义可通，不过查考宋人文章，多以"八行"语之，或以"八行"为是。"务本为仁"《全宋文》为"本务"，"本务"，名词，根本的事务、农业、本分。"务本"，动宾结构，重视或专心致力于根本的意思。《礼记·学记》"三王之祭川也，皆先河而后海，或源也，或委也，此之谓务本"⑤，其与前一句"尽心明善"相对，此处当为倒文，"务本"为是。

从以上事例可看出，新发现的珍稀文本确实存在诸多版本优势，对我们现有文献的整理很有帮助。但也应该认识到它们也并非完全无误，亦不乏疏漏，因此我们在利用时还应保持审慎的态度，务必要参稽众书、辩证看待。

"凡天地万物，皆有形质。就形质之中，有体有用。体者，即形质也。用者，即形质上之妙用也。"⑥ 鉴于篇幅所限，本文主要考察了日藏《翰墨大全》在辑佚、辨伪、校勘等方面的文献价值。而作为一部宋代表启类书，在各个层面的学术意义仍有待挖掘，如它与同时代产生的类书、总集之间的关系，提供的新材料的文史价值，作为一种应用文

---

① 王立新：《胡安国族系考证》，《船山学刊》2002年第4期。
② 宁淑华：《胡安国文学作品探析》，《湘潭师范学院学报》（社会科学版）2009年第31卷第3期。
③ ［元］脱脱等撰：《宋史》卷一百五十七，中华书局，1985年，第3666页。
④ ［北宋］王应麟：《困学纪闻》卷十九，《四部丛刊三编》影元本。
⑤ 《十三经注疏》整理委员会整理，李学勤主编：《十三经注疏·礼记正义》卷十一，北京大学出版社，1999年，第540页。
⑥ ［清］李道平撰，潘雨廷点校：《周易集解纂疏》卷八，中华书局，1994年，第611页。

体的发展流变，以及对传承中华文化的意义与中日交流史上的文化建构作用等。

## Document Value of Remnant Song Edition Collected in Japan *The Complete Collection of Thousands of Famous Writeres in the Song Dynasty of Biaoqi*

Duan Shaohua

**Abstract**：*The Complete collection of thousands of famous writeres in the Song Dynasty of biaoqi* was published in the qingyuan period of the Southern Song Dynasty. It is an old stash of Yishotokugan from the Muromachi period(1360-1437), and is collected in the Tenri Library of Japan at present. Simultaneously, this book is also stored in the National Library of China. It is entitled *Biaoqi of thousands of famous writeres in the Song Dynasty*. The two extant editions contain a total of 23 volumes, of which two volumes are the same, and the remaining 15 volumes can only be found from *The Complete collection* stored in Japan, which is of great documentary value. Now, we compare *The Complete collection* stored in Japan with *All Song Articles*, A total of 41 articles from the whole and partial can supplement *All Song Articles*. And it may further clarify author's attribution of the articles received in *All Song Articles*. In addition, it can correct the textual errors of *All Song Articles* produced in the process of copying and printing.

**Keywords**：*The Complete collection of thousands of famous writeres in the Song Dynasty of biaoqi*；The remnant Song edition collected in Japan；Collection of scattered writings；Distinguish between false and false；Proofreading

# 明治维新以来日本语文教科书中的
# 汉籍及分析*

李　芯　李光贞

[摘　要] 明治维新后，日本学习的目光转向西方，建立起现代教育制度和体系，学校教育也几经变迁，但汉籍在日本中小学语文教育中仍然占有重要地位。入选日本中小学语文教科书的汉籍，既有中国古典文学作品也有中国历史典故、成语故事。日本在中小学语文教科书中选入汉籍的主要目的，是通过《论语》等中国典籍的学习，培养日本青少年的人文素养、传承理解日本传统文化。这反映了中国文化在日本文化中的持久影响以及对其整个社会的重要性。

[关键词] 日本；学校教育；语文教科书；汉籍

公元 285 年，百济人王仁将《论语》《千字文》带往日本。《论语》为儒家经典，《千字文》为当时中国的识字课本，它们的传入，对当时有语言而无文字的古代日本，产生了极为深刻而深远的影响，也由此揭开了日本列岛学习吸收中国文化的大幕。此后，无论是中华典籍东传，还是遣隋使、遣唐使来华学习，均有大量汉籍传入日本，"汉籍向日本的传递，无论就其历史的久远，抑或规模的宏大，在世界文化史上都是仅见的"①。汉籍在日本的历史发展中，一直扮演着重要的角色，被日本人编纂成各种读本，选入教材，一代一代地传承。明治维新后，日本全盘西化，在教育领域亦进行改革，英语成为其学校教育的重心。然而，纵观明治维新以来的语文教科书，仍然保留有大量汉籍。目前，我国学界对汉籍东传日本的研究成果颇丰，但对日本语文教科书中汉籍的研究成果鲜见，特别是专门梳理分析日本中小学语文教科书中汉籍的成果更少。众所周知，语文教科书在学校教育中十分重要，"语文教科书不仅是知识、技能的载体，还是社会主流价值观的

【作者简介】李芯(1978—)，山东师范大学文学院博士研究生，山东女子学院讲师。研究方向：文学与语文教育。李光贞(1962—)，女，山东师范大学外国语学院教授，文学博士，博士生导师。研究方向：比较文学，海外汉学研究，外国文学解读与文学教育。

　*　本稿为山东省社会科学规划研究重大项目：日本国米泽市立图书馆等三馆以及山形县地区藏汉籍调查与编目(20BHBJ02)的阶段性成果。

　①　严绍璗：《汉籍在日本的流布研究》，江苏古籍出版社，1992年，前言。

载体，并将影响学生的世界观、人生观和价值观的形成"①。据此，本稿在大量第一手资料的基础上，以明治维新后日本中小学语文教科书中的汉籍为考察对象，对汉籍在日本近现代教育体系中的流布进行梳理及分析，以期还原中华文明对东亚乃至世界文明做出巨大贡献的历史真实。

## 一、战前日本初等教育历史变迁中的汉籍

众所周知，《论语》《史记》《唐宋八大家读本》等汉籍传入日本后，一直作为教科书和学习材料使用。这些汉籍文献不仅用于日本的教育，还在其文学和哲学领域产生了深刻的影响，帮助塑造了日本的文化传统和知识体系，日本的文学家和哲学家受到这些文献的启发，将其中的思想融入自己的作品和哲学体系中，成为日本文化思想最重要的基石之一。虽然明治维新后日本建立起现代教育制度，但汉籍的学习步伐从未间断过，汉籍在其各级教科书中仍然占据很大的比重。

### （一）《学制》令的颁布与《小学读本》的出版

1872 年 8 月，明治政府颁布的《学制》令，标志着日本近代教育体系的确立。《学制》颁布后的日本学校制度体系由小学、中学、大学三个阶段组成。《学制》中规定小学是 8 年制，其中上等小学 4 年，下等小学 4 年。小学毕业后升入高一级学校，高一级学校不分初中和高中，统称"中学"。当时日本学校的开设和整备是以小学为中心，中学数量较少。1881 年（明治十四年），日本文部省颁布了《小学校教学大纲》，根据这个大纲，小学改为初等科 3 年，中等科 3 年，高等科 2 年，总学制仍为 8 年。这一年也同时颁布了《中学教学大纲》，但这一时期"中学"校的数量仍然不多。从两个教学大纲来看，此时的小学初等科不习汉文，中等科和高等科的"读方"课中，学习简单汉文，中学的"国语学""习字"和"古言学"课中都学习汉文。

在教科书方面，由于时代的剧烈变化，中小学开始大量使用欧美教科书的翻译版或抄译版书籍作为教科书，这个时代也被称为"翻译教科书时代"②。1873 年出版的日本第一本现代意义上的语文教科书《小学读本》就是一本翻译教科书。《小学读本》由文部省组织编纂，田中义廉担任主编。该书原版是 1860 年在美国出版的 *Happer's Series：School & Family Readers*，著者是威尔逊。因为田中版《小学读本》的翻译教科书性质，因此并未选编中国古文典籍或历史故事。这本教科书出版后，引起部分学者的不满，认为该教科书未选入汉籍是一个很大的失误，批评这本教科书"其内容几乎都是对外国教

---

① 张甫云：《语文社 S 版小学语文教科书选文的价值取向分析——以五年级上、下册为例》，《教育观察》（下半月）2015 年第 20 期。

② ［日］海后宗臣：《图说　教科书の历史》，日本图书センター，1996 年，第 16 页。笔者译。本稿中的日文翻译除特别标明外，均由笔者翻译，不再一一注明。

科书的翻译，过于西洋化"①。这是因为在明治初期，一般日本人仍然认为"汉学的学习方法是正统的学习方法。洋学也要按照汉学的方法学习"②。

同年，文部省还出版了由榊原芳野等人担任主编的六卷本《小学读本》。该套教科书前三卷主要是语言文字知识的学习，从第四卷开始变为描写日本历史人物故事的"物语教材"，同时将部分中国古代故事选入课文。具体如下：卷四第 17 课《伯瑜泣杖》，第 21 课《闵损衣单》，第 24 课《轲亲断机》，第 34 课《王览友弟》；卷五第 9 课《震畏四知》，第 11 课《子罕辞宝》，第 15 课《陈寔遗盗》，第 28 课《廉颇负荆》，第 32 课《孙敬闭户》。然而，这些故事并非中国原籍，而是用日语编写而成，但多少弥补了第一套《小学读本》中没有汉籍的遗憾。有研究者经比较研究后发现："《小学读本》卷四和卷五，有 14 篇中国历史故事，其中 9 篇与《蒙求》中内容一致。可以说，《小学读本》卷四和卷五的编纂受到《蒙求》的强烈影响。"③ 对于田中版和榊原版两个版本的《小学读本》，有研究者这样评价道："田中版的编纂模仿了威尔逊，在当时虽然被广泛使用，但这个读本在历史上却是孤立的，对后世影响不大。相较而言，榊原版的《小学读本》在当时普及率虽然不如田中版，但课文采用了历史故事的方式，这种编纂方法为后来的国语读本、修身教科书所承袭，《小学读本》中的历史故事也被后来的许多教科书收录。"④ 后来，这部文部省统一编纂出版的小学语文教科书，其编纂方式也被用到中学语文教科书中。

### （二）《教育令》的颁布与"和汉文科"教材中的汉籍

1879 年起，日本发布《教育令》用以代替《学制》。在实施《教育令》（1879—1886）的 7 年时间里，教育事宜主要遵守《教育令》中的相关规定，这一时期被称为"教育令时期"。

教育令时期的教科书均由文部省和东京师范学校负责编纂。这一时期虽然小学阶段主要学习日本本国语言文化知识以及现代科学技术的启蒙知识，不开设专门学习汉文的课程，但在中学阶段则加大汉文的学习力度。根据 1881 年颁布的《中学教学大纲》，中学语文学科名称改为"和汉文科"，虽然加大了和文的学习力度，但是从名称和课程内容来看，汉文与和文平分秋色。日本文部省根据 1881 年颁布的《中学教学大纲》编纂了 13 种语文教材，供各地选择。选择情况如下表所示：

---

① ［日］秋田喜三郎：《初等教育国语教科书发达史》，文化评论社复刻版，1943 年，第 60 页。
② ［日］文部省：《教科书から见た明治初期の言语·文字の教育》，光风出版株式会社，1957 年，第 2 页。
③ ［日］西冈智史：《明治期汉文教育形成过程の研究》，广岛大学博士学位论文，2017 年，第 41 页。
④ ［日］高木まさき：《〈小学课本〉卷之四·五の研究——その构成と出典の检讨を通して》，《国语科教育》47，全国大学国语教育学会，2000 年，第 57 页。

表1-1　日本各府县中学"和汉文科"教科书使用情况（1881）①

| 序号 | 教科书名 | 使用府县数 |
|---|---|---|
| 1 | 《文章轨范》 | 38 |
| 2 | 《日本外史》 | 23 |
| 3 | 《史记》 | 14 |
| 4 | 《日本文典》 | 14 |
| 5 | 《神皇正统记》 | 14 |
| 6 | 《唐宋八大家文读本》 | 13 |
| 7 | 《语汇别记》 | 12 |
| 8 | 《日本政记》 | 12 |
| 9 | 《孟子》 | 11 |
| 10 | 《本朝文范》 | 11 |
| 11 | 《词之八卫》 | 10 |
| 12 | 《和文读本》 | 9 |
| 13 | 《土佐日记》 | 9 |

从以上列表可以看出，在日本文部省给出的13种语文教科书中，汉籍共有4种：《史记》《孟子》《文章轨范》《唐宋八大家文读本》，占比30％强，虽然这个比例与明治维新前相比有所下降，但也再次说明中国文化在日本深厚的影响力。

《史记》和《孟子》在日本作为教科书使用的历史十分悠久，"包括《史记》在内的'三史'在天平时期已经开始为大学寮所用"②。平安中期以后，以史书和汉语文为主的"文章道"地位提高，进一步扩大了《史记》和《孟子》的受众范围。江户时代的藩校中，最常使用《大学》《论语》《孟子》《中庸》做教科书，历史书籍方面，最常使用《春秋左氏传》《国语》《史记》《汉书》③。选用最多的汉文文献是《文章轨范》，几乎覆盖了日本全国各地的教学场所。该书是南宋谢枋得（1226—1289）编纂的古文选评集，原本是帮助初学者掌握作文技巧、指导士子参加科举考试之用。日本没有科举制度，因此《文章轨范》传到日本后，被用于指导学生写作汉文文章。《唐宋八大家文读本》原名《唐宋八家文读本》，是由清代沈德潜（1673—1769）编纂，传入日本后同样作为汉文教科书使用。事实上，"教育令"时期是一个新旧思想激荡融合的时期。以"文体"来看，当时汉文体、汉文直译体、和文、口语文等文体并存，可谓"文体混乱期"。从作文体系来看，士族阶层的子弟仍然沿袭传统学习"汉文系作文"，上层阶层的女子学习"和文系

---

① ［日］四方一弥：《〈中学校教则大纲〉的基础的研究》，梓出版，2004年，第344—348页。
② ［日］桃祐行：《上代学制研究》，吉川弘文馆，1983年，第107页。
③ ［日］丸山浩明：《高等学校国语科における汉文教育》，《教职课程年报》2019年第2期。

作文"，庶民阶层的子弟学习"书简文系作文"，小学校的学生则学习"学校系"作文。由此可以窥见此时语文教育体系之庞杂的同时，汉籍地位的稳固和深入。

### （三）"抄出古人高节尚义之事迹，生徒诵读间奋发其固有良心"

1886 年起，文部省先后颁布《帝国大学令》《师范学校令》《小学校令》《中学校令》，进行一系列教育改革。小学变为寻常小学四年加上高等小学四年，共八年。中学分初高中两个阶段，其中初中（寻常中学）五年，高中（旧制高等学校）二年，共七年。中学的"和汉文科"更名为"国语及汉文"。也是从这一年开始，日本对教科书开始实施"检定制"，即教科书审查制。1903 年 4 月，日本文部省正式颁布《小学校令修正》，将教科书审查制直接改为"国定制"——国家决定制，即小学教材均由文部省直接组织专业人员编写，"小学校的教科用图书需采用文部省拥有著作权的图书"①，日本由此进入"国家决定教科书时代"。从 1904 年到 1945 年，日本小学所使用的教科书均为国家决定教科书，这一制度持续了四十余年。② 在这四十多年间，日本共出版 5 套国家决定小学语文教科书。这五套小学语文教科书总体来看，虽未直接选用汉籍作为课文，但课文中仍有部分中国历史人物故事。例如，第二套《寻常小学读本》中第十一册第十八课的课文名为《诸葛孔明》；第三套《寻常小学国语读本》卷十一第二课名为《孔子》、第二十四课是《孔明》。第四套《小学国语读本》中的卷十第十六课是《张良与韩信》，卷十二第五课为《孔子与颜回》。第五套国家决定教科书《初等科国语》第八册第四课与第四套中的题目一样，也是题为《孔子与颜回》的课文。这些中国古典故事作为日本语文教育的重要组成部分，担负着修身和道德教育的功能。一如《小学中等读本·汉文》凡例中所说："此篇虽非修身之书，然抄出古人高节尚义之事迹，生徒诵读间奋发其固有良心。"③

在中学语文教科书方面，这一时期其选文主旨与小学教科书保持了一致性和连贯性，亦选编部分汉籍。如：五十岚力主编的《纯正国语读本》（1933）的卷一和卷二中就选取了部分汉籍文献：卷一第六课《立志》中选入了朱熹的七言绝句《偶成》，"少年易老学难成，一寸光阴不可轻。未觉池塘春草梦，阶前梧叶已秋声"。该诗的作者标注是"朱晦庵"。第十四课《人情三话》中选入了李瀚《叔敖之阴德》，该文选自《蒙求》。第二十一课《三喻》则收入了《淮南子》中的《塞翁失马》，《韩非子》中的《守株待兔》和《吕氏春秋》中的《刻舟求剑》，共三篇短文。卷二第九课《三种计策》中选了《战国策》中《狐假虎威》的故事，第十二课《向上》中选入了白乐天的五言绝句《航空仙》。其他版本的中学语文教科书中与此类似，选入部分汉籍作为课文供学生学习。

---

① ［日］《小学校令中改正》（官报）第 5930 号（大藏省印刷局、1903 年 4 月 13 日、国立国会图书馆デジタルコレクション：https://dl.ndl.go.jp/info：ndljp/pid/2944388）。

② 1903 年 4 月，日本颁布文件宣布实施"国家决定制"，但实际上第一期国家决定小学教科书是从 1904 年开始使用。这个制度一直持续到 1945 年 8 月日本战败。因此，一般来说，教科书国家决定制时期是指 1904 到 1945 年。

③ ［日］木泽成肃：《小学中等课本　汉文》（卷一），观道处藏版，1881 年，凡例。

1943 年 1 月，日本政府公布《中等学校令》，改革中等教育机构，将"中学""高等女子学校""实业学校"统称为"中等学校"。此时正值日本对外扩张侵略时期，这一时期新编写的部分中学教科书中的汉籍文献消失殆尽，只有个别中学语文教科书中编选了中国历史人物的传记故事，而且并非选用汉籍原文，是由日本人重新编写。例如，颖原退藏、市川宽主编的《新国语读本》（星野书店，1938）中，卷一第二十三课《孔孟之道》的编写者是原念斋、久松潜一编写的《国文》（弘道馆，1940）；卷四第七课是《诸葛孔明》，作者是大町桂月、金子元臣编《新编中等国语读本》（1943）；卷九《孔子与其弟子》的作者是安藤圆秀。作为这一时期语文教科书的编纂特点，一是未选入汉籍原典，二是书中宣扬的基本都是所谓的君臣之义和忠君爱国思想，以配合日本战时的对外扩张政策，向青少年灌输军国主义。

一般来说，"教科书中的内容是在特定的历史语境和文化逻辑中选择出来的，通过官方组织、专家编写、国家审查等程序成为一定条件下的'权威表述'。在此基础上又通过教师讲授的形式使得学生对其中的很多表述深信不疑"[1]。这样，这一时期"由于施行了教科书的国定制，通过教科书来统一国民的思想就更容易了，国家对教育的统治也更加强了"[2]。亦如有研究者指出的那样："战争时期的'国定教科书'是鼓动日本年轻一代参加侵略战争的重要的宣传工具。"[3]

## 二、战后初期的汉文回潮

1945 年 8 月 15 日，日本战败投降，第二次世界大战结束。此时的日本，各领域都需要彻底清算日本军国主义的罪行，教育方面的清算更需要深刻和彻底。1947 年 3 月，日本颁布新的《教育基本法》和《学校教育法》，并以此为依据开始进行全方位的教育改革。教育学制改为六三三四制，即小学六年、初中三年、高中三年、大学四年，语文课程的名称也改为"国语"，从教科书整体情况来看，汉籍开始回归到其教科书中。但因为汉籍原文的难度，仍未入选小学语文教科书。

### （一）汉籍占三分之一篇幅的《初中语文》

1947 年 4 月新学期，中学语文教科书开始使用的是 1946 年 3 月发行的《初中语文》（日语名为《中等国语》），该套书由文部省编辑出版，全书共 3 册。《初中语文》每册都分国文篇、文法篇和汉文篇三部分。其中汉文篇中既包括汉籍，也包括日本儒学家所作的律诗、绝句和汉文文章。这样看来，战后初期日本初中语文教科书中汉籍汉文比重开始增加，达到三分之一左右。

---

① 张鹏、吕立杰:《语文教科书中的国家形象分析——以 A 版初中教科书为例》,《全球教育展望》2018 年第 7 期。

② 刘直奉:《日本中小学教科书简史》,《课程·教材·教法》1983 年第 4 期。

③ 步平:《日本教科书问题的历史考察与思考》,《课程·教材·教法》2016 年第 11 期。

《初中语文1》中的汉文篇共13课，题目分别是：《律诗二首》《真为善者》《真为学问者》《镜》《七言绝句二题》《德与财》《常与变》《蓟与马之事》《外盛则内衰》《五言绝句二题》《述怀》《膏粱子弟》《地动与潮鸡》。事实上，该部分仅有第四课《镜》和第五课《七言绝句二题》中的《山亭夏日》（高千里）、第十课《五言绝句二题》中的《问梅阁》（高清邱）来自汉籍。《镜》选自《十八史略》，讲述的是唐太宗李世民悼念魏徵的故事。除上述汉语文献外，其余诗歌和文章全部为日本儒学家所作，并非汉籍原典。例如《律诗二首》中选编的藤田幽谷（1774—1826）用汉文写成的诗歌《暮春 柳堤晚归》：

> 徐步仙陂畔，晚来风景多。
> 山间烟缥缈，天上月婆娑。
> 戏折堤中柳，静观湖面波。
> 浮沉人世事，感慨总如何。

由此可见，日本儒学家所作汉诗虽然并非原典，但无论是意境还是音韵，都颇得汉诗精髓，显示出深厚的汉学功底。

《初中语文2》的汉文篇分为"学习""立志""艺苑""成语"四部分，其中三个栏目中有汉文。"学习篇"编选的是《论语》中"学而时习之，不亦说乎""温故而知新""逝者如斯夫，不舍昼夜""巧言令色鲜矣"等共58则汉文语句；"艺苑"栏目中编选了8首中国古诗：《静夜思》《杂诗》《芙蓉楼送辛渐》《江南春》《山房春事》《早发白帝城》《山行》《偶成》。"成语"则收录了13个成语故事并介绍了其典故来源，这些成语分别是：千羊之皮不如一狐之腋、宁为鸡口无为牛后、胶柱鼓瑟、推赤心置人腹中、有志者事竟成、画虎类狗、不入虎穴不得虎子、宋襄之仁、卧薪尝胆、四面楚歌、辽东豕、髀里肉生，内容源于《史记》《三国志》等古典文献。

《初中语文3》的汉文篇分为"教学""史鉴""词苑""论孟钞"四部分。"教学"部分内容均为劝学、劝善的内容。第一篇是岩谷世弘所作的汉文文章《送安井仲平东游序》，第二篇是王守仁《教条 示龙场诸生》，第三篇的《孝道》选自《孝经》，第四篇《诸家家训》选自《小学》。《小学》是宋代朱熹将"四书"进行选择后编纂而成，目的是对儿童进行道德教育。第四篇是朱熹的《劝学文》，课文内容十分简短："勿谓今日不学而有来日，勿谓今年不学而有来年。日月逝矣岁不我延，呜呼老矣是谁之愆。"第五篇是广濑建的汉诗《桂林庄杂咏示诸生》："休道他乡多苦辛，同袍有友自相亲。柴扉晓出霜如雪，君汲川流我拾薪。""史鉴"部分的第一篇是韩愈的《伯夷颂》，赞扬伯夷"特立独行""信道笃而自知明"的精神。第二篇的《任侠二则》包括《豫让报仇》《荆轲使于秦》两篇，选自《十八史略》。第三篇是骆宾王的诗歌《易水送别》，第四篇《苏武持节》选自《蒙求》。《蒙求》为唐代李瀚编著，书名源自《易经》蒙卦"童蒙求我"之句。第五篇与第四篇的《苏武持节》相续，为李白的诗作《苏武》。第六篇《以至诚治天下》选自《十八史略》，讲述了唐太宗以诚治天下的思想。"词苑"的前六篇分别是《五柳先生传》《桃花源记》《村夜》《胡笳歌送颜真卿使赴河陇》《黄鹤楼送孟浩然之广陵》《枫桥夜泊》。第七篇变为"朗咏"的形式，该部分的 12 句诗歌均选自平安中期的诗歌集《倭汉朗咏集》。该部分选入的分别是谢偃、白居易、杜荀鹤的诗歌。而选入的"论孟钞"则包括《论语》和《孟子》两部分，《论语》部分 2300 余字，《孟子》部分 1600 余字，选编的字数规模前所未见。这一时期的日本社会，各方面都面临巨大变革的时期，语文教科书中大量选编《论语》，也许寄托了日本社会希望《论语》在战后初期承担起日本社会的道德教育重任。

### （二）汉文教育比重的进一步加大

1948 年 3 月，《初中语文》出版了修订版，其中的"汉文"部分也作了修改，增加了汉文文献所占比重。修订版第二册中分别选入了《春晓》《黄鹤楼送孟浩然之广陵》等共 10 首汉诗，还有部分选文来自《战国策》《列子》《晏子春秋》等汉籍。修订版第三册的"汉文篇"汉籍所占的比例又有所增加。例如第二课《和汉朗咏》选入了白居易的 6 句诗：

> 落花不语空辞树，流水无心自入池。
> 林间暖酒烧红叶，石上题诗拂绿苔。
> 三五夜中新月色，二千里外故人心。
> 遗爱寺钟欹枕听，香炉峰雪拨帘看。
> 寒流带月澄如镜，夕吹和霜利似刀。
> 蜗牛角上争何事，石火光中寄此身。

其他还有刘希夷"年年岁岁花相似，岁岁年年人不同"，元稹"萤火乱飞秋已近，辰星早没夜初长"，还有《史记》中"泰山不让土壤，故能成其高。河海不厌细流，故能成其深"之句。白居易的诗占该课一半的篇幅，可见日本人对白诗的喜爱与熟稔，这些诗也成为其后的高中语文教科书中经常选用的汉诗。第九课《诗五首》选入了《枫桥夜泊》《碛中作》《春夜》《泛海》《春望》5 首汉诗；而第十二课《孟子及其主张》包括两部分，第一部分是《蒙求》中对孟子的记载，主要内容是"孟母三迁"的故事。第二部分是《孟子·公孙丑上》中的内容一则，《孟子·离娄上》中的内容两则，《孟子·告子上》中的内容三则。部分课文虽然不是选自汉籍，但是与汉籍密切相关或脱胎于汉籍中的记载。如第三课《白乐天的诗》、第四课《萤雪之功》、第六课《墨子之说》、第七课《庄子与列子》。但该册"汉文篇"中未出现日本人用汉文书写的文章和汉诗。

这些课文中尤为值得注意的是第五课《关于汉字》和第八课《日本的汉文汉学》。第五课《关于汉字》对汉字的产生、使用、构造进行了全面论述：

> 汉字起源于中国，但我国也长期使用汉字，如今汉字已成为我国的常用文字，在国民生活中发挥着重要作用。……世界上的文字，大体可分表意文字和表音文字两种，汉字属于前者。汉字的构成法称为"六书"。"六书"是指象形、指事、会意、形声、转注和假借。

随后，课文又对汉字的笔画、偏旁、汉字的唐音、汉音、吴音的区别、汉字的音训、日本创造的"国字"等内容进行了举例说明。这些内容成为其后的教科书中编纂"汉字学习"的主要依据。至今，各版初中语文教科书中"汉字学习"的内容，仍主要包含该课所介绍的各项内容，其影响不可谓不深远。

第八课《日本的汉文汉学》用7页的篇幅对日本的汉文汉学发展史进了全面回顾。该文首先以《万叶集》中使用汉字作为表音文字记录浦岛太郎传说为例，说明了日本还未创制本国文字之前，直接使用汉字书写的历史。文中写道：

> 藤原、奈良二京时代的制度是模仿唐朝，律令及学制也接近唐制。……到了平安朝，大陆文化的影响更加显著，平安朝的知识阶级乐于学习和咏颂六朝和隋唐的诗文，并模仿创作。即使是在日本借用汉字创制出了本国文字（假名）、用夹杂假名的方式进行文字记录以后，中国思想和文学的影响仍然不减，公用文书依然主要使用汉文书写。
>
> 镰仓和室町时代的学术和艺术，是以公家和僧侣为主要力量。汉唐的儒学在公家间传承，宋元的文化在僧侣间流行。特别是京都五山的禅僧，他们大量写作诗文，还尝试对汉籍进行口语翻译。武家中也有收集汉籍、钻研学问的人，北条氏的金泽文库、上杉氏的足利学校中的藏书都闻名于世。
>
> 德川家康确立了儒学的主体地位，这是江户时代儒学隆盛的一个原因。儒学在地方上也极为繁盛，提到学问即指儒学。幕府创办了昌平坂学问所，各藩也设立藩校，主要教授朱子学。（东京）汤岛建立了孔子庙，各地也建立孔子庙。
>
> 朗读汉文、吟诵汉诗蔚然成风，这种风气一直持续到明治、大正年间。正式文章采用汉文调，普通文章也多采用汉文调书写。甚至在翻译欧美新词的时候也使用汉语。在日常生活中经常使用"自相矛盾""画蛇添足"等词语也都是来源于汉籍，"杜撰""井底之蛙"这些词都源自汉文。①

这是明治维新以来语文教科书中首次出现对日本汉学体系的梳理，是在基础教育体系中引导学生正视日本本国的传统文化与中华文化、汉籍之间关系的开始，与此前教科书中

---

① ［日］文部省：《中等国语　三》（4），中等学校教科书株式会社，1948年，第26—30页。

提及汉籍、汉文时语焉不详的态度形成鲜明对比。

这样，在二战刚刚结束时出版的这套《初中语文》，虽然属于过渡性教材，但其中选编多篇汉籍文章，这是日本现代语文教科书出现以来从未有过的现象。这种汉文教育的回潮，也是对日本侵略战争期间一直鼓吹的国粹主义的有力反驳。

日本战败初期，汉文回潮的原因大体可以归结为两个方面：一是部分日本人将汉文作为日本民族教育的工具，认为应将汉文作为日本本国语言教育的重要辅助力量，借此重塑日本的民族精神，"汉文教育不仅仅是学校教育的一个科目，实际上关系到民族精神文化建设这个更大的问题。没有充分的汉文教育，就不可能形成我们国家的脊梁"①。还有研究者认为应从道德教育的角度思考汉文的作用，"汉文本身的内容就已经足够包含足够的道德要素了。一行文字、一首诗歌，都表达了人生的真实，包含了崇高的理想和宏阔深远的人生观"②。2013年三省堂出版社出版的语文教科书中曾直接这样写道："运用汉文培养起来的语言能力，对西欧的语言和思想进行翻译，以新词来应对时代的变化。构筑起独特的近代文明的根基。"③ 这段话也许是对战后初期"汉文回潮"的最好总结。

### 三、"审查教科书制"时期的"汉文"和"汉诗"

1949年起，日本文部省不再统一发行教科书，改由民间出版社出版。但教科书的发行仍然需要文部省审查合格后方可发行，这种出版形式被称为"审查教科书制"。此后，文部省统一编纂的教科书逐年减少，到1954年彻底停止出版，日本的教科书全面进入民间出版社出版即"审查教科书制"阶段。

#### （一）"审查教科书制"下语文教科书中的汉籍

"审查教科书制"实施后新版语文教科书中的汉籍部分，在形式上亦发生变化：中国古典文献统称"汉文"，中国古典诗歌统称"汉诗"，而其本国的古典则称为"古文"。从数量和深度来看，小学语文教科书中选入的"汉文"和"汉诗"虽然仍然较为有限，但编入的是汉籍原文，这点与其战前日本人自己改写中国的历史故事相比，是完全不同的形式。例如，教育出版社的《小学语文》中，选入了《春晓》《静夜思》《温故知新》《心不在蔫》四篇。2015年，光村图书出版的小学五年级教科书中的"大声朗读　古典世界"栏目，亦选入《春晓》，学习重点是熟悉汉诗音韵特有的节奏。

根据"审查教科书制"的一般规定，日本学生升入初中后开始系统学习汉文。从日本主要发行的初中语文教科书来看，各出版社在选择汉籍时大同小异，均包括成语故事、汉诗和《论语》三部分内容。例如，初中语文教科书一年级选入的《矛盾》来自《韩非

---

① ［日］富安慎吾：《昭和20年代后期における汉文教育の转回点：〈东洋精神文化振兴に关する决议〉（昭和二十七年）に注目して》，《国语科教育》2007年第62卷。
② ［日］清水宗晓：《汉文教育私见——汉文教育と道义》，《汉文教室5》，大修馆书店，1953年，第20页。
③ ［日］中洌正尧、岩崎昇一：《精选国语综合》，三省堂出版社，2013年，第303页。

子》，《助长》来自《孟子》。《春晓》和《黄鹤楼送孟浩然之广陵》出自《唐诗选》，《春望》和《绝句》（江碧鸟逾白）选自《唐诗三百首》。《唐诗选》是明代李攀龙编集的唐诗选辑，江户时代以后在日本流传甚广，受到众多儒学家的推崇。"集诗者甚多。独李攀龙之所辑《唐诗选》最佳。其所载风格，淳厚清婉。且其《训解》亦颇精详。是可为诸诗集及诗解之冠。"① 日本江户时代著名的儒学家荻生徂徕对《唐诗选》也极为推崇，称其为"益友"。因此，日本语文教科书中编选唐诗时，多以《唐诗选》为主要依据。

高中语文教科书分《语文综合》《语文表现》《现代文 A》《现代文 B》《古典 A》《古典 B》6 种，其中《语文综合》是必修课，《古典 A》和《古典 B》是选修课，三门课的教科书中均选编汉籍。虽然多家出版社出版的高中语文教科书中选入的汉文文体多样，但大体说来基本包括五类：寓言・成语故事、史传・史话、古代诗歌、散文・小说、思想教诲。取材的汉籍包括：《史记》《十八史略》《蒙求》《春秋左氏传》《老子》《庄子》《三国志》等。汉诗编选范围广阔，选入了年代上至《诗经》《乐府诗集》，下至苏轼、陆游的诗歌作品。例如，三省堂出版社的《精选语文综合》（2013）是高中一年级教科书，其中"汉文篇"中选入的汉籍包括：《唐诗纪事》《唐诗三百首》《唐诗选》《战国策》《十八史略》《史记》《论语》《孟子》《唐宋八大家文读本》《搜神记》，共 10 部。东京书籍出版社的《精选国语综合》（2012）中选入的汉籍包括：《韩非子》《战国策》《淮南子》《唐诗纪事》《唐诗三百首》《唐诗选》《白氏长庆集》《史记》《十八史略》《论语》《孟子》，共 11 部。多数课文直接选用汉文原文，文中加训点以帮助学生阅读，但不再有日语现代文翻译。

## （二）"汉文""汉诗"中的汉籍

日本语文教科书的"汉文"中，有来自中国古典的成语故事，日本教科书中称为"成语故事"。由于成语故事原本就是选用日常生活中的词语，故事内容简洁易懂，因此小学语文教科书中就有相关内容。到了初中，各版语文教科书都将其编选在初一，高中教科书中也多是将成语故事编选在"汉文篇"开篇的"汉文入门"部分。

有研究者指出："语文是人际交往的工具，文化传承的桥梁，审美体验的载体。"② 以此来分析日本教科书的编纂，便知确实如此。日本教育出版出版社（·2015 年版）小学语文教科书中，在四年级下册设置了"亲近日本文化——成语故事"单元，对成语故事的意思和来由进行了详细说明，并配以插图。该栏目出现了"五十步百步""渔夫之利""背水之阵""他山之石""朝三暮四""萤雪之功"等，共 12 个成语。学校图书出版社（2015 年版）小学四年级语文教科书中，也有成语故事栏目，且编排形式十分灵活，以生活场景对话的方式让学生学习成语。例如："在礼服的波浪边上绑上彩带吧。""哦，这不

---

① ［日］贝原益轩：《格物余话》，《丛书集成续编》第 43 册，台北新文丰出版公司，1989 年，第 361 页。
② 顾之川：《新中国语文教育七十年》，《语言战略研究》2019 年第 4 期。

是画蛇添足吗?"这种生活化的对话可以帮助小学生理解成语的含义。成语故事采用了短文形式而且又具有故事性,在中小学生汉文学习中起到了重要作用。

日本语文教科书中编选成语故事已经有较为久远的历史,第一次出现在日本语文教科书中是1937年加藤虎之亮编著的汉文教科书《皇国汉文》卷三第二十一课。课文名称为《廉颇蔺相如》,课后为自修文是《守株》和《矛盾》[①]。日本战败后所出版语文教科书中最早出现"故事成语"栏目,是1966年光村图书出版的《中等新语文》第一册,这册书中有"中国成语故事"栏目。后来多家出版社在出版教科书时均设置了这个栏目,其中收录最多的是《韩非子》中"自相矛盾"的故事[②]。为了帮助学生更好地理解,往往将其与实际生活相结合来进行说明,例如三省堂出版社《现代语文1》(2021)的《故事成语——矛盾》一课的课后知识中,列举了"完璧""杞忧""渔夫之利""触逆鳞""吴越同舟""塞翁之马""四面楚歌""助长""大器晚成""朝三暮四""登龙门""马耳东风""覆水不返""傍若无人"等共10个日本现代生活中常用的成语典故。有趣的是这10个目前在日本社会生活中仍然经常使用的成语故事,均源自中国古典,这从另一个角度证明了中国古代文化对日本文化的深刻影响。

实际上,一条成语从产生到定型,要走过漫长的历史道路,经历过无数次语言上的筛选与锤炼,在异域的语言环境中更是如此。日本初中语文教科书中收录的成语,大部分都与现代汉语中成语的形态相同,如"吴越同舟""四面楚歌""朝三暮四""大器晚成"等。还有些成语经过长时间与日语语言特征和发音习惯的磨合,变为二字或三字的形式。例如,"自相矛盾"变为"矛盾","画蛇添足"变为"蛇足","拔苗助长"变为"助长"。关于故事成语的作用,日本研究者有过十分精彩的论述:"故事成语不仅是作为一种装饰,使日语的表现方式更丰富并给语言生活增添韵味。它已经成为日语的血肉,融合在日本式思维方式的根底之中。它作为一种传统的训诫、处世的智慧,陶冶人们的心灵。人们可以从中发现心理的机微、探寻灵魂的乡愁,实现某种感情或道德的回归,脱离既成概念、直击人心。"[③]成语系统比一般语汇更能完整地体现出中国传统文化的内涵,它已经成为日本中小学生理解中国古典文化的重要途径。

"汉诗"虽然是"汉文"的重要组成部分,但在日本语文教科书中却相对独立,一般作为一个独立的设置单元。众所周知,古诗具有深厚的文化底蕴和独特的艺术魅力,通过学习和欣赏这些经典诗歌,学生可以更好地感受和理解语言的精妙,拓宽文化视野、提高审美能力。《春晓》是一首描绘春日景色的诗歌,这首诗平易浅近,天籁无迹,起承

---

① [日]加藤虎之亮:《皇国汉文》(卷三),中等学校教科书株式会社,1937年,第55页。

② 光村图书出版社《国语1》(2021)第六单元第三课《至今仍在使用的词语》、东京书籍出版社《新国语1》(2021)第五单元第四课《矛盾》、三省堂出版社《现代的国语1》(2021)第五单元第三课《故事成语——矛盾》、教育出版出版社《中学国语1》(2021)第五单元第三课《故事成语——中国的名言》。

③ [日]远藤哲夫:《故事成语成句辞典》,明治书院,1973年,前言。

转结的节奏明显，所以日本初中语文教科书主要出版社——光村图书、东京书籍、教育出版、三省堂出版的初中语文教科书均选入《春晓》，这四家出版社共同选入还有李白的《黄鹤楼送孟浩然之广陵》和杜甫的《春望》两首唐诗。总体看来，各家出版社对汉诗内容安排大体相同，即教科书中对部分汉语词汇进行注释、标注日文训读读法、写明日语现代文翻译以及对诗歌的解读。课后知识中，则主要介绍押韵、对句的规则以及律诗和绝句的基本概念。虽然汉语发音与日语不同，但中国古典诗歌中音韵是日本人学习古诗时必须学习的内容，"汉诗的音韵是思考日语时必不可少的契机和素材，绝不是无用的知识"①。可见日本语文教科书中国汉诗的安排主旨中，十分重视学生对汉诗的朗读，从朗读中体会汉诗的美好。

### （三）日本学校教育中地位独特的《论语》

《论语》在日本学校教育语文教科书中，地位十分独特，几乎每家出版社都将其选入课文中。可以说《论语》在传入日本后，历经近两千年的阅读和传播，已经成为日本民族文化深层结构的重要组成部分。日本从小学开始，就在其语文教科书中编选《论语》中的语句。例如教育出版社《小学语文》中的"亲近汉文"栏目中选入了《温故知新》。但总体来看，日本学生正式学习《论语》中的篇目，是从初中时代开始的。目前发行的初中教科书所选的《论语》数量虽然不尽相同，但多为修身、慎思、勉学的内容，表达了对人生的敏锐观察和深入思考。例如，光村图书出版社的初三语文教科书中选入《论语》4则，每则都标注了出处：

> 子曰："学而时习之，不亦说乎。有朋自远方来，不亦乐乎。人不知而不愠，不亦君子乎。"（学而）
>
> 子曰："温故而知新，可以为师矣。"（为政）
>
> 子曰："学而不思则罔，思而不学则殆。"（为政）
>
> 子曰："知之者，不如好之者，好之者，不如乐之者。"（雍也）

东京书籍出版社的初三语文教科书中选入了《论语》5则，未标明出处：

> 子曰："过而不改，是谓过矣。"
>
> 子曰："君子和而不同，小人同而不和。"
>
> 子曰："学而不思则罔，思而不学则殆。"
>
> 子曰："知之者，不如好之者，好之者，不如乐之者。"

---

① ［日］细谷美代子：《高等学校汉文における诗单元の位置づけ》，《中国文化：研究と教育　汉文学会会报》第 54 卷，1996 年，第 99 页。

子贡问曰："有一言而可以终身行之者乎。"子曰："其恕乎。己所不欲，勿施于人。"

除直接选编《论语》中的原文外，各版教科书还会加以适当的解读和分析。各教科书的解读中共同强调了《论语》从古代开始就传入日本，直到现在它还影响着许多人的人生观和思考方式。例如东京书籍出版社初三语文教科书（2021）中写道："孔子认为人与人之间接触时应秉持仁爱之心，提高人们的人格和道德水准，以达到世间和平。……他的理想以儒教的形式逐渐为世人所接受。《论语》作为人们思考和行动时的规范，产生了极大的影响。"① 光村书籍版初三语文教科书（2021）《学而时习之——选自〈论语〉》一课的开头写道："《论语》里还收录了许多名言。这些名言可以在日常生活中灵活使用，也可以激励自己，或者作为给朋友和后辈的赠言。"②

到了高中，《论语》依然是语文教科书中的必选篇目，且数量增加到 8 到 10 篇，内涵也更深入。例如，三省堂出版社的《精选国语综合》（2013）"汉文"部分选入了《论语》10 则，分别是：

温故而知新，可以为师矣。

吾十有五而志于学……七十而从心所欲不逾矩。

学而时习之……不亦君子乎。

学而不思则罔，思而不学则殆。

我非生而知之者。好古，敏以求之者也。

巧言令色，鲜矣仁。

刚毅木讷，近仁。

子贡问曰……己所不欲勿施于人。

吾日三省吾身……传不习乎。

参乎吾道……忠恕而已矣。③

其他出版社发行的高中语文教科书中，《论语》选编的数量、内容和编纂方式也大体与此相同和相当。可以说，"《论语》在古代传入日本，直到现在，它还影响着许多人的人生观和思考方式"④。

日本明治维新前的学校教育，主要在藩校和寺子屋中进行，那时日本的教育主要是

---

① ［日］相沢秀夫、野矢茂树：《ほか76名別记》：《新しい国语1》，东京书籍出版社，2021年，第144—146页。
② ［日］甲斐睦朗：《ほか29名別记》：《国语3》，光村图书，2021年，第28页。
③ ［日］中洌正尧、岩崎昇一：《ほか29名別记》：《精选国语综合》，三省堂出版社，2013年，第338—341页。
④ ［日］中洌正尧：《ほか36名別记》：《现代の国语3》，三省堂出版社，2021年，第132页。

汉文教育——"汉文为主，和文为副"①。明治维新后，日本的学校教育发生很大变化，不再以汉文教育为主，但汉文汉籍仍然占很大比重。本研究通过对明治维新以来日本各时期语文教科书发展的历史变迁及汉籍教育的追溯和分析，可以得知汉籍在日本学校教育中的重要性体现在以下几点：第一，汉字教育：尽管明治维新后日本采纳了西方教育模式，但日本中小学生仍然接受汉字教育，汉字教育是日本教育体系的重要组成部分。第二，历史故事和诗歌：日本的语文教育中，有大量中国古代文学作品和历史作品。通过这些内容的学习，培养日本青少年的人文素养。第三，文化传承：汉字汉籍学习有助于日本学生传承和理解日本传统文化，包括日本的神话、传说和历史文化。

总之，在漫长的历史进程中，汉籍作为日本教科书中的重要内容，不断地给予日本文化以养分，在日本文化体系和知识架构中，汉文化已经成为其血液般的存在，这反映出中国文化在日本文化和语言中的持久影响，以及对其整个社会的重要性。

## Analysis of Chinese Classic Texts in Japanese Language Textbooks Since Meiji Restoration

Li Xin，Li Guangzhen

**Abstract**：Following the Meiji Restoration，Japan redirected its focus towards the West and established a modern education system. Consequently，the landscape of school education in Japan underwent several changes. However，Chinese classic texts continue to occupy a significant position in Japanese primary and secondary school language education. The Chinese classic texts selected as Chinese language textbooks for primary and secondary schools in Japan encompass not only Chinese classical literary works but also Chinese historical allusions and idiom stories. The primary purpose behind Japan's inclusion of Chinese classic texts in Chinese language textbooks for primary and secondary schools is to cultivate humanity literacy among Japanese teenagers and to facilitate the inheritance and understanding of Japanese traditional culture through the study of Chinese classic texts such as *The Analects of Confucius*. This practice reflects the enduring influence of Chinese culture on Japanese culture and its significance to Japanese society.

**Keywords**：Japan；school education；Japanese Language textbooks；Chinese classics

---

① ［日］浜本纯逸：《汉文教育の成立过程——一八五〇年代～一九〇二年（明治三五）年》，《国语教育史研究》第13号，2012年，第6—7页。

# 日本汉学家泷川龟太郎对《史记》
# 研究的贡献

［美］ 倪豪士　著　刘桂兰　刘　城　译

**［摘　要］** 在学界眼中，日本汉学家泷川龟太郎至少有三种形象。中国学界眼中的泷川，对《史记》的研究有贡献，但又因其研究多有谬误而常常受到质疑。日本学界眼中的泷川，不论是作为老师还是作为学者都备受尊崇，泷川的《史记》版本更是取代了《史记评林》，成为日本大多数《史记》研究和翻译的底本。欧美学者眼中的泷川，有着极为崇高的学术地位，其《史记》版本亦是欧美学者翻译与研究《史记》的重要参考文献。这三种泷川形象，反映着中国学界、日本学界和欧洲学界对泷川《史记》研究的不同评判和不同程度的接受与认可。但无论如何，泷川龟太郎对《史记》的研究做出了极大的贡献，其著作在当今的《史记》研究中已不可或缺。

**［关键词］** 泷川龟太郎；《史记》；贡献；《史记会注考证》

## 一、前言

泷川龟太郎（Takigawa Kametarō）这个名字至少对研究《史记》的学界来说都很熟悉。①

**【作者简介】** 倪豪士（William H. Nienhauser, Jr., 1943—），美国著名汉学家。美国威斯康星大学麦迪逊分校亚洲语言文化系中国文学霍尔斯特·斯科姆荣休讲座教授（Halls-Bascom Professor Emeritus of Chinese Literature），2003 年因在中国古典文学领域的突出贡献，获得德国洪堡基金会（Humboldt Foundation）终身成就奖。他创办了美国唯一专门研究中国文学的杂志《中国文学》（Chinese Literature：Essays, Articles, Reviews, 简写为 CLEAR）并长期担任主编。其主持翻译的《史记》（The Grand Scribe's Records）是目前最全面、最富学术价值的《史记》英译本，并因此获得中国国家新闻出版署颁发的出版界最高涉外奖项——（第十四届）"中国图书特殊贡献奖"。译者简介：刘桂兰，女，文学博士，湖北大学外国语学院教授，英国杜伦大学访问学者，主要从事翻译理论与实践研究和英汉语言对比研究。刘城，男，文学博士，广西民族大学文学院副教授，美国威斯康星大学麦迪逊分校、英国杜伦大学访问学者，主要从事中国古代散文史与欧美汉学研究。感谢倪豪士教授授权翻译此文。

① 感谢日本基金会在 2000 年提供的奖学金，使我得以访问仙台大学并获取关于泷川的文献资料。这次访学得到了日本京都大学川合康三教授和东北大学几部明教授的支持。藤田胜久教授和魏世德（John Timothy Wixted）教授以及我的项目助理 Shen Yiwen 女士也提供了很多帮助。所有文责，均由作者自负。

中国学者和日本学者对于泷川研究《史记》的原材料及其使用都是出于揣测，他们各自观点不一。有关泷川生平的可靠资料来源是水泽利忠的《史记会注考证的著者，泷川龟太郎先生を偲ぶ》（《图书》1975 年第 306 期）。进一步比较日本和中国现存版本和文献的研究可能会对这个问题有更多的了解。基于我们的《史记》翻译工作，本论文权当是照亮某些未知研究领域的一柱烛光［自注，致谢亚历山德拉·霍罗威茨教授（Alexandra Horowitz）；参看"De-Noted", The New York Times Book Review, 9 Oct, 2011］。

但是，大家知道的是哪一个泷川呢？许多学者认为至少有三个泷川形象。第一个泷川形象可称之为"中国学界眼中的泷川"。这个泷川对《史记》研究有其贡献，但其研究实际上也存在许多谬误，其研究价值由此会受到质疑。尽管下文我会详细介绍他的各种研究，但翻译《史记》的早期合作者曾经对他做出极具代表性的评论："泷川的著作对于高中教师有价值。"许多网站引用现代学者李庆对于泷川生平和成就的概述①，也对泷川作出了类似的评述。

第二个泷川形象②是日本学界眼中的泷川。正如泷川的得意弟子水泽利忠（Mizusawa Toshitada）在泷川逝后三十年写的回忆录中提醒读者的那样：论其成就，泷川不论是作为老师还是作为学者都备受尊崇。而且，泷川的《史记》版本更是取代了《史记评林》，成为日本大多数《史记》研究和翻译的底本。

第三个泷川形象是欧美学者眼中的泷川。包括华兹生（Burton Watson，他的翻译基于泷川的版本）、杜润德（Stephen Durrant）、鲍格洛（Timoteus Pokora）和韩大伟（David Honey）在内的西方学者对泷川推崇备至。③ 本文首先概述泷川的生平及其《史记》研究，然后考察这三个泷川形象的背景，最后考证其研究同行的一些质疑。

## 二、泷川龟太郎生平与《史记》研究概况

泷川龟太郎（字资言），1865 年 11 月 12 日出生于当时的出云国（现岛根县）松江市，距离日本海西北海岸几英里，位于宍道湖岸边。他的父亲泷川李之丞（Takigawa Mokunojō，1844—1927）出身于日本武士家庭（藩士）④，曾在小学教授中国古典文学。泷川与雨森精翁（Amenomori Seiō，著有《十八史略校本附录》）、内村鲈香两位当地学者一起研究了这些中国经典著作。泷川在松江中学学习了三年，1882 年离开时没有获得学位。后来在他在帝国大学（东京大学的前身）附设古典讲习科学习中文，1887 年毕业。泷川的同期同学包括市村瓒太郎（Ichimura Santarō，1864—1947）⑤，甲骨文专家林泰辅（Hayashi Taisuke，1854—1922）和山田准［1867—1952，1888 年毕业于太古，出版了中国哲学著作，任教于东京大学，并著有《评注十八史略》（池田芦洲编辑，松云堂书店

---

① 李庆：《日本汉学史（一）：起源与确立》，上海外语教育出版社，2001 年，第 446—450 页。

② 土井晚翠（真名为土井林古；1871 年 12 月 5 日至 1952 年 10 月 19 日），曾在仙台第二中学讲授英语，翻译了（希腊语）《伊利亚特》和《奥德赛》，以诗歌创作闻名，《荒城の月》尤受欢迎，这首诗后来成为日本最流行的歌曲。

③ 参看 Timoteus Pokora, "Shi Chi 127: The Symbiosis of Two Historians", in Charles Le Blanc and Susan Blader, eds. *Chinese Ideas about Nature and Society*, *Studies in Honour of Derk Bodde*, Hong Kong: Hong Kong University, 1987, pp. 215-234; David Honey, "The Han-Shu, and the Texual Criticism of the Shih-chi: The Case of the Hsiung-nü lieh-chuan", *CLEAR* 21, 1999, pp. 67-97; Stephen Durrant: "Takigawa Kametarō's Comments on Chapter 47 of Shih chi", 载《第二届中国域外汉籍国际学术会议论文集》，台北联经出版公司，1989 年，第 995—1007 页。

④ 见［日］水泽利忠所撰的泷川家谱。［日］水泽利忠：《泷川龟太郎博士年谱》，载《史记会注考证校补》第 9 册，史记会注考证校补刊行会，1970 年，第 187—192 页。

⑤ 市村瓒太郎于 1884 年进入东京大学，参看李庆《日本汉学史（一）：起源与确立》，上海外语教育出版社，2001 年，第 442—446 页。

1930 年版）。毕业后的十年间，泷川从一个小职位（主要是秘书）转到了另一个职位，在法制局（立法局）、国会秘书处和总理办公室任职，最后进入了教育部。① 1889 年，泷川的父亲从松江退休，两年后父亲来到东京，开了一所私立学校，并和泷川住在一起。② 第二年，泷川与岩田テル（Iwata Teru）女士结婚，并于 1895 年生下儿子泷川八郎（Takigawa Hachirō）。泷川的第一任妻子于 1896 年去世。当泷川于 1897 年搬到仙台时，泷川八郎已经交给了松江的家人照顾，八郎于 1906 年去世。1915 年，泷川第二次结婚，与（第二任）妻子岸菅屋（Sugeya Kishi）育有一子，名为"亮"。

1888 年，泷川和市村瓒太郎成立了东洋学会（并创办了《东洋学会杂志》），次年泷川任公职。从 1888 年到 1892 年，他与市村瓒太郎合作完成了六卷本《"支那"史》（吉川书店 1892 年版），该书模仿西方历史重新整理了传统的中国史料文献。按照教科书体例编撰的《"支那"史》非常受欢迎，在出版后的四年里重印了五次。③ 虽然尚未清楚泷川对这本书的确切贡献，但毫无疑问，在前两卷呈现三国时期中国历史的部分，他贡献不少。

1897 年秋，泷川任教于仙台第二高等学校。1907 年，仙台第二高等学校成为东北帝国大学——日本第三所帝国大学。虽然没有泷川的相关授课记录，但他是汉学的负责教授，为课堂准备了《孟子》课本并在当地出版，当然他也讲授《史记》。1913 年，泷川 49 岁，这一年他在东北大学图书馆查找《史记》的版本时，偶然发现了一本庆长时代（1596—1614）出版的古活字版《史记》（可能是彭寅翁版本）④，上有眉批。在这些眉批中，他发现了唐代张守节所注《史记正义》的部分内容，这些内容未见于中国的印刷本。⑤ 不久他认定，这部分内容大多数都从桃源瑞仙（Tōgen Zuisen，1430—1489）的《史记桃源抄》手抄而来。⑥

泷川因此逐渐产生了将这些佚失的文本纳入新版《史记》的想法，他首先编纂了两卷本的《史记正义辑存》（或《史记正义佚存》），包含 1200—1300 处新发现的内容，这些内容最后收录在《史记会注考证》的"总论"中。⑦ 这些新发现的内容可能是自从三家注在宋朝首次合并之后就被编者删去了。

他使用了日本最早的印刷版《史记评林》（印于庆长时代，1596—1614）作为他的底

---

① ［日］水泽利忠：《史记会注考证の著者，泷川龟太郎先生を偲ぶ》，《图书》1975 年第 306 期，第 46 页。
② 泷川的父亲和泷川一起生活了八年，直到 1897 年泷川搬到仙台。
③ 李庆：《日本汉学史（一）：起源与确立》，上海外语教育出版社，2001 年，第 445 页。1903 年，上海的教育世界社出版了该书的中文译本。
④ 见［日］水泽利忠《泷川龟太郎》，载［日］江上波夫《东洋学の系谱》第 2 卷，大修馆书店，1994 年，第 1—11 页。
⑤ 参考［日］水泽利忠《史记会注考证の著者，泷川龟太郎先生を偲ぶ》，《图书》1975 年第 306 期。
⑥ 据推测，僧人桃源瑞仙抄自其所在相国寺保存的文本。
⑦ 李庆称，泷川研究《史记》始于 1922 年的说法是错误的。泷川在卷十的刊后语已经把时间写得很清楚了。

本，该版本自首次印刷以来也被大多数日本学者使用。① 在接下来的几年里，泷川走访了其他图书馆，研究各种版本的《史记》，不断进行补充《史记》文本和《史记正义》注释方面的工作。在东京大学和米泽大学，他在各种抄本中发现了更多的《正义》引文，这使他确信，《正义》的许多内容可以从日本保存的许多版本的注释中找到。泷川认为大部分增补的《正义》注最初都来自南化、枫山和三条版本。南化版是现存的两个宋朝印刷版本（另一版本是黄善夫版②）之一，也被称为枬室本，它还是源头，影响了许多早期日本版本，包括桃源瑞仙（1430—1489）的《史记桃源抄》，月舟寿桂（1460—1533）的《史记》手抄本——《史记幻云抄》。三条版是由三条西实隆（Saijōnishi Sanetaka，1455—1537）在永正（1504—1520）年间从南化本的枫山文库版抄写而来。③ 南化版是以彭寅翁本为底本。张兴吉在《元刻〈史记〉彭寅翁本研究》中指出，该版本对《正义》段落的删减比其他大多数早期版本都多。④ 仅在"十二本纪"中，与黄善夫本相比，彭寅翁本脱失了 253 条，另外脱字处有 731 条之多。⑤

然而，泷川从诸如大岛维直（Ōshima Korenao，1762—1838）的《史记考异》《博士家本史记异字》⑥之类二手资料来源的眉批中摘取了许多引文，或者是将这些引文与眉批进行校对。然而，水泽则认为，《博士家本史记异字》是以彭寅翁版为底本。⑦ 大岛维直抄写了三条西实隆对彭寅翁版《史记》⑧ 所作的笔记，也使用了影响极大的前田家⑨的《博士家本史记异字》。大岛维直还整理了钱泰吉（1791—1863）或张文虎（1808—1885）⑩ 之外的大量早期版本，包括四种不同的宋代版本、元代彭寅翁版本和三条西实隆的注本⑪。泷川应该参阅过金泽市图书馆馆藏的《史记考异》。⑫

泷川在 25 卷本的《史记评林》页边空白处，用小字抄写了自己的笔记——他沿用了

---

① 《史记评林》由凌稚隆（1576 年在世）编撰，李光缙（1549—1623）有所补充。1636 年到 1883 年之间，日本曾刊印有 14 个版本的《史记评林》，这说明它非常流行。参看张兴吉《元刻〈史记〉彭寅翁本研究》，凤凰出版社，2006 年，第 132 页。

② 正如水泽利忠所指出的那样，泷川似乎对黄善夫本知之甚少，黄善夫本直到 20 世纪 20 年代才被学界加以讨论，而泷川此时已经完成了他所撰《史记》版本的大部分工作。这项工作在其《史记会注考证》卷十的"总论"中该有所提及。

③ 张兴吉：《元刻〈史记〉彭寅翁本研究》，凤凰出版社，2006 年，第 133 页。

④ 张兴吉：《元刻〈史记〉彭寅翁本研究》，凤凰出版社，2006 年。

⑤ 张兴吉：《元刻〈史记〉彭寅翁本研究》，凤凰出版社，2006 年，第 138 页。

⑥ ［日］水泽利忠：《史记会注考证の著者，泷川龟太郎先生を偲ぶ》，《图书》1975 年第 306 期。

⑦ ［日］水泽利忠：《泷川龟太郎》，载［日］江上波夫《东洋学の系谱》第 2 卷，大修馆书店，1994 年，第 5 页。

⑧ 见张兴吉《元刻〈史记〉彭寅翁本研究》，凤凰出版社，2006 年。

⑨ 从 1583 年到 1868 年明治维新，前田家族是加贺藩（位于金泽）的统治家族，是日本第二大权势家族。

⑩ 张文虎没有使用早于明代的《三家注》版本（张兴吉：《元刻〈史记〉彭寅翁本研究》，凤凰出版社，2006 年，第 134 页）。张文虎也没有接触到日本早期手稿版本。关于他的编辑工作，另见 Nienbauser, "The Texus Receptus and Chang Wenhu", in The Grand Scribe's Records. Volume II：The Basic Annals of Han China, Bloomington：Indiana University, 2002, pp. xxxii-xivii.

⑪ 见［日］大岛利一《大岛贽川·桃年父子の史记考异に就いて》，《东洋史研究》1939 年第 4 卷第 3 号。

⑫ 张兴吉（2006，134）认为，《史记考异》完成于 1855 年，但从未出版过。大岛利一（1939）认为，大岛维直的儿子大岛桃年（其人我们知之甚少）一定是完成了他父亲的著作。

中井积德（号履轩，1732—1817）① 的方法和所用的底本，在没有足够页边空的页面上，他就贴上小纸片抄写。水泽列举了以下例子：②

> 1918 年 8 月 21 日，他用蓝墨水标示他的校本来源是《史记桃源抄》；1926 年 6 月 27 日，他用红墨水标示《博士家本史记异字》。

泷川在 1913 年之后的 10 年里③一直在研究他的《史记》版本，他参考了中井积德的《史记雕题》④，特别借鉴了冈白驹（Oka Hakku，1692—1767）的《史记觿》⑤。直到 1919 年，他每天都在发现新的《正义》段落（佚文）——参见当年 2 月 7 日泷川写给他的好友林泰辅（1854—1922）博士的信⑥。泷川的《史记》项目获得了斋藤报恩会和其他组织的资助与市村瓒太郎的持续支持。最终，泷川在他的工作中提出了四个目标：(1) 整理新版《史记》，(2) 深入了解司马迁《史记》的文献来源，（3）补充《三家注》中散佚的部分，（4）收集和整理日本和中国的其他古代选注。⑦

泷川继续完善他的《史记》文本和注释，并在 20 世纪 20 年代写了许多重要的附录。他对《三家柱》的补充尤其重要。传统的三家注除解释《史记》中提到的人物和地点外，还着重于评价《史记》的文本。⑧ 但泷川汇集了各种各样的评论，涉及史实谬误、文本问题、与其他文本（尤其是《汉书》）相左之处、独特的措辞等等。⑨

在进行《史记》项目的最后几年，泷川把之前所用的《史记》底本从《史记评林》换成张文虎辑的金陵书局本，这一决定给校对工作带来了挑战，也导致了一些文本问题。泷川终于在 1931 年完成了《史记会注考证》，将其作为博士论文提交给东北大学。⑩ 他查阅了 1200 年至 1300 年之间所有的古本和相关文本，包括 100 多位中国注家和 20 位日本学者的评注。《史记会注考证》这部著作于 1932—1934 年由东京东方文化学院东京研究所出版，1955—1957 年由日本东方文化学院东京研究所再版。

---

① 见下文第四节的讨论。

② ［日］水泽利忠：《史记会注考证の著者，泷川龟太郎先生を偲ぶ》，《图书》1975 年第 306 期。

③ 他与东京大学的年轻毕业生盐谷温（1878—1962）一起去了上海，他于 1915 年去上海，但之外似乎一直在日本。

④ 中井积德，也叫中井履轩（其字号更有名），是大阪人，朱熹学派成员。

⑤ 冈白驹来自摇磨省；作为一名士大夫，他写了许多关于经典和通俗小说的评论。他的《史记觿》出现在约 1750 年的大阪（由合书房出版）。

⑥ 引自［日］水泽利忠《史记会注考证の著者，泷川龟太郎先生を偲ぶ》，《图书》1975 年第 306 期，第 50 页。

⑦ 参看［日］水泽利忠《史记会注考证の著者，泷川龟太郎先生を偲ぶ》，《图书》1975 年第 306 期，第 47 页。

⑧ 见应三玉《史记三家注存在的问题》，载应三玉《史记三家注研究》，凤凰出版社，2008 年，第 361—384 页。

⑨ 例如，在申屠嘉传（《史记》96.2684）的结尾，泷川依据《汉书》（中华书局 1963 年版，卷 24 上，第 1140 页），将"冗"写为"他"。然后，他引用王念孙（1744—1832）以佐证，认为这种改写解决了《史记》记载中的一个逻辑空白。更多细节见 Nienhauser, *The Grand Scribe's Records. Volume VIII. The Memoirs of Han China. Part I*, Bloomington：Indiana University, 2008, p. 222, n. 181，以及该书第 241—242 页的讨论。

⑩ ［日］泽谷昭次：《史记会注考证附校补》，《东洋史研究》1939 年第 4 卷第 3 号，第 39—43 页。

《史记会注考证》完成后，六十五岁的泷川退居松江家中（1930 年 6 月）。次年，他被东北大学授予博士学位。著作的出版并未给他带来版税收入，他在松江的几年生活相对贫困，甚至不得不为寄稿给出版商的邮费而发愁。[①] 1934 年底，他搬到东京，一个月后接受了大东文化学院的教授职位，并同时担任东京文理科大学的讲师。1944 年 3 月，他被任命为名誉教授。一年后，也就是 1945 年 3 月 31 日，他退休回到家乡松江，并于 1946 年 2 月 23 日年老病逝，享年 81 岁。

### 三、中国学界眼中的泷川形象及其评价

泷川的《史记》版问世，不幸正值日本全面侵华时期。知识分子的抗日情绪尤其强烈，故 1940 年出版的有关泷川《史记》版本的第一本中文评论专著《史记会注考证驳议》[②]，对泷川的学术进行了批驳，也就不足为奇了。这本书是由青年学者鲁实先（1913—1977）[③] 撰写、郭沫若（1892—1978）于扉页题词的，而杨树达的序就饱含这种批判的口吻："纰缪简陋，不足一观。"鲁实先抨击该作的形式（他认为泷川遵循了王先谦（1842—1918）《两汉书补注》的格式，就应该依从颜师古（581—645）注《汉书》的模式）。此外，鲁实先批评泷川选择《史记评林》作为底本，抨击他缺乏文献学知识和引用拙劣之书，声称泷川对所引用的文本"无所发明"，指责他"剽窃"梁玉绳（1745—1819）及其他学者的观点，并谴责他偏用有问题的论点而不用更有逻辑性的论述。尽管鲁实先的许多批评是正确的，但他过分强调了泷川著作存在问题，而他自己批评的分类也经常重叠。泷川确实在很大程度上依赖梁玉绳之说，以至于他引证梁玉绳观点时多直接引用其原文。具有讽刺意味的是，鲁实先所认定的剽窃，表明他自己并不理解"剽窃"的概念，误解了这种具有悠久历史的中国训诂学传统。幸运的是，鲁实先的书在首次出版时流传不广，而其在将近半个世纪后重新发行时，泷川的接受度有所提高。

《史记汇注考证》这本书持续引发学界的关注与讨论，1955 年"文学古籍刊行社"在北京出版了该书的另一个版本以纪念司马迁诞辰 2100 周年，1966 年由艺文印书馆在台湾地区重印（频繁重印）该书。施之勉（1891—1990）[④] 在 20 世纪 60 年代中后期一直致力于对泷川版本的增补，成书为《史记会注考证订补》（华冈出版有限公司 1976 年版）；更具争议性的是，贺次君（1914—1988）[⑤] 在 1982 年出版的《日本〈史记会注考证〉增补

---

① ［日］水泽利忠：《史记会注考证の著者，泷川龟太郎先生を偲ぶ》，《图书》1975 年第 306 期。
② 长沙湘芬书局 1940 年出版，1986 年由长沙的岳麓书社重印出版。
③ 鲁实先来自湖南农村，但后来升任复旦大学和台湾大学教授。见《史记会注考证驳议》重印版的编者序言。
④ 施之勉（1891—1990），出生于江苏无锡，就读于国立南京高等师范学校（后来的南京大学）。先后在福建、江苏和四川等地任教，于 1948 年来到台湾，在高中任教几年后，最终成了成功大学中文系第一任系主任。他的其他著作包括《后汉书集解补》和《汉书补注辨证》。
⑤ 见贺次君的传记，参看 William H. Nienhauser, Jr., *The Grand Scribe's Records. Volume IX：The Memoirs of Han China. Part II*, Bloomington：Indiana University, 2010, pp. 401-403.

〈史记正义〉的真伪问题》中对泷川的大部分工作进行了驳斥。①

后来，一些现代学者，如张大可和程金造也有较为严厉的批评。详细讨论这些学者的观点超出了本文的范围，而且也无必要，因为近年来肇始于张衍田②《史记正义佚文辑校》（北京大学出版社 1985 年版）的学术评价更为客观。张衍田强调了中国学者对泷川的肯定，引用徐文珊（1901—1998）③的话称《史记会注考证》的出版是"大为快事"，而且还再次提及 1955 年泷川本《史记》重印时编辑们赞扬其为"一部可贵的参考资料"④。张衍田在序言中还指出，泷川版本辑校的难点在于，尽管他最初在粘贴便条上用不同颜色的墨记标注所有来源，但《史记会注考证》的刊印本并无标识表明《正义》评注的来源。水泽利忠在 20 世纪 60 年代编辑的《史记会注考证校补》中有所提及，但读者需要同时参照泷川和水泽这两个版本，这给读者带来了不便（这是我们在翻译《史记》时经常遇到的问题），因此有必要将泷川的《正义》引文及水泽的引文来源标识独编一卷。张衍田的这个想法，源自王利器（1911—1998）于 1981 年在北京大学讲授《史记》时使用了泷川的版本。张衍田与北京大学其他学者合作，将王利器的想法变成了现实，重新组织了 1645 条《正义》引文（泷川 1418 条，水泽增补 227 条）编入中华书局 1959 年版《史记》。

张衍田的《史记正义佚文辑校》于 1985 年出版。第二年，上海古籍出版社将泷川的《史记会注考证》和水泽的《史记会注考证校补》合集出版。袁传璋的论文驳斥了程金造的激进言论，由此泷川在中国学术界的声誉进一步得到巩固。随后诸如李庆等人对泷川的成就予以公正评论（见参考文献）。

张兴吉（2006）认为，在日本发行的彭寅翁注本在重构《史记正义》中极具价值。尽管张兴吉一再强调重构的困难，但他反对那些激进的批评，如贺次君全面否定泷川的考证。但张兴吉也承认泷川有失误之处，重构本的一些注文，泷川认为出自《正义》，实际上却出自其他注本。⑤张兴吉建议，既然大多数材料仍见于早期日本文献的手批注释中，那么只有对所谓的泷川依据的源文本进行仔细比对，就能在这个问题上取得进展。总而言之，中国学界中的"泷川"形象，尽管屡次遭受不公评价的影响，但《史记会注考证》作为现代史记研究的重要文本，已成公论。⑥

---

①《文史》，中华书局，1982 年，第 14 辑。他在 1981 年中风，因此这可能刊自于手稿（见倪豪士《史记》译本中的贺次君的生平简述，William H. Nienhauser, Jr. *The Grand Scribe's Records. Volume IX：The Memoirs of Han China. Part II.* Bloomington：Indiana University，2010，pp. 401-403.）

②张衍田是北京大学教授（已退休）。

③张衍田没有提供消息来源，但这可能出自《史记白部》的前言，《史记白部》是 20 世纪 30 年代早期由徐文珊和顾颉刚（1893—1980）编撰，是最早的《史记》标点版本之一。

④张衍田：《史记正义佚文辑校》，北京大学出版社，1985 年，"前言"，第 3—4 页。

⑤张衍田：《史记正义佚文辑校》，北京大学出版社，1985 年，第 153—154 页。

⑥应三玉虽然强调了《史记》早期各种版本中"三家注"的亡佚，但对现代重构（包括泷川）本的真实性问题未予置评，这个问题是未来研究"三家注"的一个基本问题，参看应三玉《史记三家注研究》，凤凰出版社，2008 年，第 384 页。

在台湾地区，王叔岷（1914—2008）的《史记校证》① 经常引用泷川的观点，虽然有时也异于泷川之说，但仍显示出对泷川版本的尊崇。②

### 四、日本学界眼中的泷川形象及其认可

王利器和张兴吉尤其关注的泷川的资料来源问题，也是《史记会注考证》在日本学术界最关注的焦点之一。这个问题首先由泷川的弟子水泽利忠在其《史记会注考证校补》③ 中提出，之后寺门日出男在他的文章《〈史记会注考证〉撰述中的非学问性——被埋没的中井履轩撰〈史记雕题〉》④（《〈史记会注考证〉撰述に见られる非学问性——埋もれた中井履轩撰〈史记雕题〉》）中提出质疑。

寺门日出男注意到泷川的注释存在一些问题。他的主要观点是，泷川的大部分评注都基于中井履轩撰《史记雕题》，而这本书本身就谬误百出。虽然一些学者将泷川版本中的错误归因于他抄袭中井所致，但泷川似乎使用了保存在帝国（东京）大学图书馆的狩野文库所藏写本，这个写本是最好的版本之一。因此，《史记会注考证》中的错误是泷川自己的错误，并非中井的错误。此外，泷川有时所说的出自中井版本的引用，在现存的《史记雕题》版本中找不到。在其他篇章中，他直接引用了中井版本但并未注明来源，有时归置在"愚案"题下，寺门日出男认为这是剽窃。因此，寺门日出男敦促学者们回溯至《史记雕题》并加以直接引用，以便更准确地反映《史记》的早期学术研究，并公正地对待中井的观点。

尽管对泷川在注释以及寻求源文本的方法上还有许多保留意见，但《史记会注考证》仍然是日本大多数日语翻译和研究的基础，新近完成并由明治书院出版的《史记》译本或许是其中最重要的成果体现。

### 五、西方学术界眼中的泷川形象及其接受

毫无疑问，泷川对 20 世纪《史记》研究的最重要影响，是华兹生（Burton Watson）在其精彩的《史记》译本 "*Records of the Grand Historian*"⑤ 中采用了《史记会注考证》。在《史记与我》（*The Shih Chi and I*）中，华兹生回忆道：

---

① 由台北"中研院"中国文史哲研究所出版，共十卷（台湾南港，1982 年）。

② 比如，关于申屠嘉传，王叔岷（《史记校证》，卷 96，第 2789 页）承袭王念孙之说，而王念孙依据的是泷川版《史记》。然后，王叔岷汇编了其他源材料，包括《资治通鉴》的相关文本以支持泷川版《史记》的文本（另见本文注 33）。

③ 感谢柏林自由大学的冯孟德（Erling von Mende）教授，他向我们的项目捐赠了水泽利忠的这部九卷本著作。

④ ［日］寺门日出男：《〈史记会注考证〉撰述に见られる非学问性——埋もれた中井履轩撰〈史记雕题〉》，《中国研究集刊》1990 年，第 30—40 页。

⑤ 初版两卷本由哥伦比亚大学出版社于 1961 年出版，哥伦比亚大学和香港中文大学于 1993 年稍加修订重新发行。

　　1956 年秋天，我定居京都，泷川版《史记》正在重印中，因此我手头上终于有了一本泷川版《史记》，而不必使用图书馆的复印本。我主要在家工作……①

据说华兹生的工作习惯是，他坐在京都公寓的打字机旁，翻开一卷泷川的《史记会注考证》，就直接翻译该文本。不管这个传说是否真实，华兹生的译作无疑影响了同时代的两个学者——杜润德（Stephen Durrant）和韩大伟（David Honey），他们也强调了泷川版的重要性。② 最能体现这种情形的是，捷克学者鲍格洛（Timoteus Pokora）在翻译《日者列传》（出版时名为"*Shih chi* 127, *the Symbiosis of Two Historians*"③）时进行了大量注释，他也是倚重泷川版《史记》作为底本。④

　　我们的《史记》翻译项目从一开始就依赖泷川版《史记》作为基本源文本，同时参考的源文本还有中华书局的"坚本"和"百衲"本，以及王利器、吕宗力和吴树平的现代白话译本，明治书院的日语译文。

　　这里，我想先通过两个例子，说明泷川的观点如何有助于《张丞相列传》的翻译和注释（《史记》卷九六，该译文于几年前完成，并发表在我们的《史记》译本第 8 册中）⑤，然后再阐述目前我们借助泷川评注以翻译《史记》卷一二一《儒林列传》时所获取的经验。

　　《史记》卷九六开篇如下：

　　　　张丞相苍者，阳武人也。好书律历。秦时为御史，主柱下方书。

其英文翻译如下：

Chancellor Chang Ts'ang was a native of Yang-wu. He was fond of documents and the harmonic calendar. During Ch'in times, he became an Imperial Secretary, in charge of the "square documents" Under the [Palace] Pillars.

---

① Burton Watson, "The *Shih Chi* and I", *CLEAR* 17, 1995, pp. 199-206.

② 参考杜润德(Stephen Durrant, *The Cloudy Mirror*. Albany: State University of New York, 1995, p. 2)和杜润德对泷川关于孔子传评论的研究(Stephen Durrant: "Takigawa Kametarō's Comments on Chapter 47 of *Shih chi*",《第二届中国域外汉籍国际学术会议论文集》, 联经出版公司 1989 年版);以及韩大伟在其著作(David Honey, "The Han-shu, and the Textual Criticism of the Shih-chi: The Case of Hsiung-nü lieh-chuan", *CLEAR* 21, 1999)第 93 页注 2 和第 85—86, 89 和 94 页的相关讨论。

③ Timoteus Pokora, "Shi chi 127: The Symbiosis of Two Historians", in Charles Le Blanc and Susan Blader, eds. *Chinese Ideas about Nature and Society*, *Studies in Honour of Derk Bodde*, Hong Kong: Hong Kong University, 1987, pp. 215-234.

④ 见 William H. Nienhauser, Jr, *The Grand Scribe's Records. Volume I: The Basic Annals of Pre-Han China*, Bloomington: Indiana University, 1994, "Introduction", pp. xvii-xviii.

⑤ William H. Nienhauser, Jr., *The Grand Scribe's Records. Volume VIII: The Memoirs of Han China. Part I*, Bloomington: Indiana University, 2008, pp. 205-243.

至于开篇这一段有一个问题是"方书"在这里的含义。《集解》（《史记》96.2675）载录 3 世纪初的注家如淳之说，认为"方书"是"方版"或"四方文书"。泷川（96.2）称，"方书"是"方版之书"，不是"四方文书"（"索引"注所主张），并引用了王观国（生活于 1140 年）之语加以佐证："古人写书者，有简有策，有弧有方，有牍有札，有椠有版。盖简策弧皆以竹为之，方牍椠版皆以木为之。"我们不需要准确理解这些不同类型的竹片竹条和木片木条的含义，而只需要注意"弧"指的是有六面或八面的多面体木材。① 因此，尽管我们对"主（柱下）方书"的翻译可能需要修改为"in charge of the 'hexagonal documents'"，但很明显，泷川的评注让现代读者能够超越大多数现代版《史记》所引的或简洁或重复的三家注。

我们采用泷川评注的第二段文字（《史记》96.2676）是：

> 三岁免，以平阳侯曹窋为御史大夫。高后崩，与大臣共诛吕禄等。免，以淮南相张苍为御史大夫。

其英文翻译如下：

> After three years [Ren Ao 任敖 was removed (184 B.C.) from office], and Cao Zhu (d. 160 B.C.),② the Marquis of Pingyang,③ became Grandee Secretary. When Empress Kao passed away, together with other great ministers he executed Lü Lu④ and the others. [Cao Zhu] was removed and the Prime Minister of Huai-nan, Chang Ts'ang, was made Grandee Secretary. ⑤

我们的做法是对中华书局版《史记》进行翻译，并在我们的评论性注释中对我们所进行的文本改动加以标示。在中华书局版中，上述段落的第二句实际上是"高后崩，（不）与大臣共诛吕禄等"，"不"放在括号中表示中华书局编辑所删除的文字，这种文字的删除

---

① 参看王力《古汉语字典》，中华书局，2000 年，第 1254 页，引证颜师古所说："弧者，学书之牍……其形或六面，或八面。"

② 曹窋是曹参的儿子；参见《史记》卷五十四（《史记》，卷五十四，第 2031 页）的曹窋传。

③ 曹窋于公元前 189 年接替父亲成为平阳侯，死后谥为静侯（《史记》，卷十八，第 881 页）。平阳是汾河西岸的一个县，距离今山西侯马市以北约 30 英里（谭其骧：《中国历史地图集第二册：秦·西汉·东汉时期》，中国地图出版社，1982 年，第 16 页）。

④ 吕禄是吕后统治末期吕氏家族中两位最有权势的人物之一（另一位是吕产；分别参看《史记》卷 9；Michael Loewe, *A Biographical Dictionary of the Qin, Former Han and Xin Periods* (221BC-AD 249), Handbook of Oriental Studies, Leiden：Brill, 2000, p. 423, 421)。

⑤ 请注意，我们最初的译文（William H. Nienhauser, Jr., *The Grand Scribe's Records. Volume VIII：The Memoirs of Han China*. Part I, Bloomington：Indiana University, 2008, p. 217)有误，我们错将"任敖"视为"免"的主语，而实际上应该是"曹窋"。

通常依据张文虎（1808—1885）在其《校刊史记集解索引正义札记》（2 卷本；中华书局 1977 年版）的评注。这里删除"不"字就是这种情况。① 然而，泷川在他的文本中保留了"不"，显示出一种完全不同的事件序列。也就是说，在中华书局的版本中，曹窋是帮助铲除吕氏的人之一。在泷川的版本中，文本如下："高后崩，与大臣共诛吕禄等，免。"［注意不同的标点断句］而在泷川的版本中，这意味着曹窋被免职，因为他没有参与大臣"共诛"吕氏的行动。事实上，《史记》（包括"百衲"版本的大多数早期版本）有"不"字。甚至张文虎自己编写的金陵书局版有这个否定词"不"。冈白驹对此没有评论。

张文虎，尽管在他的文本中没有改动文字，但指出梁玉绳（卷二十三，第 1345 页）认定这里的"不"字是一种篡改。梁玉绳引证《汉书》的相关版本，内容如下：②

> 高后崩，与大臣共诛诸吕，后坐事免。

梁玉绳解释说，根据《吕后本纪》的说法，诛杀吕氏是由于曹窋"往来驰告"。参见《吕后本纪》中的记载：曹窋无意中听到吕产和贾寿之间的对话，然后赶紧告诉陈平和灌婴，而二人正是打算推翻吕氏政权的领导人之一。③ 但我们也可以从同一段文字中看到，曹窋仍在与吕产商讨：

> 八月庚申旦，平阳侯窋行御史大夫事，见相国产计事。

似乎曹窋在这种政局动荡的时期试图保持谨慎。在同一页的后文，我们得知：

> 平阳侯恐弗胜，驰语太尉。

很明显，梁玉绳认为，"驰"是因为曹窋有所担心。④ 华兹生在翻译时受阻于对曹窋胆怯的这种书写表达，因为他先前采用了省略否定词"不"的《汉书》版本，所以他干脆删去了"不"字，并声称"不"字是一种篡改。⑤ 曹窋的简要传记附在他父亲的传记⑥之后，

---

① 张文虎：《校刊史记集解索隐正义札记》，中华书局，1977 年，第 604 页。

② ［清］王先谦：《汉书补注》卷四十二，中华书局，2008 年，第 3744 页。

③ 《史记》（卷九，第 409 页）载：郎中令贾寿使从齐来，因子产曰："王不早之国，今虽欲行，尚可得邪？"具以灌婴与齐楚合从，欲诛诸吕告产，乃趣产急入宫。平阳侯颇闻其语，乃驰告丞相、太尉。

④ 鲁惟一（Michael Loewe, *A Biographical Dictionary of the Qin, Former Han and Xin Periods*（221BC-AD 249），Handbook of Oriental Studies, Leiden：Brill, 2000, p. 20.）描述曹窋在诛杀吕氏行动中的角色"更象是一个告密者，让行动领导者密切关注事态发展，而不是事件的推动者"。

⑤ 见华兹生的《史记》译本（Burton Watson, *Records of the Grand Historian*. Rev. ed. , New York：Columbia University Press, 1993）第 212 页注 3 和第 281 页的注 9。这些评注相当引人注目，因为华兹生回避在译文中加脚注。

⑥ ［西汉］司马迁撰：《史记》卷五十四，第 2031 页。

仅云：

> 孝文帝立，免为侯。

这正好符合这样一个前提，即曹窋没有参与诛杀吕氏的行动，因此被文帝及其大臣免职。但是，曹窋何时被免职是十分棘手的问题。《史记》（卷 22，第 1125 页）的年表上写的是公元前 180 年。为了佐证这一点，王先谦（1842—1917）引用齐召南（1703—1768）的长篇论述，认为曹窋在文帝即位之前已经被免职。王先谦自己也同意（《汉书补注》，卷 42，第 3474 页，注 2）并仍然相信曹窋没有参与诛杀吕氏的行动。因此，众多的传统版本都含有"不"字，唯一能够支持删除"不"字的证据就是《汉书》的相关文本和梁玉绳对《吕后本纪》的解读。后者被证明是一种颇具选择性的解读（就像华兹生一样，他忽略了曹窋的摇摆不定）。虽然对《汉书》文本的详细讨论超出了本文的范围，但《汉书》对任敖的描述是重复的，肯定是有误的。[①] 为了保持曹窋参与诛杀吕氏的肯定句意，《汉书》修订了"后坐事"一词，"后坐事"导致他被免职（而不是因为在推翻吕氏政权的行动中他所表现出的摇摆不定）。在详述任敖的官宦生涯后，以他的去世和关于其死后谥号及子孙的规范性叙述结尾（其封地被除是常见的结尾），接着以"初"字让我们又重审任敖官宦生涯的终结。"初"字经常表示提起新话题，它可以解释重述的原因。简而言之，《汉书》文本并不比梁玉绳更令人信服。泷川支持维护这一源文本，这有望使新的中华书局版《史记》（已宣布在不久的将来出版）的编辑们重新认识这一文本。

上述例子表明泷川的版本和评注对我们的翻译工作十分重要。然而，我们使用泷川文本时也会碰到一定问题。在 2011 年，我与威斯康星州大学的十名研究生合作，共同翻译《史记》卷一二一《儒林列传》。当时，我们对泷川文本的态度各不相同，这可能也代表了泷川文本的接受状况。有些学生已经接受了鲁实先的看法，认为泷川文本不可信，而当我们发现了一个由泷川笔误而致的重要文本改动时更是如此。司马迁在本篇序言云（《史记》卷一二一，第 3117 页）：

> 叔孙通作汉礼仪，因为太常，诸生弟子共定者，咸为选首，于是喟然叹兴于学。然尚有干戈，平定四海，亦未暇遑庠序之事也。孝惠、吕后时，公卿皆武力有功之臣。

在泷川的版本中，"孝惠、吕后时"这五个字放在"亦未暇遑庠序之事也"一句之前，由

---

① 如果不承认《史记》这一章节也有可疑之处的话，那将是我的疏漏。见 William H. Nienhauser, Jr., "Tales of the Chancellor(s)：The Grand Scribe's Unfinished Business", *CLEAR* 25, 2003, pp. 99-117.

此行文是：孝惠、吕后时，亦未暇遑庠序之事也。虽然这也说得通，但我们检阅《史记》的所有主要版本发现，泷川版本的改动没有任何依据。鲁实先在70多年前就列举了泷川版本中的类似语序错位，并指出了这一处是泷川的笔误。[①]有趣的是，尽管王叔岷（《史记校证》卷一二一，第3252页）讨论了泷川关于这段文字中"暇遑"的评注，但他似乎忽略了这个书写错误。华兹生也只是遵照泷川版本进行翻译（*Records of the Grand Historian*，2：357）：

> *Likewise，during the reigns of Emperor Hui and Empress Lü there was still no leisure to attend to the matter of government schools．Moreover，the high officials at this time were all military men who had won distinction in battle．*

水泽利忠（《史记会注考证校补》第8册，史记会注考证校补刊行会，1970年，第121章，第3页）也指出了老师的错误。作为明治书院版《史记》日文译本的第三位也是最后一位译者的青木五郎，可能借鉴了水泽的观点，对文本进行了更正并添加了一个注释（卷12第526页和第527页），指出他的底本（即泷川版）需要根据其他版本进行修正。施之勉（第1653页）直接引用水泽的话，大意是说此处的文字顺序被调换了。

尽管存在这个错误，而且王叔岷也忽略了泷川对"儒林列传"中句子语序的篡改，但不管怎样，泷川版的"儒林列传"影响深远。例如，他在篇目眉批中指出，尽管《汉书》的对应篇章"儒林传"称赞《易经》为经典之首，但司马迁等古代学者则将《诗经》置于首位，《尚书》次之。泷川（卷一二一，第1—2页）在同一批注中推断，"儒林列传""本是一篇文字"，而且"今本每段提行，非史公之书"。王叔岷、鲁实先或其他中国学者会不会也有这样的推测？

因此，最终的问题不是泷川的评注和增补是否都正确，而是这些评注和增补在多大程度上有助于现代读者理解《史记》。

## 六、结语

最近，当我问及泷川及其学术为何在中国有如此不同的反应时，一位研究早期历史并与西方、日本学者进行过广泛合作的同事友人告诉我答案，在他看来，中国的资深学者根本不信任日本学者解读古汉语的能力。因此，尽管泷川版《史记》存在错误，但显然中国的文化自信使得中文文献中的泷川的形象有些变形。颇显讽刺的是，泷川关于中国通史的早期著作很快被翻译成中文，在20世纪的头十年间对中国历史的研究产生了重大影响。在日本，泷川显然是20世纪《史记》研究的最重要学者之一。他的著作仍然为

---

① 鲁实先：《史记会注考证驳议》，岳麓书社，1986年，第22页。

出色的《史记》学术研究提供底本。虽然我不能代表其他西方学者发言，但我确信泷川有很强的古汉语解读能力。在评估任何此类文本和评注时，应考虑的主要问题是编者的判断和编者使用源文献的可靠性。上文所举三个例子有两个表明，泷川的版本与当前的中华书局版不同。其中一例，泷川的版本似乎更可取；而另一例，他抄错了原文。泷川对"方书"的解读也可能会受到一些读者的质疑。然而，正是由泷川所引发的关于《史记》文本及其在《汉书》和其他文献中的对应文本的疑问，让所有读者——日本的、西方的和中国的——都受益匪浅，我们的关注点回到梁玉绳或其他一些早期中国学者关于泷川的看法。尽管鲁实先、杨树达和后来的一些学者并不看重泷川的著作，但这些学者既没有发表自己的评论，更没有与读者分享他们对于《史记》的高见。

张兴吉建议，泷川关于《史记正义》的工作所引发的许多质疑，可以通过重新检查他的所有源文献（假设它们都完备）来验证；但什么样的现代学者会花时间做这样的研究呢？我们生活在一个不同的时代，而这种做学问的耐心在我们这个时代是罕见的。我们应感激泷川，感激他多年致力于《史记会注考证》的编撰。也许张兴吉的建议会被一些研究泷川逐篇重构工作的学者所采纳。尽管这种考证研究似乎不太可能，但考虑到目前的学术潮流，似乎可以肯定的是，本文开头提到的泷川三种不同形象正在融汇成一幅学者肖像，他将在未来继续影响许多研究司马迁的学者。

## 后　记

2011 年 11 月初，当我在台湾政治大学讲学时，我遇到了中国大陆学者，他们的一些看法鼓舞了我对泷川的持续影响力做出积极评估。出席会议的台湾地区学者也重申他们接受泷川的版本作为重要来源之一。我在那里遇到的大多数研究生都把泷川的版本作为他们研究《史记》的底本。此外，我在台北参观的每家书店几乎都会在显著位置展示至少是在 20 世纪 80 年代初以来就发行的大部头的台湾地区版泷川《史记会注考证》。

### Takigawa Kametarō and His Contributions to the Study of the *Shiji*

William H. Nienhauser, Jr.；(trans.) Liu Guilan, Liu Cheng

**Abstract**：In the sinological circles there are at least three personas of Takigawa Kametarō that many scholars identify with. The first is the "Chinese Takigawa". This persona made modest contributions to the study of the *Shiji*, but actually made so many errors that the value of his work can be called into question for serious study of the *Shiji*. The second Takigawa, the Japanese persona, is revered for accomplishments as both a teacher and a scholar, for Takigawa's edition has supplanted the *Shiki hyorin* 史记评林 (*Shiji pinglin*) as the base text of most studies and translations of the *Shiji* in Japan. The third Takigawa lives in the works of European and American scholars, and he is highly praised by Western scholars for his most significant reference influence. These three distinct images of Takigawa reflect the different reactions and different degrees of receptions of his studies on *Shiji* by Chinese, Japanese and European academic circles. That is, Takigawa Kametaro made great contributions to the study of *Shiji*, and his works have become indispensable in today's *Shiji* study.

**Keywords**: Takigawa Kametarō; *Shiji*; contributions; *Shiji huizhu kaozheng*

# "鬼才"及其"鬼诗"在日本的
# 接受与影响 *

张 悦

[摘 要] 中唐诗人李贺,在中国文学史上被称为"鬼才"。中国文学对于这位"鬼才"及其"鬼诗"的评价毁誉参半,非议颇多,且关于其"鬼才"称号是否得当也一直争议不断。"鬼才"之"鬼诗"东传日本以后,却赢得普遍认同和颇高评价,对镰仓、室町以后各时期的日本文学也产生了深远影响。"鬼才"及其"鬼诗"在两国文学中解读和评价的不同,缘于中日文学审美传统的差异。中国文学受"重人事、轻鬼神"的思想影响,"重理"而"轻辞",注重文学作品的社会功能;而日本文学则受到"人鬼共生"的文化信仰的影响,具有"重感"而"轻理"的非现实主义特点,注重内心关照,推崇"哀情之美"。总之,体现了两国文学对于诗人李贺的不同观念。中国文学中的"李贺观"为"异中求同",而日本文学中的"李贺观"则为"同中求异"。

[关键词] 李贺;鬼才;鬼诗;接受;影响

## 引 言

诗人李贺(790—816),字长吉,河南昌谷(今河南宜阳)人,中唐元和时期诗人。他是中国文学史上唯一被称为"鬼才"的诗人,其诗常被称为"鬼诗"。其现存诗集四卷,外集一卷,包含诗二百四十三首。其中以神鬼为题材诗十数篇,较有代表性的为《苏小小歌》、《秋来》、《南山田中行》、《感讽五首》(其三)以及《神弦曲》等。

对于李贺被称为"鬼才"的缘由,学者们的解释各有不同,其观点大致可分为两种。一种认为"鬼才"之称源自李贺诗中词句,如,梁乙真认为:"李贺鬼才之说,这大概指

---

【作者简介】张悦,1983 年 8 月生,常州大学外国语学院讲师,博士,研究方向为中国文化典籍的域外传播、中日比较文学、比较文化。

* 本文系 2023 年度教育部人文社会科学基金青年项目"《诗经》在日本的译介研究"(批准号:23YJC740093)、2018年度江苏省高校哲学社会科学基金"李贺诗在日本的译介研究"(批准号:2018SJA1772)、2020 年度江苏省"十三五"教育科学规划课题"学习满意度视角下江苏高校来华留学生教育研究"(立项编号:B-6/2020/01/55)的阶段性研究成果。

他的辞句拗戾说罢"①；刘大杰指出："深细纤巧，险僻幽奇，具有一种冷艳的色彩，造语修辞，尤为清丽。宋景文称他为鬼才，严羽称他为鬼仙，都是指的这一点"②；陈钟凡称其"词意瑰诡，世目之为鬼才云"③。另一种则认为源自其诗作题材，如，周阆风认为其"发之于诗，自然冷艳怪丽，兼之他又喜与幽冥之境接近，自然所成作品，益发鬼气森森，只落得人们以鬼才二字，加到他的身上"④；黑川洋一也认为："李贺被冠以此名，无外乎因其被称为是歌咏鬼魂亡灵的诗人"⑤。此外，对于李贺诗被称为"鬼诗"的缘由，日本学者和田利男进行了较为全面的分析和概括。"李贺的鬼诗，从素材上来看，以人的死亡，或是死者的灵魂、民间信仰中的神等为中心，同时也或多或少涉及妖怪变化、生者的灵魂等等。从语言上来看，多使用死、老、愁等晦暗的文字，这与华丽的文字相对照，从而形成一种'鬼气'。世人之所以称李贺诗为鬼诗，应当是因为其诗在素材和语言两方面，给人留下'鬼气'这一总体的印象。"⑥ 除此以外，他还用例句和统计数据进行了补充说明。可见，"鬼才"及"鬼诗"的称谓，皆来源于李贺诗的题材内容以及语言表达两方面原因。

"鬼才"之"鬼诗"，千百年来常为后人道。如钱锺书所说："说诗诸家言及长吉，胸腹间亦若有鬼胎。"⑦ 但中国学者对"鬼诗"的评价一直是毁誉参半，臧否不一。而且，对于看似"板上钉钉"的"鬼才"称号，实则后世一直争议不断。认为以"鬼才"之名定性李贺不合适，甚至是坚决反对的大有人在；部分学者模棱两可或干脆避而不谈；明确表示赞成或肯定态度的则少之又少。而李贺诗东传日本以后，日本学者对于"鬼才"及其"鬼诗"的解读与评价却呈现出与中国学者截然不同的特征。同时，"鬼才"之"鬼诗"也对各时期的日本文学产生了深刻而长远的影响。

那么，"鬼才"之称存在着怎样的争议？中日两国对于"鬼才"及其"鬼诗"的解读和评价有哪些不同？这些不同又体现了中日文学审美的何种差异？"鬼才"之"鬼诗"传日以后，对各时期的日本文学产生了怎样的影响？迄今为止，先行研究中尚未对此做出明确的解答。本文将围绕以上问题，进行具体的分析和考察。

## 一、"鬼才"及其"鬼诗"在中国的争议与解读

### 1. "鬼才"之称的起源与争议

李贺"鬼才"之称的起源，可追溯至诗人杜牧。当时为李贺死后十五年，杜牧受其

① 陈治国：《李贺研究资料》，北京师范大学出版社，1983年，第117页。
② 刘大杰：《中国文学发展史》（中卷），古文书局，1970年，第147页。
③ 陈钟凡：《中国韵文通论》，文化艺术出版社，2018年，第191页。
④ 陈治国：《李贺研究资料》，北京师范大学出版社，1983年，第118页。
⑤ ［日］黑川洋一：《李贺诗选》，岩波书店，1993年，第239页。
⑥ ［日］和田利男：《李贺の鬼诗とその形成》，《群马大学研究纪要》1956年第5期。
⑦ 钱锺书：《民国丛书（第四编）谈艺录》，开明书店，1948年，第53页。

生前好友沈亚之之托，为李贺诗手稿作序。其在序文中写道："鲸呿鳌掷，牛鬼蛇神，不足为其虚荒诞幻也"①，首次将李贺诗与"牛鬼蛇神"联系在一起。此后，北宋初期，钱易在随笔集《南部新书》中将李白、白居易和李贺三人并称："李白为天才绝，白居易为人才绝，李贺为鬼才绝。"② 南宋初期相继成立的《五总志》《类说》以及《海录碎事》皆秉承了《南部新书》的说法。另有《尘史》及《古今事文类聚》记载北宋词人宋祁等人评唐人诗："太白仙才，长吉鬼才"，元末马端临《文献通考》中沿袭了此说法。至此，李贺"鬼才"之称逐渐定着下来。

如今，李贺的"鬼才"之称已流传近千年。然而，其是否得当的问题却一直颇具争议。争议的焦点有二。其一，为何称李贺为"鬼"而非"仙"？"仙"和"鬼"虽一字之差，但在中国文化传统中历来存在褒贬高下之分。"仙"为溢美之词，"鬼"则含贬损之意；在文学作品中，品行高尚得道升天者为"仙"，而误入歧途作恶受罚者为"鬼"；人们尊崇"仙"，但对"鬼"避之唯恐不及。因此，称李贺为"鬼"而非"仙"，为其鸣不平者有之，为其喊冤者亦有之。南宋严羽《沧浪诗话》中有："人言太白仙才长吉鬼才，不然。太白天仙之词长吉鬼仙之词耳"③，着力强调了"鬼才"与"鬼仙"的差别。明代文学家屠隆认为："人言太白仙才，长吉鬼才，非也。如长吉清虚缥缈，又加以奇瑰，政是仙才。人但知仙才清虚，不知神仙奇瑰。……太白烟火仙人语，长吉不食烟火仙人语，后为上帝见召，故知其非鬼。"强调了李贺是"仙"而非"鬼"④。清代学者姚文燮在《昌谷诗注自序》中说："后之论定者以仙予白，以鬼予贺，吾又何能不为贺惜！"⑤ 清代史学家朱轼还作了较长篇的论述，其结论为："愿世之读长吉诗者，各以己之精神迎之，亦将各得一长吉焉。若以其瑰玮离奇，骤难通晓，而曰是鬼也，弗如仙也，吾恐谪仙之清新俊逸，亦非浅人所能窥其微者矣，岂独太常奉礼称冤已哉！"⑥ 奇瑰缥缈，正似不食人间烟火的仙人之语；恸国家兴亡，感人世沧桑，正是寻常人所道真情实感。世人读长吉，皆以自己的理解去揣度，各人所得长吉皆不同。如因其诗风瑰诡，难以通晓而令其屈居为"鬼"，则不如尊其为"仙"更加合适吧！

其二，部分学者认为，鬼神亡灵题材诗仅是李贺诗中少数，李贺之诗多数格局宏大，融贯古今，以"鬼"定性之则未免有一叶障目、以偏概全之嫌。清代诗论《静居绪言》中有："长吉自有石破天惊之奇……气势阔大，不尽入'秋坟鬼唱'。后人仿之，一味幽艳，殊厌于人"⑦，指出后人对李贺理解和模仿的偏颇。陈本礼《协律钩元》认为李贺

① 吴正子注，刘辰翁评：《笺注评点李长吉歌诗》，台湾商务印书馆，1969年，第2页。
② 钱易：《南部新书》，中华书局，2002年，第32页。
③ [南宋]严羽：《沧浪诗话》，明德出版社，1976年，第120页。
④ 吴企明：《李贺资料汇编》，中华书局，1994年，第101页。
⑤ 杨家骆编：《李贺诗注》，世界书局，1972年，第191页。
⑥ 吴企明：《李贺资料汇编》，中华书局，1994年，第280—281页。
⑦ 吴企明：《李贺资料汇编》，中华书局，1994年，第350页。

"感切当时目击心伤，不敢暴扬国政，不使人易窥其意旨所在"①，点明在李贺鬼神亡灵诗的表面之下，隐藏着其不易为世人所察觉的格局和意旨。李世熊在《昌谷诗解》序中辩："李贺所赋《铜人》《铜台》……恸兴亡、叹桑海，如与今人语今事，握手结胸，怆泪涟洏也，贺亦寻常今之人耳，千年心眼，何为使贺独有鬼名哉？"②叶葱奇也对"鬼才"之名持决然否定的态度。他在自己注释的《李贺诗集》后记中说："李贺是一个个性很强，很有抱负，迫切希望一展所长、替国家尽一分力量的诗人……我们读他的作品，如果只是欣赏他的奇词丽句、典雅浓缛，而不求了解他所反映的社会现实，不去了解他的命意所在"③，那就辜负他的苦心孤诣了。方拱乾在《昌谷集注》序中甚至想象李贺听到自己被称作"鬼才"时的反应，"乃不知己者，动斥之以鬼，长吉掉头不受也"④。李贺如果知道自己竟被后世称作"鬼才"，大概也会抗拒不满，掉头而走吧！

2. "鬼诗"在中国的解读

"鬼诗"在中国的评价一向褒贬不一。《唐诗品汇》中有"李贺、卢仝之鬼怪……此晚唐之变也"⑤。《唐诗品汇》将唐人诗分为九类，以初唐为正始；盛唐为正宗、大家、名家及羽翼；中唐为接武；晚唐为正变、余响；方外异人等诗为旁流。其中将李贺五言绝句、七言绝句列为"接武"，七言古诗归为"正变"。"接武"为对盛唐诗风之继承，"正变"即"唐世流风之变而得其正也"，肯定了李贺在诗史上的地位和作用。历代诗人学者对李贺也多有赞誉。如《新唐书》载宋祁语："言诗则杜甫、李白、元稹、白居易、刘禹锡，谲怪则李贺、杜牧、李商隐，皆卓然以所长为一世冠，其可尚也"⑥；《唐音审体》中有"统论唐人诗……长吉之诡异浓丽，皆前古未有也……开创千古不经见之面目者，至长吉而止"；《唐诗别裁》评"长吉诗依约楚骚，而意取幽奥，辞取瑰奇……天地间不可无此种文笔，有乐天之易，自应有长吉之难"⑦，对李贺瑰丽奇诡之特色给予了高度评价。清代诗论家叶燮也称赞李贺"造语入险，正如仓颉造字，可使鬼夜哭"⑧。

然而，这位"鬼才"之"鬼诗"在中国文学史上受到的非议也颇多。朱熹说"李贺诗巧然较怪不如太白自在"。张表臣《珊瑚钩诗话》认为"李长吉锦囊句，非不奇也，而牛鬼蛇神太甚，所谓施诸廊庙则骇矣"⑨。王世贞评其"奇过则凡，老过则稚，此君所谓不可无一，不可有二"⑩。"不可无一，不可有二"强调了诗人李贺存在的必要性，不可或

① 陈治国：《李贺研究资料》，北京师范大学出版社，1983年，第48页。
② 陈治国：《李贺研究资料》，北京师范大学出版社，1983年，第40页。
③ 叶葱奇：《李贺诗集》，人民文学出版社，1959年，第371、373页。
④ 杨家骆编：《李贺诗注》，世界书局，1972年，第198页。
⑤ ［明］高棅：《唐诗品汇》，上海古籍出版社，1982年，总序第2页。
⑥ ［北宋］欧阳修、宋祁：《新唐书》（18），中华书局，1975年，第5726页。
⑦ ［清］沈德潜：《唐诗别裁集》，上海古籍出版社，1979年，第277页。
⑧ ［清］王夫之：《清诗话》，上海古籍出版社，1999年，第604页。
⑨ ［日］近藤元粹评订：《萤雪轩丛书（卷5）珊瑚钩诗话》，青木松山堂，1894年，第61页。
⑩ ［日］长泽规矩也：《和刻本汉籍随笔集（18）艺苑卮言》，汲古书院，1977年，第244页。

缺，但有一个就足够了。在对其进行肯定的同时，又从中国文学审美的标准出发，指出其诗不尽如人意之处。胡应麟《诗薮》中有"长吉诗怪丽不典"。钱锺书认为"长吉穿幽入仄，惨淡经营，都在修辞设色，举凡谋篇命意，均落第二义"，指摘李贺工于"修辞设色"而失于"谋篇命意"①。历代评论家品评李贺诗的出发点是一致的。中国文学一向讲究"自然天成"，主张"藏巧于拙"，中国学者认为李贺诗过于求奇，是与中国文学审美传统相悖的，因此难称上乘佳作。对于李贺的"奇巧险怪"，中国学者尚能够客观地品评。然而谈及其"牛鬼蛇神"的诗作素材，一些学者则禁不住不屑的态度，甚至开始迎头痛击了。清代文学评论家潘德舆在《养一斋诗话》中说："随意拈出一语，皆夭亡征也……宛如小说中古殿荒园，红妆女魅，冷气逼人，挑灯视之，毛发欲竖，吾不解世人何以爱好之也？"②

因此，中国诗选集中选录李贺诗，常常忽略甚至回避其"鬼诗"。笔者选取了我国自宋代至当代的李贺诗选集十种，对其中李贺各诗的收录情况进行了统计。发现以《南山田中行》、《秋来》、《感讽五首》（其三）、《苏小小歌》等为代表的"鬼诗"收录甚少。其中《南山田中行》被三种诗集收录，在"鬼诗"中收录频率为最高；《苏小小歌》《秋来》仅被一种诗集收录；《感讽五首》（其三）和《神弦曲》等则未被任何诗集收录。而李贺其他题材的代表诗作，如《马诗》被八种诗集收录；《雁门太守行》、《感讽五首》（其一）等为六种，其收录频率远在"鬼诗"之上。如表1。

表1　中国诗选集中李贺各诗收录情况

| 排名 | 诗名 | 收录诗集种数 |
| --- | --- | --- |
| 1 | 马诗 | 8 |
| 2 | 雁门太守行　昌谷北园新笋四首　感讽五首（其一） | 6 |
| 5 | 金铜仙人辞汉歌 | 5 |
| 6 | 将进酒　老夫采玉歌　梦天 | 4 |
| 9 | 南山田中行　李凭箜篌引　感讽五首（其二） | 3 |
| 12 | 官街鼓　猛虎行　南园等十首 | 2 |
| 22 | 苏小小歌　秋来 | 1 |

可见，李贺虽被冠以"鬼才"之名，但其"鬼诗"在中国文学中并不被认可为是其佳作，始终"难登大雅之堂"。被认为能够标志其诗学成就的代表诗作，则是《雁门太守行》、《感讽五首》（其一）等。

---

① 钱锺书：《谈艺录》，生活·读书·新知三联书店，2001年，第138页。
② 吴企明：《李贺资料汇编》，中华书局，1994年，第378页。

## 二、"鬼才"及其"鬼诗"的传日与解读

"鬼才"及其"鬼诗"传入日本后，被日本文学所欣然接受，得到颇高的评价。日本学者对"鬼诗"相当青睐，并从中发掘出了独特的美。

1. "鬼才"之称的传日

如前文所述，"鬼才"之称最早出自《南部新书》，后《五总志》、《古今事文类聚》以及《文献通考》等宋元文集中均有转引或新述。其中，由南宋祝穆编撰，共一百七十卷的《古今事文类聚》于 14 世纪后期以前传入日本，在日传播较广。义堂周信《空华日用工夫略集》中记载了其传日的记录。永和二年（1376）三月十五日条目中有"香林问韦皋事，余略答之。又引事文类聚"①。由此可知，当被禅僧香林讖桂问到关于韦皋的事情时，义堂周信查阅了《古今事文类聚》。"又引"，说明查阅频繁。此外，万里集九汉诗集《梅花无尽藏》以及速传宗贩《机山玄公奠茶法语》等五山文人的作品中也多有引自《古今事文类聚》的内容。可见，《古今事文类聚》为当时文人经常使用的工具书。

此外，做为学习汉文学工具书的《文献通考》，在日本也较有影响力。该书由元代马端临编撰，记载了上古到宋宁宗时的典章制度沿革。五山诗僧瑞溪周凤的日记《卧云日件录拔尤》中有其在日本使用的记录。其中享德三年（1454）十月十五日条目中，记载了五山诗人因对《东坡诗注》中词语语义不明，而去查阅《文献通考》的内容②。

因此，李贺的"鬼才"之称应是在 15 世纪中期以前，以《古今事文类聚》和《文献通考》为载体，开始为日本文人所熟知。

2. "鬼诗"在日本的解读

"鬼才"及其"鬼诗"传入日本后，得到日本学者的认同和赞赏。汉学家小川环树认为李贺的"异常的感觉"被称为"鬼才"恰如其分；草森绅一在《梦的展翅》中，将李贺称作"叙情的鬼神"③；杉村显道认为李贺"其幻想之丰富，其浪漫妖艳，其语言之洗练，正可谓之"鬼才绝"④。日本学者这位"鬼才"的"鬼诗"也给予了很高的评价，尤其是在李贺代表作品的认定上，提出了与中国学者大相径庭的观点。荒井健"李贺诗中《雁门太守行》、《苏小小墓》、《将进酒》、《感讽五首》（其三）、《北中寒》被认为是其代表作品"⑤；铃木修次在《唐代诗人论》中指出李贺的代表作品为《苏小小墓》、《感讽五首》（其三）、《秋来》以及《南山田中行》⑥。虽然日本学者之间的观点也并非完全一致，但总体上来说对于以《苏小小墓》、《感讽五首》（其三）等为代表的"鬼诗"赞赏有

① ［日］义堂周信：《续史籍集览(第三册)空华老师日用工夫略集》，近藤出版部，1938 年，第 39—40 页。
② ［日］瑞溪周凤：《卧云日件录拔尤》，岩波书店，1961 年，第 85 页。
③ ［日］草森绅一：《梦の展翅》，青土社，2008 年，第 410 页。
④ ［日］杉村显道：《和译李贺诗抄五十首》，私版，1982 年，はじがき.
⑤ ［日］荒井健：《李贺の诗—特にその色彩について》，《中国文学报》1955 年第 3 期。
⑥ ［日］铃木修次：《唐代诗人论》，凤出版，1973 年，第 301 页。

加，认为这些诗作是能代表李贺文学成就的作品，是对李贺"鬼才"称号的最佳诠释。

因此，日本出版的李贺诗集中"鬼诗"收录较多。为便于和上述我国诗选集中李贺诗的收录情况作对比，笔者同样选取了在日出版的李贺诗选集十种，对其中李贺各诗的收录情况进行了统计。其中《感讽五首》（其三）在李贺所有诗中收录频率为最高，被八种诗集收录；紧随其后的为《苏小小歌》，被七种诗集收录；《秋来》为六种；《神弦曲》为五种；《南山田中行》为四种。如表2。收录频率居前十位的诗作中，"鬼诗"占有半数之多。"鬼诗"受青睐的程度大大超过其他题材。

表2　日本诗选集中李贺各诗收录情况

| 排名 | 诗名 | 收录诗集种数 |
| --- | --- | --- |
| 1 | 感讽五首（其三） | 8 |
| 2 | 苏小小歌将进酒 | 7 |
| 4 | 雁门太守行　秋来 | 6 |
| 6 | 李凭箜篌引　梦天　神弦曲 | 5 |
| 9 | 金铜仙人辞汉歌　南山田中行 | 4 |
| 11 | 感讽五首（其一）（其二）　老夫采玉歌 残丝曲　河南府试十二月乐词 | 3 |

不仅如此，日本学者对于诘屈瑰诡的"鬼诗"不但不以为怪，反而对其独树一帜的风格十分推崇，并从中发掘出独特的美。"充满对死去美女思慕之念的《苏小小歌》、描写深夜墓场情景的《感讽五首》（其三）、表现众妖之像的《神弦曲》等，展现了极度浪漫的幻想的世界。"[①] "《苏小小墓》[②]、《秋来》、《南山田中行》以及《感讽》（其三）、《神弦曲》等，展现了一种幻想的奇怪的美。这是中国诗几乎未曾涉足的领域。"[③] 日夏耿之介说："选中唐李贺长吉，特因爱其凄凉及鬼魅……其诗风凄壮，散发鬼气于感官的跳跃淋漓之间"[④]，表明其译著中选译李贺诗的原因便是欣赏其"鬼魅"。同样一个"牛鬼蛇神"，在滕太冲那里就得到了"李贺牛鬼蛇神之语甚妙"的称赞。桥本循更称李贺诗"哀怨荒怪、幽深诡谲，堪称中国文学史上的一大伟观"[⑤]。

## 三、"鬼才"及其"鬼诗"在各时期日本文学中的接受

"鬼才"及其"鬼诗"对日本文学也产生了深远的影响。以下，将以时间为序，分析其在日本文学中的接受情况，以揭示李贺在日本文学中的"鬼才"形象及其"鬼诗"对

---

① ［日］荒井健：《李贺》，岩波书店，1959年，第5页。
② 《苏小小歌》，又名《苏小小墓》。
③ ［日］比留间一成：《李贺诗集》，角川书店，1972年，第240页。
④ ［日］日夏耿之介：《日夏耿之介全集（第二卷）译诗·翻译》，河出书房新社，1977年，第61页。
⑤ ［日］桥本循：《中国文学思想论考》，秋田屋，1948年，第217页。

日本文学的影响。

1. 镰仓、室町时期

自镰仓时期开始，日本就有禅僧入宋长期学习禅法，他们学成归国时，把中国大量经书典籍带回日本。到了室町时期，已经有大量汉文典籍传入日本，五山文人之间掀起了汉学热潮。在这一时期，五山文人已经开始接触李贺诗。李贺诗受到五山诗人的喜爱，其生平故事也广为流传。

日本文学中首次使用"鬼才"指代李贺，为五山诗人谦岩原冲的汉诗《赞李长吉》，收录在由建仁寺僧文举国契在 1489 年编选的《花上集》中。全诗摘录如下。

### 赞李长吉①

谦岩原冲

弱马奚奴二十秋。三千风月一囊收。

鬼才不是人间用。身后名高白玉楼。

前两句是对李贺生平的概括以及对其诗作的高度评价。据李商隐《李长吉小传》中记载，"（长吉）恒从小奚奴，骑疲驴，背一古破锦囊，遇有所得，即书投囊中。及暮归，太夫人使婢受囊出之，见所书多，辄曰：'是儿要当呕出心始已耳！'"② 后两句称赞李贺才华非人间所有，惋惜其英年早逝，唯期望其在天宫大展才华。李贺早逝一段同样出自《李长吉小传》，"长吉将死时，忽昼见一绯衣人，驾赤虬，持一板，书若太古篆或霹雳石文者，云：'当召长吉'。长吉了不能读，欻下榻叩头，言：'阿㜷老且病，贺不愿去'。绯衣人笑曰：'帝成白玉楼，立召君为记，天上差乐不苦也'"③。"白玉楼"，后常被文人用作"辞世"的代名词。

除此之外，汉诗人瑞溪周凤、惟忠通恕、雪岭永瑾等人也相继作同题诗《赞李长吉》。万里集九有《布袋赞》，景徐周麟则有《读李长吉闰月词》一首。五山诗人或直接以李贺诗句入诗，或记述其生平故事，表现了对"鬼才"的赞许和惋叹。

2. 江户时期

江户初期，儒学者藤原惺窝和其弟子林罗山继承了五山文人李贺诗接受的思想，并对后来江户学者的李贺观产生了巨大影响。18 世纪末开始，李贺诗爱好在日本逐渐盛行。诗的受众包括诗人、思想家、官僚儒学者、市井学者等，层面较之前代愈加广阔。"李长吉体"开始在日本流行。对于李贺诗"奇怪瑰诡"的特色，江户学者也有所阐述。向山黄村的《次韵木村芥舟苦寒行》一诗中有"豪似韩愈怪李贺，只是可诵不可摹"。安积澹

---

① ［日］文举国契编：《续群书类从·第十二辑上·花上集》，续群书类从完成会，1957 年，第 95—96 页。
② 吴企明：《李贺资料汇编》，中华书局，1994 年，第 9 页。
③ 吴企明：《李贺资料汇编》，中华书局，1994 年，第 9 页。

泊说："李长吉之环诡，孟东野之苦硬……皆得其变者也。"①

这一时期，"鬼才"一词在日本已成为李贺的代名词。江户初期日本汉诗的代表人物石川丈山在其诗作《放怀》中，表达了对"诗律鬼才"李贺遭遇的感叹。节选如下。

### 放怀②（节选）

石川丈山

隐伦鹤闲慕林逋，诗律鬼才叹李贺。

每值风寒患肺瘘，偶得晴暖事游惰。

枯藜穿云伴樵童，归来倒床便安卧。

节选部分描绘了一幅远离尘事的隐居生活画面。石川丈山患有肺病，屡屡发作，愈发对李贺的遭遇感同身受。他师从藤原惺窝学习儒学和诗作，与林罗山交情深厚。宽永十八年，石川丈山在京都建造诗仙堂，采纳了林罗山的建议，选李贺为三十六诗仙之一。

林罗山之子林读耕斋也爱读李贺诗，有咏李贺《书籍漫题》一首。诗中借用李贺死后魂归白玉楼的故事，表达了对其才华的赞叹和早逝的惋惜。

### 书籍漫题③

林读耕斋

一朝天上玉楼风，长吉鬼才神怪功。

叹惜短龄终廿七，呕心吟在锦囊中。

李贺的生平故事，尤其是骑驴赋诗一段，颇为江户文人所津津乐道。江户后期诗人菊池溪琴有《题南海只先生画山水》一首。节选如下。

### 题南海只先生画山水④（节选）

菊池溪琴

借问桥头骑驴客，奚囊奇字访谁家。

神采看非风尘物，闲情应趁韵僧社。

知是呕肝李鬼才，不然苦吟孟东野。

二子悠悠归玉京，身后安知千岁名。

---

① ［日］安积澹泊：《续々群书类从·第十三·澹泊斋文集》，续群书类从完成会，1978年，第408页。
② ［日］富士川英郎等：《日本汉诗（第一卷）》，汲古书院，1987年，第40页。
③ ［日］草森绅一：《江户时代李贺关系资料汇编》，《芸文研究》(27)1969年第3期。
④ ［日］富士川英郎等：《日本汉诗》（第十六卷），汲古书院，1990年，第149页。

该诗为题画诗，描绘画中之景。"骑驴客""奚囊奇字"和"呕肝"均是源自李贺生平故事。菊池溪琴还有一首《鸣泉途中怀念亡友霞裳》，"二月乘晴此再游，故人仙去竹梦幽……可怜李贺呕心字，天地寥寥共一沤"。该诗用李贺呕心吟诗的故事悼念亡友，词悲情切。

深受李贺影响的还有汉诗人赖山阳和梁川星严。赖山阳爱读李贺诗，曾作《喀血戏作歌》，其中"一旦喀出学李贺"一句，提及李贺喀血一事。梁川星严为赖山阳挚友，其《岁暮杂感》一诗中也引用了李贺呕心吟诗的故事。

总之，江户时期，文人多借用李贺生平故事，表达对其才华的赞叹和早逝的惋惜。李贺的呕心吟诗还常和"白玉楼"一词一起，用在悼念逝者的诗句中。骑驴赋诗、魂归"白玉楼"的"鬼才"形象逐渐深入人心。

### 3. 近代以后

近代以后，"鬼才"及其"鬼诗"的影响除汉诗之外，还扩展到了俳句、新体诗以及小说等多种文学领域。和田利男指出，夏目漱石曾经被李贺独特的"瑰诡"诗风所吸引，其早期作品中的怪异趣味，和李贺的鬼诗不无关系。其俳句《红梅妖怪居住的古馆》即带有"鬼诗"的意味；新体诗《鬼哭寺的一夜》，与李贺《感讽五首》（其三）中描写的情景极为相似；小说《梦十夜》中第三夜关于噩梦的故事则使人联想到李贺《神弦曲》的恐怖场景。这一时期，还出现了一位以"诗鬼"自称的诗人宫崎宣政。他在《天生我才阁题壁四首》（其二）中写道："生为诗鬼昼啾啾……是诗鬼之所以愚人矣。"他的诗作中不仅多处使用李贺诗词句，而且擅用奇僻字句，呈现出和李贺极为相似的诗风。1897年，其诗集《晴澜焚诗》出版。其中多处使用"鬼""寒""血""愁""死"等词语，诗句充满阴森诡异的气氛。矢土胜之评其诗"一往情深藏锋芒于奇字僻典中也"[1]。种竹山人幸称其"仙才直惊李长吉"。

诗人国分青崖有《自千秋》一首。诗中说一位优秀的俳句诗人，学识渊博，可惜身染重疾无药可治。但就像"鬼才"昌谷子一样，虽然英年早逝，但他的锦囊诗句自会经久不衰，流传千秋。将其与李贺作比，从侧面表现了对李贺的赞赏和惋惜。

**自千秋**[2]

国分青崖

俳坛学识说双优，病入膏肓惜不瘳。

太似鬼才昌谷子，锦囊诗句自千秋。

---

[1] ［日］宫崎宣政：《晴澜焚诗》，第 1 页。

[2] ［日］富士川英郎等：《日本汉诗（第二十卷）》，汲古书院，1990 年，第 521 页。

国分青崖的另外一首组诗《论诗五首》中，也表达了同样的思想感情。全诗节选如下。

### 论诗五首①（节选）

国分青崖

江河万古自流传，诗有正变细心览。

鬼才谁若锦囊险，义山人称獭祭鱼。

"诗有正变"，如前文所述，唐诗选集《唐诗品汇》将李贺等人之诗归为"正变"一类。"鬼才谁若锦囊险"，"锦囊"指代李贺。此句点明了论诗句之"险怪"，李贺无人能及。《论诗五首》论及了中国诗文及诗人诗风的特点，对李贺诗的特色给予了很高的评价。

再稍晚些的诗人久保天随《续续十台怀古诗》中也鲜明地刻画了"鬼才"的形象。

### 续续十台怀古诗②（节选）

久保天随

雨粟当年天亦哀，依然鸟迹遍苍苔。

终生识字伤人事，万古呕心唯鬼才。

许慎六书供考据，蔡邕八法费疑猜。

名山早晚藏难尽，欲起秦皇付劫灰。

该组诗共十首，分别为"十台"，"登十台而想起古事"之意。节选部分为"造字台"。虽然为风调雨顺、五谷丰登之年，可造字台上依然无人问津，一幅寂寥景象。读书识字本就是伤人之事，数千年来呕心为之的也只有"鬼才"李贺啊！最后一句借用秦始皇"焚书坑儒"的典故，感慨前人的呕心力作到最后也落得化为灰烬的下场啊。

昭和时期以后，日本学者的李贺诗多部翻译著作，以及李贺传记小说相继出版。在此之前，相关作品均是出自中国学者之手。此外，中国学者吴企明的李贺诗研究论著《李贺》的日译本《李贺其人及其文学》在日本出版。这是日本学者翻译的首部中国李贺诗研究论著，标志着中日李贺研究交流迈上了一个新的台阶。这一时期的日本受"鬼才"及其"鬼诗"影响最大的，恐怕要数中国古典文学研究者草森绅一了。草森非常喜爱李贺，甚至可以说是为之倾倒。李贺研究是其主要研究方向，也是其卓著研究成果之一。

---

① ［日］富士川英郎等：《日本汉诗》第二十卷，汲古书院，1990年，第552页。

② ［日］久保天随：《秋碧吟庐诗钞》（甲），声教社，1926年，第6页。

草森曾在其遗著《梦的展翅》中回忆自己和李贺诗的第一次邂逅:"临近二十岁,我和光怪陆离的李长吉诗不期而遇了。当时日本人的注释本尚未出版,只得入手了中国出版的洋装本王琦注本……"① 他大学时代受恩师奥野信太郎的影响,将"李贺"作为自己毕业论文的题目。这个将毕生精力投入到中国古典文学研究中的文坛"怪人",临终时也是倒在自己堆满了书籍的书斋里,直到数日后出版社编辑登门造访时才被发现。单就"呕心"来说,绝不在李贺之下。川崎贤子认为草森是"在同时代的人中唯一可称之为'鬼才'的人"。将草森称为日本文坛的"鬼才",应该不会有人有异议吧。

综上所述,近代以后,日本文学对"鬼才"及其"鬼诗"的接受进一步深化。人们对"鬼才"的认同感增强,在赞赏其才华和惋惜其遭遇的同时,开始认同和接受其人格;对"鬼诗"的模仿不仅仅停留在形式上,而是更加注重对其风格和思想内涵的吸收。

## 四、中国文学审美中的"鬼才"及其"鬼诗"

"鬼才"及其"鬼诗"的在日本的解读呈现出与我国大相径庭的特点,缘于中日两国文学审美传统的差异。以下,分别从两国文学审美传统的视角出发,揭示"鬼才"及"鬼诗"在中日两国的解读存在差异的根本原因。

### 1. "重人事,轻鬼神"的思想

我国传统思想中,鬼神观念一向淡薄,比起"尚鬼"更"重人事"。最为典型的是儒学"重人事,轻鬼神"的人本思想。孔子主张"敬鬼神而远之"。《论语》中记载,"子不语怪力乱神"②;又有"季路问事鬼神。子曰,未能事人,焉能事鬼"③。荀子也持同样的观点,主张"制天命而用之"④。儒家认为"天道远,人道迩",专研修齐治平之"人事",对鬼神则持回避、排斥的态度。"重人事,轻鬼神"的思想反映在文学中,逐渐形成了鬼神、亡灵之类不受推崇的传统,几千年来未曾改变。中国文学中神权的内容消失得很早。被誉为中国文学史之滥觞的《诗经》中的诗篇,即完全是现实地切于人事的。

因此,中国文学对于李贺之"鬼诗",多采取忽略甚至是回避的态度。对其评价也多是"空虚""幻灭"等负面评价,如:"李贺也有一些诗抒写幽怪的境界……这些诗读后使人直觉阴森可怖,毛骨悚然……正是诗人对于人生感到空虚、幻灭的一种表现,影响是不好的。"⑤ 而对于李贺诗的正面评价,皆着眼于其"非鬼"的一面。虽然其诗多"鬼趣",但"以公平之诗眼,检彼诗集,摘取名作,则《李凭箜篌引》《雁门太守行》《金铜仙人辞汉歌》《将进酒》《美人梳头歌》,皆鬼趣之少者也"⑥。"鬼诗"只是作为李贺全部

① [日]草森绅一:《梦の展翅》,青土社,2008年,第194页。
② [曹魏]何晏注,[北宋]邢昺疏:《论语注疏》,北京大学出版社,2000年,第102页。
③ [曹魏]何晏注,[北宋]邢昺疏:《论语注疏》,北京大学出版社,2000年,第164页。
④ 王先谦:《诸子集成(二)荀子集解》,中华书局,1954年,第211页。
⑤ 中国科学院文学研究所中国文学史编写组:《中国文学史》,人民文学出版社,1962年,第477页。
⑥ 顾实:《中国文学史大纲》,商务印书馆,1926年,第205页。

诗作的一个非常次要的部分被认识和评价的。从中国文学审美的角度来看，李贺真正有分量的、可以代表其诗作高度的作品绝不在此列。

2．"重理轻辞"的文学评价标准

中国文学向来重"理"而轻"辞"，有"文恶词之华于理，不恶理之华于词"的评价标准。"理"源自理学的"天理"学说，包含两方面内容，既是指自然和社会的最高法则，同时也是指道德伦理的规范。宋代理学发达。元明以后，理学观念普遍流行。"辞"，指辞藻的修饰和语言的加工。中国文学受儒家尊崇的"温柔敦厚""中庸之道"以及道家追求的"含蓄自然"思想的深刻影响，讲求文章"明白如话，自然大成"，过多辞藻的修饰和语言的加工都难为"上品"。赋诗作文"藏巧于拙""工拙相伴"成为国人所崇奉的文学评价标准。刘勰《文心雕龙》中有："傍及万品，动植皆文。……夫岂外饰？盖自然耳"①，点明好的文章重在"自然"，无需过多外在的修饰和加工。历代诗论也秉承了这一传统。李白曾夸赞友人的作品"清水出芙蓉，天然去雕饰"，喻指文学作品要以纯朴自然为宗旨。文学家李德裕认为："文之为物，自然灵气。恍惚而来，不思而至。杼轴得之，淡而无味。琢刻藻绘，弥不足贵。"《珊瑚钩诗话》中说："篇章以平怡恬淡为上，怪险蹶趋为下。"②

然而，李贺诗恰恰被文人学者诟病为"少理"而"多辞"。杜牧在为李贺诗作序时就评价其"盖骚之苗裔，理虽不及，辞或过之"③，委婉地指出其诗"理胜于辞"。宋代诗论家张戒也认为"贺以词为主，而失于少理"④。明代学者许学夷在《诗源辨体》中评价李贺"乐府五、七言，调婉而词艳，然诡幻多昧于理"⑤。诗论《竹林答问》中说："句不可字字求奇，调不可节节求高……抑扬迭奏，奇正相生，作诗之妙在是。长吉惟犯此病，故坠入鬼窟。"李东阳《怀麓堂诗话》中则有"李长吉诗，字字句句欲传世……无天真自然之趣"⑥。"少理"而"多辞"，过于追求瑰丽奇诡的个性风格，而失却语言的自然之趣，是李贺诗被中国文学所诟病的主要原因之一。

3. 注重社会功能的文学评价标准

文学的社会功能也是重要的评价标准。《诗经》中强调了诗的实用功能为"经夫妇、成孝敬、厚人伦、美教化、移风俗"，点明了诗所存在的社会意义。中国文学重视诗的教化功能，有所谓"诗教"之说。《论语·阳货》中有："子曰：小子何莫学夫诗，诗可以兴，可以观，可以群，可以怨。迩之事父，远之事君，多识于鸟兽草木之名。"⑦ 阐明了

---

① ［南朝梁］刘勰著，黄叔琳注：《增订文心雕龙校注》，中华书局，2012 年，第 1 页。
② ［日］近藤元粹评订：《珊瑚钩诗话》，青木松山堂，1894 年，第 61 页。
③ 吴正子注，刘辰翁评：《笺注评点李长吉歌诗》，商务印书馆，第 2 页。
④ 陈应鸾：《岁寒堂诗话校笺》，巴蜀书社，2000 年，第 87 页。
⑤ ［明］许学夷：《诗源辨体》，人民文学出版社，1987 年，第 261 页。
⑥ ［明］李东阳著，李庆立校释：《怀麓堂诗话校释》，人民文学出版社，2009 年，第 165 页。
⑦ ［曹魏］何晏注，［北宋］邢昺疏：《论语注疏》，北京大学出版社，2000 年，第 269—270 页。

诗的感发作用、认知作用、乐群作用、心理疏导作用，以及诗在家庭生活和政治生活中的各种作用。自汉乐府以后，文学形成"感于哀乐，缘事而发"的现实主义传统，提倡诗作要注视社会和人生，对现实生活中的事件发表议论。继而，白居易提出"文章合为时而著，歌诗合为事而作"，好诗绝不仅仅是个人情感的抒发，政治理想、对社会现实的批判、对人民疾苦的同情必不可少。中国文学还要求诗歌以乐观的精神看待和描写人生。苦痛、烦恼和穷愁须在诗中得到升华，成为催人奋进的动力。诗要有启发人、鼓舞人的现实意义。

中国文学对李贺诗的评价注重其社会功能。如姚文燮说李贺诗"命辞、命意、命题，皆深刺当世之弊，切中当世之隐"；"寓今托古，比物征事，无一不为世道人心虑①"即从其诗对世情之砭弊的社会性来考量的。刘大杰在《中国文学发展史》中论述，"《苏小小歌》等作品内容空虚，格调卑弱，而《金铜仙人辞汉歌》《将进酒》《秋来》《南园》，这些才是李贺的代表作品。在这些诗篇里，表现出怀才不遇的感情，和理想与现实、人生与艺术的矛盾……"②着眼的仍然是其诗中表达的个人与社会的关系等社会功能。李贺的言志诗、讽喻诗以及警世诗多受推崇，各类诗选集中所收也多为此类诗。而其"鬼诗"则常因社会性的欠缺而遭到批判。清代学者延君寿认为"李贺、任华辈，往往怪而不中理，是无物也，所以不及昌黎"③。"不中理"和"无物"即从"理"和"社会功能"两方面指出了"鬼诗"之失。

## 五、日本文学审美中的"鬼才"及其"鬼诗"

### 1. "人鬼共生"的信仰

日本固有的神鬼信仰则促进了李贺诗在日的传播及流行。日本人认为自然万物都有神灵存在，山川草木无不是自然神灵的化身。据《古事记传》记载，日本的"神"有贵有贱，有强有弱，有善有恶，和其他国家或宗教中神的正面形象存在本质区别。虽然后来"鬼"从"神"的形象中逐渐分化出来，作为"神"的对立面，被赋予"邪恶"和"恐怖"的特征，但实际上"神"与"鬼"一直是难以清晰区分的概念，神、人、精灵、鬼、妖是在社会的不同次元和谐共生的。人们相信"百鬼夜行"之说，白天是人类活动的时间，而夜间则是鬼怪活跃的时机；盂兰盆节也被称为"鬼节"，在这一节日要迎接死去祖先的灵魂从墓场归家；认为妖魔鬼怪是山川沼泽的精灵……日本人对于"鬼"的认知与其说是"恐惧"，毋宁说是一种"信仰"和"情结"。日本文学自成立之初就深受神道思想影响，具有神秘色彩。日本第一部文字典籍《古事记》，就以神话传说为主；就连

---

① 杨家骆编：《李贺诗注》，世界书局，1972年，第192页。
② 刘大杰：《中国文学发展史》(中)，古文书局，1970年，第146—147页。
③ 吴企明：《李贺资料汇编》，中华书局，1994年，第376页。

被誉为日本正史之首的《日本书纪》，神话传说也占有很大比重。

因此，李贺诗的"牛鬼蛇神，瑰奇诡谲"不但不被避讳，反而得到了赞赏和推崇。山崎みどり曾深有感触地指出"在其墓地的情景和氛围中发现了一种美"①。日本学者对于其他诗人未曾歌咏过的深夜墓场的情景，以及剥离了现实感的鬼的世界不但没有感到恐怖，反而不知不觉被其魅力所吸引。

2. "重感轻理"的非现实主义文学审美理念

与中国文学的"重理"形成鲜明对照的，是日本文学的"轻理"，认为文学应当直接与人最为本真的内心相关联，而与道德社会等因素无关。这与中国文学的审美理念有着截然不同的区别，是日本文学独特的审美理念。

日本文学的"轻理"包含轻"理性"和轻"义理"两方面的概念。不同于中国文学的"理性"，日本文学对于诗歌的解读则更多的是"感性"的体会，认为和歌需要采用感性的表达方式，其与说理是不可并存的。日本文化历来都不是建设抽象的、体系的、理性的语言秩序，而是在切合具体的、非体系的、充满感情的人生的特殊地方来运用语言的。② 在文学的世界里，与其理性地说服他人，不如依靠感觉去捕捉事物，用充满感性的语言来表达情感。"义理"即伦理、道德。在接受中国文学影响的过程中，日本倾向于否认文学的载道教化功能。历代文学的创作主流及诗学批评，对于中国文学中热心的伦理道德和社会关怀，大都有意地加以淡化甚至过滤，表现出了强烈的"非现实主义"倾向。贺茂真渊反对义理，他提出"直言论"，认为"诚"应出自内心的真实感受，而不应夹杂人为道德的因素。若在文学中加入义理，就不能称其为真言了。铃木修次认为，"在脱离现实的地方，才有作为艺术的文学的趣味。想在离开现实的地方去寻找'风雅''幽玄'和'象征美'，这是日本艺术的一般倾向"。③

李贺诗注重感觉的、感性的体验，其具有的感性特质，正是日本文学所追求和崇尚的。日本学者更倾向于用直观的感受对其进行解读，并从中发掘"感性之美"。佐藤春夫评价李贺"诗之美正是在于其非理性的抱怨的一面"④。比留间一成认为，"与其考虑其内容，不如将之作为直觉的感性表现来看待，更容易理解"⑤。荒井健认为"感觉的、空间的、绘画的"是李贺诗的特质⑥。而对于李贺诗所反映的社会现实，日本学者却不甚关注。兴膳宏在对比中国学者叶葱奇和日本学者荒井健的李贺诗注释本时说："中国人对李贺诗所反映的社会现实表现了强烈的关注。叶氏在每首诗的疏解中，都详细地论述了该诗是如何反映现实的事实的。而荒井氏对这一点却涉及不多。这方面，日本人是很容易

① 山崎みどり：《李贺〈苏小小歌〉について》，《中国文学研究》1990 年第 16 期。
② ［日］加藤周一著，叶渭渠、唐月梅译：《日本文学史序说》，开明出版社，1995 年，第 2 页。
③ ［日］严明、山本景子：《日本诗学导论》，上海古籍出版社，2019 年，第 37 页。
④ ［日］佐藤春夫：《汉诗漫读妄解》，《改造》1936 年第 2 期。
⑤ ［日］比留间一成：《李贺诗集》，角川书店，1972 年，第 249 页。
⑥ ［日］荒井健：《李贺の诗—特にその色彩について》，《中国文学报》1955 年第 3 期。

忽略的。"①

3. 注重内心关照，表现"哀情之美"的文学审美理念

注重内心的关照和反省，喜爱感伤倾向的"哀情之美"是日本文学的重要特点。消遣心灵及慰藉情感被视为诗学创作的主要功能，并提炼出特有的"慰心"之论。歌学代表作《新撰脑髓》中有："凡和歌，'心'深，'姿'清，赏心悦目者，可谓佳作，而以事体烦琐者为劣。……'心'与'姿'二者不能兼顾时，应以'心'为要"②。同时，受日本传统思想中"无常观"的影响，产生了"毁灭美学""否定美学"，崇尚毁灭、否定所带来的"哀情之美"。

因此，日本诗学不但丝毫不避讳文学作品中的"虚无""颓废"等哀伤的负面情绪，甚至以此为"美"。人们乐于接纳并欣赏情感中的阴暗面，只要是内心真实的感动，虚无的情绪也好，悲哀的情感也好，都是美的表达。在李贺诗中，"颓废"不是消极的情绪，而是一种"蕴含着美妙的颓废之美的象征式的表现美"。上尾龙介指出，李贺诗"在虚无的深深的阴翳之中，充盈着颓废的美妙的诗情。在冷漠的虚无之中，涌动着浪漫的心情……"③ 工藤直太郎认为，"诗中悲哀的情感被推到了美意识的彼岸"④。颓废之美、虚无之美在李贺诗中被不断发掘。

# 结　语

"鬼才"李贺之"鬼诗"东传日本以后，得到了广泛的认同和喜爱，赢得了很高的评价。日本文学认为"鬼诗"是李贺当之无愧的代表作品，并从中发掘出独特的美。"鬼才"及其"鬼诗"对各时期的日本文学也产生了深远影响。镰仓、室町时期，李贺诗受到五山文人的喜爱，其生平故事广为流传；江户时期，"鬼才"在日本成为李贺的代名词，"鬼才"形象逐渐深入人心；近代以后，"鬼才"及其"鬼诗"的影响进一步深化，日本文学对"鬼才"人格的认同感增强，更加注重对"鬼诗"思想内涵的吸收。"鬼才"及其"鬼诗"在中日两国文学中解读不同，缘于两国文学审美传统的差异。中国文学受"重人事、轻鬼神"的思想影响，"重理"而"轻辞"，注重文学作品的社会功能；而日本文学则受到"人鬼共生"的文化信仰的影响，具有"重感"而"轻理"的非现实主义特点，注重内心关照，推崇"哀情之美"。

归根结底，两国文学中的李贺观是不同的。中国文学中的李贺观为"异中求同"，而日本文学中的李贺观则为"同中求异"。中国文学从诗人的个性中抽取诗人内面的共通的精神内涵，寻求普遍性，讲究传承性。也就是说，李贺其实是作为全体诗人中的一个普

---

① ［日］兴膳宏：《荒井健注"李贺"叶葱奇编订〈李贺诗集〉》，《中国文学报》1960年第4期。
② ［日］严明、山本景子：《日本诗学导论》，上海古籍出版社，2019年，第256页。
③ ［日］上尾龙介：《全唐诗に现れたる"死"字と李贺诗》，《东方学》1968年第35辑。
④ ［日］工藤直太郎：《李贺とKEATS》，《英语青年(102)》1956年第3期。

通个体在接受审视。中国学者常探寻李贺风格对于前代诗人的承袭，将之归为某一流派，强调其诗的社会属性。而日本文学则强调李贺作为不同于其他诗人的"异质性"。日本学者笔下，李贺被称为"异端的诗人"，甚至是"特异的存在"，诗人作为"鬼才"的个性被瞩目和放大。日本学者指出，"李贺是最早在墓地的情景和氛围中发现一种美，并将之作为诗的题材的诗人"①，强调其独创性；认为"鬼诗"是李贺诗"特异性"的最佳诠释，追求诗人的个性。正如草森绅一所说，"李贺之血已经融入日本人的诗中，血肉中"②，"鬼才"之"异色"在中日文学史上画下了不可磨灭的一笔。

# The Reception and Influence of Li He, the Poet-Phantom in Tang Dynasty, and His Poetry in Japan

Zhang Yue

**Abstract**: Li He, a gifted poet of Tang Dynasty, and his ghost poems have received more criticism than credit in Chinese literary community, and there have even been continual debates on the appropriacy of naming him the poet-phantom. However, since introduced to Japan, Li He's ghost poems have been widely recognized and highly commended, and left a lasting imprint on the Japanese literature after Kamakura and Muromachi periods. Different interpretation and acceptance of the poet-phantom and his ghost poetry in China and Japan have a root in different literary aesthetics of the two cultures. Chinese literature, influenced by the philosophy of putting humans above spirits, tends to value reason but neglect rhetoric and thus puts greater stress on the social functions of literary works. By contrast, Japanese literature, influenced by the belief in coexistence of humans and spirits, shows distinct non-realistic characteristics such as valuing sensibility but neglecting reason, highlighting characters' inner emotions and worshiping sentimentalism. This divergence well explains different attitudes towards Li He and his poetry in China and Japan. The Chinese literary community has a mixed reception of Li He's poetry in view of its incompliance with the orthodox literary aesthetics while the Japanese literature receives it as a unique poetic style in accord with the Japanese literary aesthetics.

**Keywords**: Li He; poet-phantom; ghost poems; reception; influence

---

① ［日］山崎みどり：《"李贺"〈苏小小歌〉について》，《中国文学研究》1990 年第 16 期。
② ［日］草森绅一：《五山僧の知的颓唐と李贺》，《无限（22）》1967 年第 9 期。

# 《汉书》颜注引用三《礼》评议*

晏　青

[摘　要]《汉书》颜师古注引用三《礼》经文与郑注共计103条，引用方式包括直接引用、删省原文、以意引用等。颜师古对郑注并非一意遵从，而是客观辨析。在《汉书》颜注中，有5处直接或间接的驳斥之例，分别是"昆虫""素食""鲍鱼""若不得谢""索隐行怪"。与《史记》三家注、《后汉书》李贤注相比，颜注具有两个鲜明特点：一是对郑注的引用较少，且多为暗引；二是引经之后多有释读，以阐发己意。颜注保存了7处三《礼》异文，可帮助了解唐初以前礼经文本的文字差异。

[关键词]《汉书》；颜师古注；三《礼》；郑注

颜师古（581—645），名籀，以字行，京兆万年（今陕西西安）人，唐初著名经学家，南北朝著名学者颜之推之孙。师古承继家学，博通经史，精于文字校勘之学，并且在礼学方面亦有极高造诣。颜师古曾主持修撰《贞观礼》、撰定《五经定本》、参编《五经正义》，故杜佑《通典》将其与孔颖达、褚亮、贾公彦等礼学名家并举，称其为"朝有典制可酌而求者"。师古传世著作有《汉书注》120卷、《匡谬正俗》8卷、《急就章注》1卷等，其中尤以《汉书注》体量巨大、内涵丰富，可以代表师古最高的治学成就。《汉书》颜注对儒家经典多有称引，其中所引《诗经》《尚书》《说文解字》等已有相关研究成果，但是其引礼用礼则尚未得到足够关注。本文即以《汉书》颜注为研究对象，统计其对三《礼》的引用情况，并研究其引礼特点。

## 一、颜注引礼方式概况

颜师古注引用三《礼》经文与郑注共计103条，其中包括：《周礼》经、注37条，《仪礼》经、注8条，《礼记》经、注58条。需要说明的是，本文只统计颜师古本注中的引文；颜注所转引旧注中的三《礼》引文约21条，暂不列入讨论范围之内。另，颜注对

【作者简介】晏青，1988年生，男，山东济阳人，文学博士，济南大学文学院讲师，研究方向：《诗经》学，三《礼学》。
*　本文系山东省社科规划研究项目"《诗经》若干礼制问题新证"（21DZWJ01）的阶段性成果。

古礼所作的一些解释性文字，如《高帝纪》注"祭者尚血腥"、《周勃传》注"古者立乘"等，虽然可从三《礼》中找到有关内容，但这些注语既非引用又非化用，不过是对古礼的常识性解释，亦不列入本文讨论范围。凡《汉书》原文引用的三《礼》文本，统称为"《汉书》本"；颜师古注中引用的三《礼》文本，称为"师古本"；作为对照的中华书局1980年版阮刻《十三经注疏》之《周礼注疏》《仪礼注疏》《礼记正义》，称为"《十三经注疏》本"。

颜注对三《礼》经注的引用方式包括直接引用原文、删省原文、以意引用、只引书名或篇名等四种。本节选取较有代表性的引文例证，对这四种引用方式进行详细介绍说明。

### （一）直接引用

这类引用方式最为普遍，占半数以上。颜注直接引用三《礼》经文或郑注，对《汉书》进行文字训诂或典制释读。

1. 引用经文之例

《惠帝纪》："爵五大夫吏六百石以上及宦皇帝而知名者有罪当盗械者，皆颂系。"师古曰："诸家之说皆非也。……《礼记》曰：'宦学事师。'谓凡仕宦，非阉寺也。"①

引文出自《礼记·曲礼上》。关于"宦"字含义，如淳以为是宦人，"宦皇帝"即以宦人身份服事皇帝；张晏、师古皆以"宦"为仕宦之义，但张晏认为"宦皇帝"是专指供职于京师的官员而言，师古则认为是指早年曾仕宦于惠帝的所有官员。《礼记·曲礼上》"宦学事师"注曰："宦，仕也。"师古引郑义为证，认为此"宦"是指通常所言仕宦之义，并非专指宦人。

2. 引用郑注之例

《高帝纪》："尝息大泽之陂。"师古曰："蓄水曰陂。盖于泽陂隄塘之上休息而寝寐也。陂音彼皮反。"②

引文出自《礼记·月令》。《月令》仲春之月曰："毋漉陂池。"郑注曰："畜水曰陂，穿地通水曰池。"③ 此处师古沿用郑玄之义，认为陂乃蓄水之地。师古注《汉书》较早，

---

① [东汉]班固撰：《汉书》，中华书局，1962年，第85页。
② [东汉]班固撰：《汉书》，中华书局，1962年，第1页。
③ [清]阮元校刻：《十三经注疏》，中华书局，1980年，第1362页。

至晚年著《匡谬正俗》，则驳郑玄而从孔氏："按孔安国《尚书传》曰：'障水曰陂，然则"陂"者本因隄防壅遏故得名耳。'陂者，是隄防之指号，盖谓当时之煴于大泽之内陂塘止息。"刘晓东议曰："师古于此条则以'障水曰陂'解之，以为'陂是隄防之指号'，不复以'蓄'水为说，是其晚年明'陂'字之确训。"① 师古于"陂"字前后注解的转变，可以说明其审慎求实的治学精神。

3. 合二处经注于同条之例

　　《外戚传》："遣长乐少府夏侯藩纳采。"师古曰："纳采者，《礼记》云'婚礼纳采、问名'，谓采择其可者。"②

引文出自《礼记·昏义》与《坊记》。《昏义》曰："是以昏礼纳采、问名、纳吉、纳征、请期，皆主人筵几于庙，而拜迎于门外。"③ 盖师古节选其中"昏礼纳采问名"六字以作注。师古注中的后句"谓采择其可者"，出自《坊记》郑注。《坊记》"诸侯不下渔色"注曰："昏礼始纳采，谓采择其可者也。"④ 纳采之礼，《仪礼》记之甚详。师古引用《礼记》而不用《仪礼》，表现了唐人特重《礼记》之风尚。师古合二处经注于一条，在唐代史注中常见，如《史记正义》"《礼记》云：'女子许嫁而笄。'郑玄云：'笄，今簪。'"即合《曲礼上》经文与《内则》注文为一处。⑤ 李贤注《后汉书·明帝纪》亦不乏此例，不再备举。⑥

### （二）删省原文

颜师古在引用三《礼》经文或郑注时，有时会对原文进行删节，从而使行文更加紧凑、简洁。这一行为出于作者的主观删改，并不属于文字的误脱或者版本的差异。

删省经文的例子：

　　《外戚恩泽侯表》："《传》称武王克殷，追存贤圣，至乎不及下车。"师古曰："《礼记》云：'武王克殷，未及下车而封黄帝之后于蓟，封帝尧之后于祝，封帝舜之后于陈。'此其事也。"⑦

引文出自《礼记·乐记》，《十三经注疏》本曰："武王克殷反商，未及下车而封黄帝

---

① 刘晓东：《匡谬正俗平议》，山东大学出版社，1999 年，第 118 页。
② ［东汉］班固撰：《汉书》，中华书局，1962 年。第 4010 页。
③ ［清］阮元校刻：《十三经注疏》，中华书局，1980 年，第 1680 页。
④ ［清］阮元校刻：《十三经注疏》，中华书局，1980 年，第 1622 页。
⑤ ［西汉］司马迁撰：《史记》，中华书局，1959 年，第 148 页。
⑥ 潘薇妮：《〈后汉书〉李贤注引三《礼》研究》，浙江大学硕士学位论文，2007 年，第 5 页。
⑦ ［东汉］班固撰：《汉书》，中华书局，1962 年，第 667 页。

之后于蓟，封帝尧之后于祝，封帝舜之后于陈。"郑注曰："'反'当为'及'字之误也。"① 孔颖达参考众本，未言有缺"反商"二字者。师古或以为衍文，郑玄之解亦不足证，故删去"反商"二字。

《匡衡传》："礼本冠婚。"师古曰："《礼记·冠义》曰：'冠者，礼之始也。'《婚义》曰：'婚者，礼之本也。'"②

引文出自《礼记·冠义》与《婚义》。前者与正义本文字相同③，后者正义本作："昏礼者，礼之本也。"④ 师古为求前后两句字数相同，删掉了"昏礼"的"礼"字。

又如《儒林传》"公叔文子卒卫侯加以美谥"⑤ 句，师古引用《礼记·檀弓下》"文子卒"章，足足删去了 21 个字，从而使注文更加简洁明晰。

### （三）以意引用

以意引用是指不直接引用原文，而是改变原文文字，引述原文意思，又称暗引。颜注有时信手征引而失检原文，有时灵活改变原文以达己意。较有代表性的有：

《刑法志》："五听：一曰辞听[1]，二曰色听[2]，三曰气听[3]，四曰耳听[4]，五曰目听[5]。"⑥

[1] 师古曰：观其出言，不直则烦。
[2] 师古曰：观其颜色，不直则变。
[3] 师古曰：观其气息，不直则喘。
[4] 师古曰：观其听聆，不直则惑。
[5] 师古曰：观其瞻视，不直则乱。

在此段中，颜师古对"五听"的内容——作注，其内容均引自《周礼·小司寇》郑注。其中 [1] [3] [4] 是对郑注原文的直接引用，[2] [5] 是对郑注进行了以意引用。[2] 郑注"观其颜色，不直则赧然"改为"观其颜色，不直则变"，所谓变即因心中有愧而脸色变为赧然；[5] 郑注"观其眸子视，不直则眊然"改为"观其瞻视，不直则乱"⑦，所谓眊即因胸中不正而视线昏乱。改词之后，两条注语的含义与郑注均没有差别，但是

---

① ［清］阮元校刻：《十三经注疏》，中华书局，1980 年，第 1542 页。
② ［东汉］班固撰：《汉书》，中华书局，1962 年，第 3340 页。
③ ［清］阮元校刻：《十三经注疏》，中华书局，1980 年，第 1679 页。
④ ［清］阮元校刻：《十三经注疏》，中华书局，1980 年，第 1681 页。
⑤ ［东汉］班固撰：《汉书》，中华书局，1962 年，第 3605 页。
⑥ ［东汉］班固撰：《汉书》，中华书局，1962 年，第 1105 页。
⑦ ［清］阮元校刻：《十三经注疏》，中华书局，1980 年，第 837 页。

却与另外三注形成了排比与押韵，增添了几分韵律之美，可谓改字之精妙者。而《史记正义》引用此处郑注时，则直接用平实的语言将郑注翻译了出来："《周礼》云：'辞不直则言繁，目不直则视眊，耳不直则对答惑，色不直则貌赧，气不直则数喘'也。"① 两者相较之下，可见颜注之简洁而雅致。

又如：

> 《郊祀志》引《礼记》曰："唯祭宗庙社稷，为越绋而行事。"李奇曰："引棺车谓之绋。"师古曰："绋，引车索也。音弗。"②

此处师古引用了郑注以纠正李奇之说。引文出自《礼记·王制》，郑注曰："绋，輴车索。"③ 輴车即丧车，载棺以行，其引车之索为绋。故颜注改"輴车索"为"引车索"，含义相同，且文字简明易读。

### （四）只引书名或篇名

有时颜注不引用经文或郑注，而是只用三《礼》书名或篇名作注，都用以点明《汉书》中的引文、典故出处。如《百官公卿表》："夏殷亡闻焉，周官则备矣。"师古曰："事见《周书·周官》篇及《周礼》也。"④ 此处言引用周代官职之所备在于《周礼》也。

需要注意的是，颜注对《礼记》书名的称谓有《礼记》《礼》《礼经》三种。汉唐人称《礼记》为《礼》较为常见，但极罕见称《礼记》为《礼经》。如《律历志》师古注曰："《祭典》，即《礼经·祭法》也。"⑤《礼乐志》师古注曰："莕，音才私反，《礼经》或作荠，又作茨，音并同耳。"⑥（采莕，出自《礼记·玉藻》）虽然《礼记》在唐代升为经书，但是除颜注外未见称其为《礼经》者。这一特点，可看作颜师古重视《礼记》的一种表现。

## 二、颜注对郑玄《礼》注的驳斥

自魏晋以降，三《礼》主宗郑玄，凡治礼者多从其说。然而，颜师古引述礼经及郑注时，对郑玄之说多有驳斥。师古对郑玄的这一态度，与同时期的经学家形成较为鲜明的对比。近年有学者称颜注尽从郑玄《礼》注，颇有违其实。本节现对颜注中的出现的5处直接或间接驳斥郑注之例进行解读，分析师古的礼学观点。

---

① ［西汉］司马迁撰：《史记》，中华书局，1959年，第139页。
② ［东汉］班固撰：《汉书》，中华书局，1962年，第1269页。
③ ［清］阮元校刻：《十三经注疏》，中华书局，1980年，第1334页。
④ ［东汉］班固撰：《汉书》，中华书局，1962年，第724页。
⑤ ［东汉］班固撰：《汉书》，中华书局，1962年，第1012页。
⑥ ［东汉］班固撰：《汉书》，中华书局，1962年，第1044页。

### （一）昆虫

《成帝纪》："君得道则草木昆虫咸得其所。"师古曰："昆，众也。昆虫，言众虫也。又许慎《说文》云'二虫为蚰'，读与昆同，谓虫之总名，两义并通。而郑康成以昆虫为明虫，失之矣。"[①]

此为直接驳斥郑注。郑玄之说出自《礼记·王制》注。《王制》："昆虫未蛰，不以火田。"郑注云："昆，明也。明虫者，得阳而生，得阴而藏。"[②] 此处郑玄以汉代阴阳学说解释了"昆虫"一词。"昆"字在先秦有多种义项。《诗经》"昆弟"之昆，兄也；《尔雅》之昆，后也；《说文》之昆，同也。三者皆无涉阴阳，可知郑说实无所据。文中"草木昆虫"强调物类之多，故师古训昆为众，既合乎逻辑，又合于文义，较郑说为长。

### （二）素食

《霍光传》："废礼谊，居道上不素食。"师古曰："素食，菜食无肉也。言王在道常肉食，非居丧之制也。而郑康成解《丧服》素食云'平常之食'，失之远矣。素食，义亦见《王莽传》。"[③]

此为直接驳斥郑注。引文出自《仪礼·丧服》，《十三经注疏》本作："《传》曰：既练，舍外寝，始食菜果，饭素食。"对"素食"一词，郑玄、贾公彦、颜师古等人注解各异。郑注曰："素犹故也，谓复平生时食也。"[④] 郑玄认为素食即死者生前平素所食之饭，素即平素、故时之义。贾疏认为，"饭素食"专指米饭而言，即食用平时所食之米饭。颜注认为，素食为无肉之菜食。颜氏《匡谬正俗》一书对"素食"有进一步详解，其据有二：一、按照《仪礼》居丧之制，大练之后服丧者可以吃菜果，尚不能食肉，故非"平生时食"；二、《王莽传》曰："每有水旱，莽辄素食，左右以白太后，遣使诏莽曰：'闻公菜食，忧民深矣。今秋幸孰，公勤于职，幸以时食肉。'"[⑤] 可知素食即菜食无肉也。对于郑、贾、颜三家之说，后儒多有申说，议论未定。[⑥] 笔者以为，《丧服》与《汉书》之"素食"含义当有差别。先秦典籍中，"素"字主要有"平素、平时"和"纯、纯白"两个义项。《丧服》"素食"与《诗经·伐檀》"素食""素餐"含义相近，即"白白吃饭""吃白饭"。古人所言之饭，专指米饭，不包含菜食。这一点可从《丧服》"食菜果饭素

① ［东汉］班固撰：《汉书》，中华书局，1962年，第307页。
② ［清］阮元校刻：《十三经注疏》，中华书局，1980年，第1333页。
③ ［东汉］班固撰：《汉书》，中华书局，1962年，第2942页。
④ ［清］阮元校刻：《十三经注疏》，中华书局，1980年，第1097页。
⑤ 刘晓东：《匡谬正俗平议》，山东大学出版社，1999年，第92页。
⑥ 严旭：《匡谬正俗疏证》，中华书局，2019年，第129页。

食"并列来作验证。到了东汉班固时期，"素食"已包含"菜食无肉"的含义，遂有《王莽传》之文；后来佛家的素食、素斋之称语，当从汉代的素食衍生而来。那么《丧服》"素食"与《汉书》"素食"的含义应当区分对待：前者是指纯吃米饭，以贾疏之说为妥；后者是指菜食无肉，以颜注之说为妥。

### （三）鲍鱼

　　《货殖传》："鲐鲍千钧。"师古曰："鲐，膊鱼也，即今不著盐而干者也。鲍，今之鲯鱼也。鲐音鲐。膊，音普各反。鲯，音于业反。而说者乃读鲍为鲍鱼之鲍，音五回反，失义远矣。郑康成以为鲯于煏室干之，亦非也。煏室干之，即鲐耳，盖今巴、荆人所呼'鳇鱼'者是也，音居偃反。秦始皇载鲍乱臭，则是鲯鱼耳；而煏室干者，本不臭也。煏，音蒲北反。"①

此为直接驳斥郑注。郑玄之说出自《周礼·笾人》注。《笾人》："朝事之笾，其实麷、蕡、白、黑、形盐、膴、鲍鱼、鱐。"郑注云："鲍者，于煏室中糗干之，出于江淮也。"② 郑玄认为，鲍鱼可以在烘室中烘干；而颜师古则认为，鲍鱼的特性是不能变干。《急就篇》颜注曰："鲍亦海鱼，加之以盐而不干者也。"③ 即使用盐涂在鱼身，也无法使其变干。师古指出了郑注的错误，即误以鳇鱼为鲍鱼。此处颜注借助生活经验来驳斥郑注，较郑义为长。

### （四）若不得谢

　　《高帝纪》："高祖尝告归之田。"师古曰："告者，请调之言，谓请休耳。或谓之谢，谢亦告也。……《礼记》曰'若不得谢'，《汉书》诸云'谢病'，皆同义。"④

此为间接驳斥郑注。引文出自《礼记·曲礼上》，师古引之以解"告"字。《曲礼上》曰："大夫七十而致事，若不得谢，则必赐之几杖。"郑注云："谢犹听也。君必有命，劳苦辞谢之，其有德尚壮，则不听耳。"⑤ 郑玄以"谢"为听许、允许之义，后世礼家多从其说。师古认为"谢"与"告"同义，即告休、辞归之义，异于郑注。惠栋、朱彬、王念孙诸家之说与师古略同。⑥ 考究文义，"辞谢"之说更为合理。"大夫致仕，若不得辞去"，用其本义即可令句意通顺、符合情理，何须再作别解？郑注已有辞谢之语，又言

① [东汉]班固撰：《汉书》，中华书局，1962年，第3689页。
② [清]阮元校刻：《十三经注疏》，中华书局，1980年，第671页。
③ 管振邦：《颜注急就篇译释》，南京大学出版社，2009年，第149页。
④ [东汉]班固撰：《汉书》，中华书局，1962年，第6页。
⑤ [清]阮元校刻：《十三经注疏》，中华书局，1980年，第1232页。
⑥ [清]朱彬：《礼记训纂》，中华书局，1996年，第9页。[清]王引之：《经义述闻》，世界书局，1976年，第315页。

"不听"，实为引申过度，使文义曲折。

### （五）索隐行怪

《艺文志》："孔子曰：'索隐行怪，后世有述焉，吾不为之矣。'"师古曰："《礼记》载孔子之言。索隐，求索隐暗之事，而行怪迂之道，妄令后人有所祖述，非我本志。"①

此为间接驳斥郑注。引文出自《礼记·中庸》。《十三经注疏》本："子曰：'素隐行怪，后世有述焉，吾弗为之矣。'"其中，"索"与"素"含义差距较大。郑注曰："'素'读如'攻城攻其所傃'之'傃'，傃犹乡也。言方乡辟害隐身，而行诡谲以作后世名也。"②《汉书》本"素"作"索"，师古解"索"为求索之义，不言"素"字，可见其遵从《汉书》版本，不用郑玄注本。师古此解得到后儒一致认可，认为可以纠正郑注。朱熹《中庸章句》曰："素，按《汉书》当作索，盖字之误也。"③案朱熹之意，"素"字为郑玄注本之讹误。后之学者均从师古、朱熹之义。

## 三、颜注引礼特点解析

南北朝以来，礼学虽一宗郑注，但学者中亦常有驳斥郑说者。颜师古学综南北，既善训诂，又详义理；对待郑玄礼注的态度较为客观，继承了南北朝义疏的治学风格。而孔颖达《五经正义》对郑注的极端维护，导致了郑注的"经典化"。唐前期的史注，如《史记》三家注、《后汉书》李贤注等，对郑玄《礼》注的引用多呈现这一特征。不过，《汉书》颜注对郑注的态度与其他史注不同，表现为引用数量较少且以暗引为主，并且引礼之后多有释读。

### （一）对郑注的引用较少，且多为暗引

颜注总计引用郑注27条，且其中18条集中出现在《刑法志》"五听八议"一句，均引自《周礼·小司寇》与《掌囚》郑注。此即说，其余整部书中几乎只有9条郑注，显然是远低于《史记》三家注与《后汉书》李贤注。而《史记》三家注引用郑玄注604条④，其中礼注在200条左右；《后汉书》李贤注引用郑注200条左右，亦远高于颜注⑤。

这一现象与颜氏家学客观求实的学风有关。颜氏治学不唯某一学派是尊，而是从求真的角度考量，较众说而取其长。例如在《汉书·地理志》注中，颜师古多取孔安国传

---

① ［东汉］班固撰：《汉书》，中华书局，1962年，第1780页。
② ［清］阮元校刻：《十三经注疏》，中华书局，1980年，第1626页。
③ ［南宋］朱熹：《中庸章句》，上海古籍出版社，1987年，第4页。
④ 程梦丽：《〈史记〉三家注征引郑玄注研究》，南京师范大学硕士学位论文，2020年，第4页。
⑤ 潘薇妮：《〈后汉书〉李贤注引三〈礼〉研究》，浙江大学硕士学位论文，2007年，第7页。

而弃马融、郑玄之说。① 又如前文第三节"颜注对郑玄三《礼》注的驳正"列举了 5 个例子，均是师古从文字训诂的角度对郑注进行纠正。师古对郑注的这一态度，导致了经常弃郑说而不引，如：

> 《汉书·陈汤传》："《月令》春'掩骼埋胔'之时，宜勿县。"应劭曰："禽兽之骨曰骼。骼，大也。鸟鼠之骨曰胔。胔，可恶也。"臣瓒曰："枯骨曰骼，有肉曰胔。"师古曰："瓒说是也，骼音工客反，胔音才赐反。"②

此处师古转引了应劭与臣瓒的注，并对臣瓒注表示赞同。实际上臣瓒注与郑注"骨枯曰骼，肉腐曰胔"意义相同，而师古却有意忽略郑注而不用。对比《后汉书》李贤注：

> 《后汉书·孝冲帝纪》："掩骼埋胔之时。"注："《月令》孟春之月：'行庆施惠，下及兆人。'又曰：'掩骼埋胔。'郑玄注曰：'为死气以逆生气也，骨枯曰骼，肉腐曰胔。'"③

面对同样的"掩骼埋胔"四字，李贤注与师古注形成了鲜明的对比。李注只用郑注，对其他说法完全忽略，表现了对郑注的绝对依从。

颜注所引用的 27 条郑注中，绝大部分为暗引或化引，只有 2 处是对郑注的明引，分别为《礼乐志》"郑玄说云'三老五更谓老人更知三德五事者也'"④ 与《霍光传》"而郑康成解《丧服》素食云平常之食"⑤。暗引之类，如《礼乐志》"以正月上辛用事甘泉圜丘"句，师古注："用上辛，用周礼郊天日也。辛，取斋戒自新之义也。"前句引自《月令》"天子乃以元日"注"谓以上辛郊祭天也"，后句引自《郊特牲》"郊之用辛"注"凡为人君当斋戒自新"，皆为暗引。

### （二）引礼之后多有释读，阐发己意

颜注的另一特点是对引用的礼经进行重新释读。虽然取义多出自郑注，但通常会有文字表述的变化。《史记》三家注、《后汉书》李贤注通常在引用的经文之后照搬原注，基本不再多作解释。对此，学术界已有相关讨论，例如《两〈汉书〉注中所见唐代前期儒经阐释之倾向性及其特征研究》一文说道："颜注是在参照前人经注之基础上，又加入较多个人见解，故其直接引用的注文较少。……与颜注不同，章怀注之特点在于照录前

---

① 钟云瑞：《〈汉书·地理志〉颜师古注引〈尚书·禹贡〉研究》，《晋城职业技术学校学报》2015 年第 1 期。
② ［东汉］班固撰：《汉书》，中华书局，1962 年，第 3016 页。
③ ［南朝宋］范晔撰：《后汉书》，中华书局，1965 年，第 281 页。
④ ［东汉］班固撰：《汉书》，中华书局，1962 年，第 1036 页。
⑤ ［东汉］班固撰：《汉书》，中华书局，1962 年，第 2942 页。

人传注的全部内容或采择部分内容。"① 虽然此文只对比了两《汉书》注，实际上《史记》三家注与《后汉书》注的引经风格基本类似。

例如，对《食货志》中的"赊贷"一词，颜师古没有引用《周礼·泉府》郑注，而是用自己的语言将郑义表述出来：

> 师古曰："《周礼》泉府之职曰：'凡赊者，祭祀无过旬日，丧纪无过三月。凡人之贷者，与其有司辨而授之，以国服为之息。'谓人以祭祀、丧纪故从官赊买物，不过旬日及三月而偿之。其从官贷物者，以共其所属吏定价而后与之，各以其国服事之税而输息，谓若受园廛之田而贷万钱者，一幕之月，出息五百。贷音土戴反。"②

经文之后的师古注，基本是对郑注的翻译。面对同样的情况，《后汉书》注则是直接照搬经注，并且不再多加阐释。例如：

> 《后汉书·礼仪志》："槃冰如礼。"注：《周礼》："凌人，天子丧，供夷槃冰。"郑玄曰："夷之言尸也。实冰于槃中，置之尸床之下，所以寒尸也。"《汉礼器制度》："大槃广八尺，长一丈二尺，深三尺，漆赤中。"③

如此经注同引、不再阐释的注文，在《史记》三家注、《后汉书》李贤注中比较常见，可以说是此两种史注引文的特点之一。

颜注不仅对经文之后多有释读，对礼制也会详加阐发。颜注对典章制度的训诂深入而翔实，继承了北朝经学的解经传统。《史记集解》《史记索隐》及《后汉书》李贤注对礼制的解释则相对疏略，多是引述前说而已。例如《史记》与《汉书》注的对比：

> 《史记·文帝纪》："服大红十五日，小红十四日，纤七日，释服。"《集解》：服虔曰："当言大功、小功布也。纤，细布衣也。"应劭曰："红者，中祥大祥以红为领缘也。纤者，禫也。凡三十六日而释服。"《索隐》：刘德云："红亦功也。男功非一，故以'工力'为字。而女工唯在于丝，故以'红'为字。三十六日，以日易月故也。"④

> 《汉书·文帝纪》："服大红十五日，小红十四日，纤七日，释服。"应劭曰："红

---

① 胡海忠：《两〈汉书〉注中所见唐代前期儒经阐释之倾向性及其特征研究》，华东师范大学硕士学位论文，2015 年，第 63 页。
② ［东汉］班固撰：《汉书》，中华书局，1962 年，第 1180 页。
③ ［南朝宋］范晔撰：《后汉书》，中华书局，1965 年，第 3142 页。
④ ［西汉］司马迁撰：《史记》，中华书局，1959 年，第 435 页。

者，中祥、大祥以红为领缘。纤者，禫也。凡三十六日而释服矣，此以日易月也。"
师古曰："此丧制者，文帝自率己意创而为之，非有取于周礼也，何为以日易月乎？
三年之丧，其实二十七月，岂有三十六月之文？禫又无七月也。应氏既失之于前，
而近代学者因循谬说，未之思也。"①

《史记》与《汉书》的《文帝纪》均记载了一条相同的服丧礼制，但是解释风格明显
不同。《史记集解》与《史记索隐》均罗列前人说法，不加判断。颜师古的《汉书注》则
是有自己的解读，认为应劭等人强行改字作解，将文帝独创的礼制与礼经牵合，实际上
却违背了丧礼二十七月而禫的制度。颜氏批评的"近代学者因循谬说"，盖指裴骃《史记
集解》也。

### 四、颜注保存的唐初三《礼》异文

自汉代以来，三《礼》注家众多，版本纷杂。以《礼记》为例，唐初孔颖达撰《礼
记正义》时，参考版本达二十余种，包括"定本"、蔡邕本、卢植本、王肃本、皇疏本、
熊疏本、徐邈本、崔灵恩本、或本、而本、诸本、他本等等。颜师古引用《礼记》经注
58 条，多数与今本《礼记正义》文字有差异。除去其中颜氏有意删改以求注语简洁的一
部分，仍然有 7 处引文保留了唐以前《礼记》的异文。本节内，《汉书》所引的三《礼》
称为"《汉书》本"；颜注所引的三《礼》称为"师古本"。

#### （一）𦥏、皇

　　《礼乐志》："习六舞、五声、八音之和。"师古曰："六舞谓帗舞、羽舞、𦥏舞、
旄舞、干舞、人舞也。五声，宫商角徵羽也。八音，金石丝竹匏土革木。帗音弗。𦥏
音皇。"②

师古所言"六舞"，见于《周礼·乐师》。《乐师》曰："凡舞，有帗舞，有羽舞，
有皇舞，有旄舞，有干舞，有人舞。"郑注曰："故书'皇'作'𦥏'。郑司农云：'……
"𦥏"读为"皇"，书抑或为"皇"。'"③ 可见，司农所见本作"𦥏"，而郑玄所见本作
"皇"，皆通行于东汉也。又《周礼·舞师》曰："教皇舞，帅而舞旱暵之事。"郑注引
郑司农云："𦥏舞，蒙羽舞，书或为皇。"④ 两注之义相同。段玉裁《周礼汉读考》认

---

① ［东汉］班固撰：《汉书》，中华书局，1962 年，第 133 页。
② ［东汉］班固撰：《汉书》，中华书局，1962 年，第 1040 页。
③ ［清］阮元校刻：《十三经注疏》，中华书局，1980 年，第 793 页。
④ ［清］阮元校刻：《十三经注疏》，中华书局，1980 年，第 721 页。

为，许慎、郑众、贾逵所见皆作"羿"，只有郑玄作"皇"。① 贾疏曰："礼本不同，故或为羿，或为义，皆不从之矣。"所谓礼本不同，即诸家所用版本不同也。贾氏从郑，故用"皇"。师古好用古文字，故用"羿"。贾氏与师古均在唐初，彼时尚存不同版本。然《周礼注疏》大行以后，版本逐渐统一为"皇"字。至唐石经作"皇舞"②，后世更无异本矣。

## （二）荠、茨、蒉

> 《礼乐志》："以为行步之节，犹古《采荠》《肆夏》也。"师古曰："荠，音才私反，《礼经》或作蒉，又作茨，音并同耳。"③

此注称《礼记》为《礼经》。《十三经注疏》本《玉藻》作："趋以《采齐》。"郑注曰："齐，当为《楚荠》之荠。"④《楚荠》，即今本《诗经》之《楚茨》。荠、茨古通，《齐诗》《鲁诗》作"荠"，《鲁诗》《毛诗》作"茨"，王先谦《诗三家义集疏》论之已详。⑤《大戴礼记》作"行以《采茨》"⑥，又可为一证也。

今《玉藻》作"采齐"，《汉书》作"采荠"，则《汉书》本更确。师古言"《礼经》或作蒉"，则是师古所见《礼记》又一版本也，其用字别于今《礼记》及四家《诗》，孔颖达正义并未录之。

## （三）索、素

> 《艺文志》："孔子曰：'索隐行怪，后世有述焉，吾不为之矣。'"师古曰："《礼记》载孔子之言。索隐，求索隐暗之事，而行怪迂之道，妄令后人有所祖述，非我本志。"⑦

引文出自《礼记·中庸》。《十三经注疏》本："子曰：素隐行怪，后世有述焉，吾弗为之矣。"与《汉书》本相比，今注疏本有"索"作"素"、"不"作"弗"之差异。"索""素"二字，上节已经有过讨论。关于"不""弗"，亦是《汉书》所存与今本《礼记》的文字差异。它书未见，无所考校。

---

① ［清］段玉裁：《周礼汉读考》，《皇清经解》卷六百三十五，第10页。
② 《景刊唐开成石经》，中华书局，1997年，第538页。
③ ［东汉］班固撰：《汉书》，中华书局，1962年，第1044页。
④ ［清］阮元校刻：《十三经注疏》，中华书局，1980年，第1482页。
⑤ ［清］王先谦：《诗三家义集疏》，中华书局，1987年，第220、749页。
⑥ ［清］王聘珍：《大戴礼记解诂》，中华书局，1983年，第71页。
⑦ ［东汉］班固撰：《汉书》，中华书局，1962年，第1780页。

### （四）榜人、渔师

《司马相如传》："榜人歌。"张揖曰："榜，船也。《月令》云：'命榜人。'榜人，船长也，主倡声而歌者也。"师古曰："榜音谤，又方孟反。"①

此条注文中的《月令》引文，虽非师古本注，但是师古注中对其进行了注音，且未言文字差异，说明师古认同此版本文字，可算作师古本。《十三经注疏》本曰："命渔师伐蛟。"郑注："今《月令》'渔师'为'榜人'。"郑玄所云"今《月令》"，学者已有讨论，认为是指汉末通行的单篇《月令》。② 张揖为东汉末年人，所云"命榜人"，即出自单篇通行《月令》。单篇《月令》在文字方面与《礼记·月令》存在差异，此处"榜人"与"渔师"，为一例也。

### （五）仄、侧

《陈汤传》："臣闻楚有子玉得臣，文公为之仄席而坐。"师古曰："子玉，楚大夫也，得臣其名也。《春秋》僖二十八年，子玉帅师与晋文公战于城濮，楚师败绩。晋师三日馆谷，而文公犹有忧色，曰：'得臣犹在，忧未歇也。'及楚杀子玉，公喜而后可知也。《礼记》曰：'有忧者仄席而坐。'盖自贬也。仄，古侧字也。"③

引文出自《礼记·曲礼上》，《十三经注疏》本作："有忧者侧席而坐。"④ 唐石经作"有忧者侧席而坐"⑤。"侧"与"仄"字，在汉代以前版本中通用。如《周礼·冬官·车人》"行山者仄輮"，郑玄注曰："故书'仄'为'侧'。郑司农云：'……侧当为仄。'"⑥ 司农所见版本作"侧"，郑玄所见版本作"仄"，此为二字通用之证也。

师古先解释文公忧患子玉的典故，后引《礼记》以明"仄席而坐"出处。郑玄注曰："侧犹特也。忧不在接人，不布他面席。"然《左传》只言文公有忧色，不言文公侧席。至刘向《说苑·尊贤》，则糅合《左传》与《曲礼》之文曰："楚有子玉得臣，文公为之侧席而坐。"⑦ 汉人谓侧席为忧患之义也，至唐李贤注《后汉书·章帝纪》则曰"侧席谓不正坐，所以待贤良也"⑧，已失本旨。师古以为忧者侧席为自贬，亦指待

---

① ［东汉］班固撰：《汉书》，中华书局，1962 年，第 2543 页。

② 王锷：《礼记成书考》，中华书局，2007 年，第 272 页。

③ ［东汉］班固撰：《汉书》，中华书局，1962 年，第 3021 页。

④ ［清］阮元校刻：《十三经注疏》，中华书局，1980 年，第 1244 页。

⑤ 《景刊唐开成石经》，中华书局，1997 年，第 941 页。

⑥ ［清］阮元校刻：《十三经注疏》，中华书局，1980 年，第 934 页。

⑦ 向宗鲁：《说苑校证》，中华书局，2009 年，第 215 页。

⑧ ［南朝宋］范晔撰：《后汉书》，中华书局，1965 年，第 141 页。

贤之义。

## （六）闻、听；率、帅

  《陈汤传》："盖'君子闻鼓鼙之声，则思将率之臣'。"师古曰："《礼》之《乐记》曰'鼓鼙之声欢，欢以立动，动以进众。君子听鼓鼙之声，则思将率之臣'也。"①

  师古引文出自《礼记·乐记》，《十三经注疏》本作："鼓鼙之声欢，欢以立动，动以进众。君子听鼓鼙之声，则思将帅之臣。"② 与师古本有一字差异："率"作"帅"；与《汉书》本有两字差异："闻"作"听"，"率"作"帅"。唐石经与《十三经注疏》本同。③《释文》曰："帅，本又作率。"可见隋唐以前的《礼记》不同版本中，"帅""率"二字皆通行，陆德明犹见之。至于《汉书》本的"闻"字，尚不见其他文献佐证，当为东汉所行《礼记》版本。后来版本多作"听"，此本逐渐绝迹。

## （七）渎、烦

  《韦贤传》："祭不欲数，数则渎，渎则不敬。"师古曰："此《礼记·祭法》之言。渎，烦污也。数音所角反。"④

  引文出自《礼记·祭义》，师古误称《祭法》。《十三经注疏》本作："祭不欲数，数则烦，烦则不敬。"⑤ 与《汉书》本有"烦""渎"一字之差。师古为《汉书》作注，不言有异，说明其认同《汉书》本。或许唐初仍有此版本流传，然他书无引用者，无可考校。

## 结　语

  在以往的研究中，学界多从史学、文字学等角度对《汉书》颜注进行讨论，很少研究其礼学特征。其实，颜师古本身就是一位礼学家，《汉书》注中处处体现着他的礼学思想。《汉书》注的引礼用礼思路保有北朝经学特点，偏重文字训诂、典章考释，且大胆疑郑驳郑。至《五经正义》版行以后，郑注渐趋经典化。一段时期内，学者对待郑注的态度是一致遵循、鲜有逆反。反映在史注范围，《史记索隐》《史记正义》《后汉书注》等对

---

  ① ［东汉］班固撰：《汉书》，中华书局，1962年，第3021页。
  ② ［清］阮元校刻：《十三经注疏》，中华书局，1980年，第1541页。
  ③ 《景刊唐开成石经》，中华书局，1997年，第1151页。
  ④ ［东汉］班固撰：《汉书》，中华书局，1962年，第3121页。
  ⑤ ［清］阮元校刻：《十三经注疏》，中华书局，1980年，第1593页。

郑注的引用均为照搬原文、不作发挥。颜注对郑注的态度值得玩味，颜注的礼学观点仍有待进一步发掘。对颜注的研究，也是我们厘清南北朝经学转向以及史注流变诸问题的一个重要突破口。

**附：颜注所引三《礼》经注出处及所在位置一览表**

| 出处 | 篇目 | 所在位置及条数 | 总计 |
|---|---|---|---|
| 《周礼》 | 《天官·笾人》 | 《货殖传》1条 | 37条 |
| | 《天官·掌舍》 | 《项籍传》1条 | |
| | 《地官·保氏》 | 《谷永杜邺传》1条 | |
| | 《地官·泉府》 | 《高帝纪》1条 | |
| | 《春官·大宗伯》 | 《倪宽传》1条 | |
| | 《春官·小宗伯》 | 《郊祀志》1条 | |
| | 《春官·司尊彝》 | 《王莽传》1条 | |
| | 《春官·大司乐》 | 《郊祀志》1条 | |
| | 《春官·乐师》 | 《礼乐志》1条 | |
| | 《春官·大师》 | 《礼乐志》1条 | |
| | 《春官·女巫》 | 《王莽传》1条 | |
| | 《夏官·弁师》 | 《王莽传》1条 | |
| | 《夏官·校人》 | 《成帝纪》1条，《司马相如传》1条，《赵充国传》1条 | |
| | 《秋官·小司寇》 | 《高帝纪》13条 | |
| | 《秋官·司刺》 | 《高帝纪》4条 | |
| | 《秋官·司圜》 | 《司马迁传》1条 | |
| | 《秋官·掌囚》 | 《高帝纪》1条 | |
| | 《秋官·司烜氏》 | 《叙传》1条 | |
| | 《考工记·轮人》 | 《蒯通传》1条 | |
| | 仅书名 | 《百官公卿表》1条 | |
| 《仪礼》 | 《士冠礼》 | 《昭帝纪》1条，《叙传》1条 | 8条 |
| | 《丧服》 | 《萧望之传》1条，《霍光传》1条 | |
| | 《特牲馈食礼》 | 《邴吉传》1条 | |
| | 仅书名 | 《艺文志》1条，《景十三王传》1条，《王莽传》1条 | |

续表

| 出处 | 篇目 | 所在位置及条数 | 总计 |
|---|---|---|---|
| 《礼记》 | 《曲礼上》 | 《高帝纪》1条，《惠帝纪》1条，《武帝纪》1条，《公孙弘传》1条，《陈汤传》1条，《萧望之传》1条，《佞幸传》1条 | 58条 |
| | 《曲礼下》 | 《成帝纪》1条，《楚元王传》1条 | |
| | 《檀弓上》 | 《哀帝纪》2条，《万石传》1条，《叙传》1条 | |
| | 《檀弓下》 | 《陈汤传》1条，《儒林传》1条 | |
| | 《王制》 | 《成帝纪》1条，《贾捐之传》1条，《魏相传》1条，《货殖传》1条，《郊祀志》1条 | |
| | 《月令》 | 《高帝纪》1条，《礼乐志》1条，《沟洫志》1条，《权皋传》1条，《货殖传》5条，《王莽传》1条 | |
| | 《郊特牲》 | 《礼乐志》1条 | |
| | 《玉藻》 | 《隽不疑传》1条 | |
| | 《明堂位》 | 《百官公卿表》1条，《王莽传》2条 | |
| | 《学记》 | 《董仲舒传》1条 | |
| | 《乐记》 | 《外戚恩泽侯表》1条，《礼乐志》2条，《陈汤传》1条 | |
| | 《祭法》 | 《律历志》1条 | |
| | 《祭义》 | 《韦贤传》1条 | |
| | 《经解》 | 《武帝纪》1条 | |
| | 《坊记》 | 《外戚传》1条 | |
| | 《中庸》 | 《艺文志》1条，《楚元王传》1条，《公孙弘传》1条 | |
| | 《冠义》 | 《匡衡传》1条 | |
| | 《昏义》 | 《外戚传》1条，《匡衡传》1条 | |
| | 仅书名 | 《礼乐志》1条，《五行志》1条，《楚元王传》2条，《景十三王传》1条，《傅常郑甘陈段传》1条，《外戚传》2条 | |

## Commentary on the Citation of *The Rites* in Yan Shigu's Annotations of *Han Shu*

### Yan Qing

**Abstract**：Yan Shigu's annotations of Han Shu refer to a total of 103 passages from *The Rites* and Zheng Xuan's annotations，including direct quotation，omission of the original text，and quotation with meaning. Yan Shigu did not blindly follow Zheng's notes，but objectively discriminated and analyzed them. In the Yan Note of *Han Shu*，there are five examples of direct or indirect refutation，namely，"insects"，"vegetarian"，"abalone"，"if you can't thank me"，and "acting mysteriously". Compared with the three annotations of *Shiji* and Li Xian's annotations of *The Book of the Later Han Dynasty*，

Yan's annotations have two distinct characteristics: first, there are fewer references to Zheng's annotations, and most of them are hidden references; Secondly, there are many interpretations after the introduction of scriptures to clarify one's own meaning. Yan's annotations have saved seven different texts from *The Rites*, which can help understand the textual differences in the text of the Book of Rites before the early Tang Dynasty.

**Keywords**: *Han Shu*; Yan Shigu's Annotations; *The Rites*; Zheng Xuan's annotations

# 敦煌唐写本"应举备策"残卷释略<sup>*</sup>

吴 娱 陈 飞

[摘 要] 国家图书馆所藏敦煌唐写本残卷"BD14491"和"BD14650",保存了多达三十条相对完整、清晰的"问—对"文本,弥足珍贵。但在残卷的题称、所对应的策种及科目等问题上,多有未当。残卷的作者当是一位应荐"宾王"即将赴京试策的士子,残卷为其准备之作,属"私试策"范畴。可以适应方略策、时务策、综合策等多个策种,而以制举或类似的取士试策为主,对常科(如秀才科、进士科)试策也有一定的适用性,但不涉及经策及明经科。考虑到诸多要素,称其为"敦煌唐写本应举备策残卷"似较适当。

[关键词] 敦煌;唐代;写本;应举;备策

国家图书馆所藏敦煌遗书"BD14491"和"BD14650"<sup>①</sup>,保存了多达三十条相对完整、清晰的"问—对"文本,是非常珍贵的唐写本残卷(以下简称"残卷"),具有多方面的重要价值和意义。台湾地区学者郑阿财于《敦煌本〈明诗论〉与〈问对〉残卷初探》<sup>②</sup>及《开蒙养正:敦煌的学校教育》(与朱凤玉合著)<sup>③</sup>中先予探讨,内地学者刘波、林世田《敦煌唐写本〈问对〉笺证》<sup>④</sup>,金滢坤《敦煌本"策府"与唐初社会——国图藏敦煌本"策府"研究》<sup>⑤</sup>继有笺释和考论,各有创获,然仍有可商与待发之处。本文主要是想结合唐代相关制度,仅就几个基本问题略陈浅见。其文字读识及价值意义,拟俟另文;其撰写时间,刘著、金文皆作"唐初"(贞观时期),兹从其说,暂不多及。

---

【作者简介】吴娱,女,1993 年生,上海师范大学博士研究生。陈飞,男,1957 年生,上海师范大学人文学院教授,博士生导师。

* 本文系教育部哲学社会科学研究重大课题攻关项目"唐代文学制度与国家文明研究"(18JZD016)阶段成果。

① BD14491 见中国国家图书馆编《国家图书馆藏敦煌遗书》第 128 册,第 173—175 页,题作《对策(拟)》,国家图书馆出版社,2005 年;BD14650 见同书第 131 册,第 196—210 页,亦题《对策(拟)》。

② 郑阿财:《第四届唐代文化学术研讨会论文集·敦煌本〈明诗论〉与〈问对〉残卷初探》,台湾成功大学,1999 年。案:以下简称"郑文"。

③ 郑阿财、朱凤玉:《开蒙养正:敦煌的学校教育》,甘肃教育出版社,2007 年。案:以下简称"郑著"。

④ 刘波、林世田:《守藏集·敦煌唐写本〈问对〉笺证》,国家图书馆出版社,2021 年。案:以下简称"刘著"。

⑤ 金滢坤:《敦煌本"策府"与唐初社会——国图藏敦煌本"策府"研究》,《文献》2013 年第 1 期。案:以下简称"金文"。

## 一、关于题称

残卷的标题和称谓，目前所见有：《国家图书馆藏敦煌遗书》于两件皆标作"对策（拟）"。《中国国家图书馆藏敦煌遗书精品选》[①]标名为"残策"。《敦煌劫余录续编》[②]著录0691号（即BD14491号）为"问对二十六条"；郑文既题"问对"，也称"问对二十六条"；刘著沿用"问对"，金文拟称"策府"。这些题称皆有所得，然亦有所不足：标作"对策（拟）"，此"拟"有暂作或待定之意，盖拟题者对残卷尚未达成明确认识，此固审慎之举。然而称其为"对策"，则欠准确。残卷的每一条均有"问"与"对"，即无论是单条还是全体，皆由"策问"与"对策"两部分构成，故单称"对策"，显然不够周全。而且，"对策"还有其他义指。《唐摭言》云："两汉之制，有'射策''对策'。二义者何？'射'者，谓列策于几案，贡人以矢投之，随所中而对之也；'对'，则明以策问授其人，而观其臧否也，如公孙弘、董仲舒，皆由此而进者也。"[③]此处的"对策"是指一种策题授受方式——明授其人。这种方式在两汉多用于诏制求贤（唐称"制举"或"制科"），后世亦用于其他科目取士[④]。而残卷既非正规试策，亦不能确定科目所属，故亦不宜称作"对策"。

题作"残策"，亦欠妥当。"策"作为活动（行为），有鞭策、册封、决策、献策、（制定）政策、策略等；作为文体，则有策（册）命之"策"、策（册）封之"策"、献（进）策之"策"及考试之"策"，后者称为"试策"。然则"试策"是专门用于取士考试的一种活动及文体，有其特定的体制要求，与其他各种"策"区别很大。因而"残策"之称，既稍嫌简单，又过于笼统。

题作"问对"或"问对二十六条"，盖据董康日记："古屋主人转青岛黄公渚函来，内附刘幼云《敦煌卷子目》"之"佳品"目录之"唐"部分："唐写本骈文（问对二十六条。长一丈零六寸，高八寸三分）。"[⑤]或据刘廷琛旧藏题签："（BD14491）为刘廷琛旧藏，外有黄绢包裹，包裹上缀有签条，签条题：'唐人写问对二十六条 长十六尺 高八寸三分017。'"[⑥]此题称较为直观、具体，却不尽符合残卷实际。刘氏旧藏（BD14491）虽题"唐人写问对二十六条"，实际上只有九条（第十条仅具"章题"），其余部分裂为另件（即BD14650，为赵钫旧藏），有二十一条，两件缀合之后，共三十条，则大部分在后

① 中国国家图书馆善本特藏部、上海龙华古寺：《中国国家图书馆藏敦煌遗书精品选》，国家图书馆出版社，2000年。
② 北京图书馆善本组：《敦煌劫余录续编》，北京图书馆出版社，1981年。
③ ［五代］王定保：《唐摭言》卷一《试杂文》，古典文学出版社，1957年，第9页。
④ 陈飞：《唐代"射策"与"对策"辨略》，《清华大学学报》（哲学社会科学版）2008年第1期。
⑤ 董康著，王君南整理：《董康东游日记》卷九（民国）《二十五年·九月十一日》，河北教育出版社，2000年，第383—385页。案：括号内原为单行小字注文。
⑥ 刘波、林世田：《守藏集》，国家图书馆出版社，2021年，第1页。

件。"章节数的差异，很可能是当时编目者未将无章题者计入，而同时计数又出现疏忽所致。"① 不论出于何种原因，总之原题"二十六条"未能准确表称整件（三十条）实况。而原题"问对"，可能是见残卷多有"问""对"而随手拈来，并未认识到其"私试策"②属性。实际上古文亦有"问对"一体，多用于"载昔人一时问答之辞，或设客难以著其意者也。《文选》所录宋玉之于楚王，相如之于蜀父老，是所谓问对之辞。至若《答客难》《解嘲》《宾戏》等作，则皆设辞以自慰者焉"③。可知"问对"这种文体主要是记载他人的问答之辞，或自己的"设辞"问答。此外，以"问—对"结体的文章非止一种。故称残卷为"问对"亦欠确当。

题作"策府"，主要是借鉴《兔园策府》④，虽可避免上述题称之不足，然未免过"大"，且"策府"原指帝王藏书之所⑤，亦有此类书名⑥；更重要的是，《兔园策府》系杜嗣先奉蒋王教令而撰，其写作背景、目的及用途与残卷多有不同（下及），故残卷亦不宜称为"策府"。

看来残卷的已有的题称皆有未能满意之处，有待于进一步斟定。综考诸多要素，称其为"敦煌唐写本应举备策残卷"，似较适当，说详下文。

## 二、关于策种

上文说残卷属私试策，那么它所对应的是哪种官试策呢？这便涉及"策种"问题。唐代试策主要有"方略策""时务策""经策""综合策"等几种。郑文认为残卷（0691号即 BD14491 号）"均非关经义，明显属于'时务策'。……当是敦煌地区流传之模拟

---

① 刘波、林世田：《守藏集》，国家图书馆出版社，2021 年，第 2 页。

② "试策"，既是一种取士考试活动，也是这种活动所运用之文体及其结果即试策文本，这里主要是指后者。试策由"官试"于"私试"之别，"官试"为官方组织实施的考试，"私试"典出李肇《唐国史补》："进士为时所尚久矣……群居而赋，谓之'私试'。"（卷下，上海古籍出版社，1957 年，第 55—56 页）原是指修进士业者为应备官试，相聚为文（切磋技艺）。白居易《与元九书》云："日者又闻亲友间说：礼、吏部举、选人，多以仆私试赋、判传为准的。"（朱金城：《白居易集笺校》卷四十五，上海古籍出版社，1988 年，第 2793 页。），则其"私试"包括（应备）礼部"举人"（所试）之"赋"和吏部"选人"（所试）之"判"；白氏《策林》则为准备制科而作，亦属"私试"。宽泛地说，所有为应备官试而进行的私人性撰作，都可以视为"私试"，包括同学间的作品往还、教学作业、平时练习、模拟考试等。

③ 吴讷著，于北山校点：《文章辨体序说》之《问对》，人民文学出版社，1962 年，第 48—49 页。

④ 金文云："唐代从没有用'问对'来指代策问和对策的记载，从现存的唐人类似的策文集来看，有《兔园策府》《策林》等，其编撰体例都有篇名、策问和对策，与本件文书的编撰体例一致，故比照其题名，可拟为'策府'或'策林'，考虑到'策林'是中晚唐白居易为参加制科考试的模拟策文集，时代较晚，其性质也不同，用'策林'拟名稍欠妥当。而《兔园策府》记载策文的语言、内容、格式特点，与本篇极为相似，虽然不是同一部书，但编撰者的思路和目的以及二者的性质都很相似，故借《兔园策府》之名，将本件文书定作'策府'，较为确切反映文书的内容。虽然本件文书的原题无法知晓，但其原题的含义与编撰体例应与《兔园策府》无大区别。"

⑤ 郭璞：《山海经传》之《西山经第二》："又西三百五十里曰玉山，是西王母所居也。"注云："此山多玉石，因以名云。《穆天子传》谓之'群玉之山'，见其山河无险，四彻中绳，先王之所谓'策府'。"（《四部丛刊》景明成化本）

⑥ 如《旧唐书》卷四十七《经籍志》下《事类》十五："《策府》五百八十二卷，张大素撰。"（中华书局点校本，1975 年）又，"策"亦作"册"，王钦若《册府元龟》亦作《策府元龟》。

试题。"① 是以残卷为"时务策"。刘著未就残卷策种作出明确判断，但云："《问对》残卷的性质可能与白居易任秘书省校书郎时为应制科而作的《策林》有一定的相似性。"② 而《策林》是为应备制举而作，则是以残卷属制科试策（模拟之作），即"综合策"（下及）。金文云："唐初明经科试策考试重'通经'，即注重经学内容，制科试策情况不明，只有进士科试策注重时务策，结合本件写卷中策文多以时务策为主，符合唐初进士科试策的特点。因此，本件文书应为进士科模拟试策文集。"明确认定其为"时务策"。

残卷策种的辨识，既要明确各策种的义界，又要考诸文本的全体。"经策"，主要试儒家经典，包括本文及注疏③，义界清晰，且残卷与之无涉，可以不论。"方略策"。"方"，今一般释作方针、方法。《说文解字》："方，并船也。"段玉裁注："《释言》及《毛传》皆曰：'方，泭也'。今《尔雅》改'方'为'舫'，非其义矣。并船者，并两船为一。《释水》曰：'大夫方舟'，谓并两船也。泭者，编木以为渡，与并船异事。……故知并船为本义，编木为引申之义。又引申之为比方……又引申之为方圆、为方正、为方向，又假借为'旁'，上部曰：'旁，溥也。'凡今文《尚书》作'旁'者，古文《尚书》作'方'，为大也。"④ "并船为一""编木为渡"，皆是以一种行为和方法达成目的的，解决问题。"比方"是通过比较达成认识和解决问题。"方圆""溥大"，是在更大范围上认识和解决问题，有从整体、大局着眼之意。"方正""方向"，是依据一定的准则认识和解决问题，有从根本、长远着眼之意。"略"，今一般释作策略、谋略。《说文》："略，经略土地也。"段注："昭七年《左传》：芊尹无宇曰：'天子经略，诸侯正封，古之制也。'杜注：'经营天下，略有四海，故曰经略。正封，封疆有定分也。'……凡经界曰'略'。……引申之，规取其地亦曰'略地'。凡举其要而用功少皆曰'略'。略者，对详而言。"则"略"本动词，"经略土地"，是指天子、诸侯定界划疆；而"略地"则为"规取"其地。孔颖达疏引孟子曰"仁政必自经界始"⑤，则确定疆界、规取其地同时也是治理的开始。又引申为"举其要而用功少"。则"略"为厘清界限，明确要点，以求高效之意。合而言之，作为试策之一的"方略策"，是从较大范围的整体着眼，就重大目标和行

① 郑阿财：《第四届唐代文化学术研讨会论文集》，台湾成功大学，1999年，第321—324页。案：郑文云："所谓'时务策'，即只论当代事务之对策。唐代科举考试凡明经，先帖文，然后口试经义，答'时务策'三道；进士试'时务策'五道，帖一大经，经、策全通者为甲第。足见'时务策'为当时考试之关键，人人必习。……'时务策'因切中时事，不似经义策、方略策等较易沦为空泛，因此历来深受帝王重视，《全唐文》亦载有后唐明宗《策对重时务敕》。试策的试题词目一般都是命专人出题，皇帝偶尔也亲出试题。虽多半由文臣命题，然由于考试乃皇帝下令征试，因此，问题多是以皇帝的口气发问。《全唐文》载有元结《问进士》五首，系永泰二年，进士科之'时务策'考题。徐松《登科记考》录有'唐光宅二年乙酉科'状元吴师道殿试'时务策'五道之题目、策文及试卷……"所言唐代试策制度及元结、吴师道试策多有不确，因非本文主旨，兹不详辨。
② 刘波、林世田：《守藏集》，国家图书馆出版社，2021年，第7页。
③ ［唐］李林甫著，陈仲夫点校：《唐六典》卷二《尚书吏部》，中华书局，1992年，第45页。其注文曰："诸明经，试两经……皆录经文及注意为问。"案：明算、明法等科目，则试本"专业"之经典。
④ ［清］段玉裁：《〈说文解字〉注》，上海书店影缩经韵楼刻本，1992年，第404页。
⑤ ［唐］孔颖达：《春秋左传正义》卷九《庄二十一年》，《十三经注疏》，中华书局，1980年，第1774页。

动，简明扼要地提出问题并作出对策。当然，范围大小、重要程度，会随试策的层级、试策者的地位及立场等因素之不同而有所差别，如国家层面的取士试策，或以皇帝名义举行的试策，通常与国家的大政方针、大是大非问题相关联、相适用，故方略策往往具有宏观性、原则性和指导性，属"战略"性的方针大计。

"时务策"。"时"，今一般作当时、眼下、现时。《说文》："时，四时也。"段注："本春、秋、冬、夏之称，引申之为凡岁月日刻之用。《释诂》曰：'时，是也。'此时之本义，言时则无有不是者也。《广雅》曰：'时，伺也。'此引申之义，如'不能辰夜'、'远犹辰告'，《传》皆云：'辰，时也'，是也。"①《说文》："是，直也，从日正。"段注："直部曰：'正见也'。……十目烛隐则曰'直'，以日为正则曰'是'。从日正，会意。天下之物，莫正于日也。《左传》曰：正直为'正'，正曲为'直'。"②则"时"有当此之时、以日正物之义。"务"，今作事务、从事。《说文》："务，趣也。"段注："趣者，疾走也。务者，言其促疾于事也。"③可知"务"既为"促疾于事"，则其"事"急迫而重要，不言而喻。合而言之，作为试策之一种的"时务策"，是就当前急需从事的要务提出问题并作出对策。

日本典籍《令义解》云："谓时务者，治国之要务也。假如'既庶又富，其术如何'之类也。"④《令集解》云："时务，为治国之要道耳。《吕氏春秋》'一时之务'是。假如'使无盗贼，其术如何'之类。《古记》云：'时务，谓当时可行时务是非也。策，谓试板之名也。'案：《魏徵时务策》……"⑤古代日本的取士制度（当然不限于此）大体是对唐代取士制度的仿效和借鉴，很大种程度上可以视为后者的域外遗存，故其解释颇有参考意义。释"务"为"治国要务""治国之要道"，皆是从国家视角而言；释"时"为"当时可行时务是非"，则"紧迫"感不足。《吕氏春秋》载："昔晋文公将与楚人战于城濮，召咎犯而问曰：'楚众我寡，奈何而可？'咎犯对曰：'臣闻：繁礼之君，不足于文；繁战之君，不足于诈，君亦诈之而已。'文公以咎犯言告雍季，雍季曰：'竭泽而渔，岂不获得，而明年无鱼；焚薮而田，岂不获得，而明年无兽。诈伪之道，虽今偷可，后将无复，非长术也。'文公用咎犯之言而败楚人于城濮，反而为赏，雍季在上，左右谏曰：'城濮之功，咎犯之谋也，君用其言而赏后其身，或者不可乎？'文公曰：'雍季之言，百世之利也；咎犯之言，一时之务也。焉有以一时之务先百世之利者乎？'"⑥高诱注云："务，犹事。"则"一时之务"即眼前战事。"楚众我寡"，凶多吉少，故迫切而紧要。咎犯建议

---

① ［清］段玉裁：《〈说文解字〉注》，上海书店影缩经韵楼刻本，1992年，第302页。
② ［清］段玉裁：《〈说文解字〉注》，上海书店影缩经韵楼刻本，1992年，第69页。
③ ［清］段玉裁：《〈说文解字〉注》，上海书店影缩经韵楼刻本，1992年，第699页。
④ ［日］清原夏野：《令义解》卷四《考课令》，《国史大系》第十二卷，明治三十三年（1900），第155页。
⑤ ［日］惟宗直本：《令集解》卷二十二《考课》五，建治二年（1276）校合本。
⑥ ［先秦］吕不韦：《吕氏春秋》卷十四《孝行览》第二《义赏》，《诸子集成》本，上海书店影印世界书局本，1986年，第147页。

用"诈",高诱注:"诈者,谓诡变而用奇也。"即用不合通常规则和情理的诡诈之术,直白地说,就是阴谋诡计。雍季没有完全否定咎犯之谋,而是说"诈伪之道"并"非长术",即"诈伪"只可用于当前急务,不可作为长久的治国之道。文公得胜后首赏雍季,则是视"百世之利"更重于"一时之务"。由此例可见"时务"与"方略"的异同:虽然都是国家之事务,但"时务"所关注的范围较为局部而具体,实施性、技术性更强,而且更加紧要和迫切。应用于试策,其范围之大小、紧要之程度,则随试策等级和试策者立场之不同而有所差别,国家级取士(省试)和以皇帝名义求贤(制科)所试之时务策,通常须与国家当前紧要政事密切相关。

那么残卷究竟属于哪一策种呢?就其主题、内容、视角及旨趣等要素综合观之,总共三十条,没有一条是就儒家经典本文及注疏进行问对的,故可排除其有"经策"的可能,则其策种分布大体如下表①:

| 残卷 | | |
|---|---|---|
| 方略策 | 时务策 | 未定策 |
| 一、《孝子感应》 | 二、《断贪浊》 | 六、《问豪富》 |
| 三、《酷虐》 | 四、《世间贪利不惮刑书》 | 七、《问妇女妖皂》 |
| 五、《唯欲贪求亦有义让》 | 九、《修礼让息逃亡》 | 十二、《问武勇猛人》 |
| 八、《问富贵人唯觅财利亦有清洁》 | 十、《安抚贫弱》 | 十五、《问音乐所戏》 |
| 十一、《问帝王感瑞不同》 | 十三、《进士无大才》 | 十八、《隐居不仕为是无才为不遇时》 |
| 十六、《三代官名多少》 | 十四、《括放客户还乡》 | 十九、《问俊义聪辩》 |
| 二十五、《善治术》 | 十七、《审官授爵》 | 二十三、《蔺菀》 |
| | 二十、《僧尼犯法》 | 二十四、《山石》 |
| | 二十一、《断贪浊》 | 二十六、《山》 |
| | 二十二、《书籍帐》 | 二十七、《海》 |
| | | 二十八、《地》 |
| | | 二十九、《江河》 |
| | | 三十、《请雨》 |

表中列入"方略策"者,有《孝子感应》等七条,只是方略性较强而已;同样,列入"时务策"的《断贪浊》等十条,也只是时务性较强而已,并非绝对。《问豪富》等十三条,则策种特征不够突出,暂时不拟明确归入哪一种策;但像《蔺菀》《山石》《山》《海》《地》《江河》等,一望便知不是方略策或时务策。就此大致分别来看,残卷大部分不属时务策。而且由于残卷大多采用普泛视角和全称判断,如"世间""世界""世道""世""人""山""海""地""水"等,淡化了局部性和具体性;又多采用"过去"叙事,

---

① 残卷文本及其"章题"均据陈飞《唐代试策笺校》(待版稿,以下简称《笺校》。又,本文所引录唐代试策文本均据此稿,不再一一注明)。残卷各条原无序号,其《酷虐》《山》《海》原无"章题",皆为《笺校》所加。

如"古来""古者""往者""三代""往古以来""其来已久"等，淡化了现时性和紧迫性；加之每条对策皆以"某闻"领起，也增加了不确定性，凡此皆一定程度地削弱了"时务"特征。总的看来，残卷的策种特征并不是很显著、很典型，所包含（对应）的策种非止一种，因而不宜将其整体上视为单纯的某一策种。这可能是由于"方略"与"时务"原本就是相对的，没有严格的界限，难免有所近似和交叉。也可能作者原本就没有刻意"对标"某一策种，而是尽量广泛汇集相关问题，提炼要点，撰成草稿，以备平时温习及准备考试之用。也就是说，残卷包含亦即适用于多个策种。

残卷的这种情况并不孤立，就连以"时务策"为名的魏徵《时务策》[①] 大抵也是如此，其"主题"略见下表：

| 魏徵《时务策》 | | |
|---|---|---|
| 方略策 | 时务策 | 未定策 |
| 十三、虞舜致化，周武兴邦<br>十四、薰风远扇<br>十五、万国来朝，百蛮入贡<br>十九、周汉祥瑞 | 一、孝子顺孙，义夫节妇<br>二、经佛兴行早晚得失<br>三、清廉，贪浊<br>八、徭役，饥寒 | 四、扁鹊，华他<br>五、邴原寻师<br>六、景鸾愿学<br>七、京鸾，邴原<br>九、燕石，鱼目<br>十、苏生义<br>十一、北黍南夷<br>十二、西鹈东鲽<br>十六、羽翼之属<br>十七、陶渊明隐彭泽<br>十八、嵇叔夜家植五柳 |

虽然多是断简残句，所列"主题"亦属"望文生义"，因而策种归类未必尽合原旨，但大致可以看出其中绝大部分并非典型的时务策，既有方略策，也有很多是难以明确归类策文，与残卷的情况颇为相似。由此可以推测，当时所谓"时务策"，或许并没有很严格的界限，或许作者（魏徵）原本就是广泛汇集相关问题，适应多种需要，而不是专为时务策而作，"时务策"之书名，只是取其大概而已。

鉴于以上情况，我们可以说残卷中有不少属时务策，但不能说残卷全部都是或只有时务策。在其策种归属上，不宜也不必"从一而终"，留有更多可能性，或许更符合实际，也更有利于问题的探讨。

---

① 魏徵《时务策》久佚，王应麟《玉海》卷六十一《艺文》之《奏疏策》之《唐魏徵〈谏事〉〈谏录〉〈时务策〉》载："……又《时务策》五卷。"注云："《书目》：《时务策》一卷，凡答问百条"。（第 1163 页。江苏古籍出版社/上海书店影印清光绪九年浙江书局本，1987 年），今存十九条，详见［日］东野治之《令集解〈古记〉にみえる〈魏徵时务策〉考》［载《万叶》第九十二号，昭和五十一年(1976)八月］及《大宰府出土木简に见える"魏徵时务策"考》［东京，塙书房，昭和五十八年(1983)］。原无"章题"，仅前二条相对完整，自第三条以下皆为残句。表中"主题"为笔者所概括，各条序号为《笺校》所加。

### 三、关于科目

策种与科目有着一定的对应关系，故残卷策种问题与其科目归属问题密切相关，也是有待确定的基本问题之一。郑文没有就此作出明确判断，但在郑著的《学生的模拟考试卷》一节中，明显倾向于"明经科"①。刘著亦未作明确判断，但似倾向于"制科"②，金文则认定为"进士科"③。这个问题须结合唐初取士各科试策制度，方可获得较为准确的认识。

《唐六典》载："其秀才，试方略策五条……其进士……策时务五条……其明经，各试所习业。"④《通典》载："初，秀才科等最高，试方略策五条……贞观中，有举而不第者，坐其州长，由是废绝，自是士族所趋向，唯明经、进士二科而已。其初止试策。"⑤可知唐初各科所试策种的对应关系为：

秀才科—方略策
进士科—时务策
明经科—经策⑥

其中明经科所试"经策"，开元二十五年（737）诏改试"时务策"⑦，但并未改为典型的时务策，实质上仍为"经策"。残卷既无经策，则与明经科无涉，故暂置不论。

秀才科、进士科皆属"常科"⑧。进士科试时务策五道，据上文，残卷整体上时务策

---

① 郑著本节先述"唐代科举的明经策问"制度变迁，继而云："其中明经试时务策，旨在调和明经、进士二科的短长。其后则渐趋流于形式，答时务策，对明经来说恐怕只不过是虚应故事……"继而谈及《登科记考》详于进士而略于明经，保存下来的多为"问"很少"对"，"特别是有关学子习作的数据与准备考试的仿真试题，更是多付阙如。中国国家图书馆藏的这件敦煌写本'问对'残卷，虽为《残卷》，但保存的部分有问有对，资料极为难得。"详见《开蒙养正：敦煌的学校教育》，甘肃教育出版社，2007年，第122—123页。

② 刘著云："唐初制科主要试对策，明经科、进士科也需答策问数道，对策乃是唐初由科举进身的士子们的必修功课，也是他们所擅长的文体。作者使用对策这种形式来表达见解、阐述思想，是很自然的行为。另外，士子们为了中举，有必要进行对策训练。因此，《问对》残卷的性质可能与白居易任秘书省校书郎时为应制科所作的《策林》有一定的相似性。"详见《守藏集》，国家图书馆出版社，2021年，第7页。案：白氏《策林序》云："元和初，予罢校书郎，与元微之将应制举。"则白氏应制举时已罢校书郎。

③ 金文云："唐初明经科试策考试重'通经'，即注重经学内容，制科试策情况不明，只有进士科试策注重时务策，结合本件写卷中策文多以时务策为主，符合唐初进士科试策的特点。因此，本件文书应为进士科模拟试策文集。"

④ ［唐］李林甫著，陈仲夫点校：《唐六典》卷二《尚书吏部》，中华书局，1992年，第44—45页；同书卷四《尚书礼部》，第109页。

⑤ ［唐］杜佑著，王文锦等点校：《通典》卷十五《选举》三，中华书局，1988年，第354页。

⑥ 唐代的"常明经"主要试儒家经典本文及注疏；"准明经"（如道举）和"类明经"（如明法、明书、明算），各试其所习"专业"之经典。详见陈飞《唐代试策考述》，中华书局，2002年。

⑦ ［北宋］王溥等《唐会要》卷七十五《帖经条例》录其诏文云："其明经，自今以后，每经宜帖十，取通五已上，免旧试一帖；仍按问大义十条，取通六已上，免试经策十条；令答时务策三道。取粗有文理者，与及第。"《丛书集成初编》聚珍本，中华书局，1955年，第1377页。

⑧ 唐代的常科每年定期举行，由吏部（开元二十五年后改归礼部）主持考试，亦称"省试"。

特征既不够突出，所包含的策种也不单一，因而不宜从整体上断定残卷只是对应（瞄准）进士科而准备的，而与其他科目无关。但应注意的是：唐初进士科所试时务策有一定的构成规则，唐人封演云："旧例：三道为时务策，一通为商，一通为征事；近者，商略之中，或有异同。大抵非精博通赡之才，难以应乎兹选矣。"① 这段话应理解为：从"总体"上说，进士科试策五道统称"时务策"；但从"分体"上说，其中有三道为典型的时务策；其余一道为"商略策"，一道为"征事策"，从而形成"体—级"结构。② "商略策"的问题大都具有可商性，或犹疑，或分歧，或矛盾，故有待商讨议定。"征事策"则是征引"故事"来说明（解决）相关疑难问题。然则三道典型时务策必须就当前紧要事务进行问对；而商略策、征事策则不必密切联系时务，可以广征博引、辩说论证，故多涉文史载籍、思想学术等，可谓是宽泛的时务策。因此要求应试者既要对当前紧要事务有深切的了解和思考，又要具备渊博扎实的知识，宏通精深的思辨，以及敏捷周密的表达。所以封演有"大抵非精博通赡之才，难以应乎兹选"之叹。封演所谓"旧例"，当为开元二十五年以前制度，但据传世试策文本，其后的进士试策③，仍具备这样的"体—级"结构。然则进士科虽号称"试时务策五道"，其实涉及的范围相当广泛，因此可以说残卷中有相当部分是可以和进士科对应的。

秀才科所试"方略策五道"是否也有类似的"体—级"结构，尚未见有明确记载，可能与此科早就"废绝"有关。但从封演"其后举人惮于'方略'之科，为'秀才'者殆绝，而多趋明经、进士"④ 的记述来看，秀才科试方略策五道的难度显然远在进士科试时务策五道之上。由此推测，秀才科的五道试策，不可能全部都是大政方针、宏观战略之类，也应涉及文史载籍、思想学术等问题，因而应试者必须具备更高的"精博通赡之才"。这样的推测，可在日本古籍中得到佐证。《令集解》云：

> 方略，无端也。多闻博雅之士所知无端大事，假如颜渊短命、盗跖长生、福善淫，何其爽欤之类。《古记》云："秀才，谓文章之士也。方略，谓无端大事也。多闻博览之士知无端，故试以无端大事也。假令试问云：'何故周代圣多，殷时贤少？'如此事类二条，试问耳。一云：问云：'何故马者大行之后闻地，犬者小行之时上足？'是亦为无端事也。"⑤

---

① ［唐］封演著，赵贞信校注：《封氏闻见记》卷三《贡举》，中华书局，2005年，第15—17页。案："商"后原脱"略"字，赵校据《唐语林》改为"方略"，疑误。参见陈飞《唐代进士科"策体"发微——"内容体制"考察》，《文学评论》2014年第5期。

② 详见陈飞《唐代进士科"策体"发微——"内容体制"考察》，《文学评论》2014年第5期。

③ 如［唐］杜甫《乾元元年华州试进士策问》、［唐］高郢/白居易《贞元十六年进士科策》、权德舆《贞元二十一年进士科策问》等。

④ ［唐］封演著，赵贞信校注：《封氏闻见记》卷三《贡举》，中华书局，2005年，第15页。

⑤ ［日］惟宗直本：《令集解》卷二十二《考课》五，建治二年（1276）校合本。

这是就秀才科试方略策而作的解释。"无端",即"所知无端",意谓符合"秀才"标准的人,应当博闻广识、无有涯际。"方略"则指"无端大事",意谓在博大无边的范围内,就某些"大事"进行问对。从其所举事例来看,"颜渊短命""盗跖长生""福""善""淫"(何其爽欤)之类,大致属于生死、德性、福报、惩戒等问题,理论性较强;"周代圣多""殷时贤少"之类,则属治国之道、选贤任能等问题,实践性较强;而"马者大行之后闻地""犬者小行之时上足",则属知识和经验问题,思辨性较强。故秀才科方略策所试之"事",有大有小,有虚有实,知行兼顾。这里虽然没有说到"总体"和"分体"情况,但从问题(内容)的类别上看,与进士科的"体—级"结构,实有异曲同工之妙。因而残卷中也有相当部分可以和秀才科试策大致对应。

与常科相对的是"制举",即由皇帝不定期下诏标其科目而选拔贤能之士,具体科目有数十逾百之多。值得注意的是,几乎所有制举科目都只有试策一个试项(个别科目除外)。大抵开元九年(721)以前为"多道制"①,其后逐渐稳定为"一道制"。"多道制"试策,通常一道一"事"(问题),或为方略,或为时务,有时也会涉及"经"。如《天授元年学综古今科策》:第一道问"朕闻立极开基之主,经文纬武之君,莫不象法殊流,沔隆异制。至于安人导俗,咸即运以垂芳;缉化宣风,各因时而播美……适时之务何先?经国之图何取?帝皇之道奚是?王霸之理奚非?"此处的"适时之务"其实都是"方略"性问题。第二道问:"《礼》崇三典,方弘慎罚之规;《书》著五刑,不以深文为义……顷者荆郊起祲,淮甸兴祆。朕唯罪彼元凶,余党并从宽宥。今敬直之辈,犹蕴狼心。不荷再生之恩,重构三藩之逆。还婴巨衅,便犯严科。岂止杀之方乖于折衷?将小慈之泽爽彼大猷?子大夫等学富三冬,才高十室。刑政之要,寔所明闲。倾此虚襟,伫闻良说。"直接切入"顷者"发生的重大事件(徐敬业"讨武"),要求对出"刑政之要"。可谓典型的"时务策"。第三道问:"仰观乾象,房、心于布政之宫;俯察坤元,河、洛建受图之所。是以上稽珠纬,得风雨之和;下表圭臬,均远近之节……未知何代之政,参酌适中?何礼之规,施用为切?务从必简之道,式崇可久之基。陈彼嘉谋,尔其扬榷。思擢大常之第,副朕求贤之怀。"则是从天象与政治关系着眼,要求参酌前代得失,提出符合"从简"原则的礼法,同时为太常寺选拔人才。此又颇似进士科的"征事""商略"或秀才科的"无端大事"。然则就其总体而言,"多道制"试策其实是多个策种的配合运用,可称"综合策"。"一道制"试策,虽然道数减至最少,但其"事"有增无减,以三至五个居多,而如《贞元元年贤良方正能直言极谏科策》,长达六百多字②,所问之"事"或显或隐,大大小小将近二十个,有

---

① 今存开元九年(721)以前制科试策自一道至五道不等,考虑到残缺及特例等因素,大抵以三道为常。陈飞:《唐代试策考述》,中华书局,2002年。

② 李昉《文苑英华》卷第四百八十六《策》十题作《贤良方正能直言极谏策》下署:"陆贽",双行小字注:"贞元元年撰题。"[北宋]李昉:《文苑英华》,中华书局影印宋残本补配明本,1966年,第2479页。据《笺校》文本计算机统计,为626个字符,文长不录。

方略，有时务，也涉及"经"，而时务气息尤为强烈。然则"一道制"试策则是典型的"综合策"。由此看来，残卷整体上与制举试策对应范围似乎更大一些。

还应注意的是，唐代制举是同时面向"举人"和"选人"开放的，前者属"初级取士"，其对象一般为"白身人"（尚未获得"出身"入仕者）；后者为"中级取士"，其对象一般为具有任官资历或"出身"（符合铨选条件）者，其性质类似"科目举"。[①] 人们熟知的元稹、白居易"才识兼茂明于体用"科试策及第，即属后者，二人为此而作的模拟练习即《策林》，也称"准备制科"[②]。然则残卷在一定程度上也可与吏部铨选相对应。

除上述以外，唐初还有其他取士试策情况，例如贞观十五年（641）月诏："可令天下诸州，搜扬所部士庶之内：或识达公方，学综今古，廉洁正直，可以经国佐时；或孝悌淳笃，节义昭显，始终不移，可以敦风励俗；或儒术通明，学堪师范；或文章秀异，才足著述，并宜荐举，具以名闻。限来年二月，总集泰山。"[③] 这是与（计划）明年二月封禅泰山相伴而举行的求贤取士活动，可以视为制举的特例。虽因封禅告停而未能实施，但颜师古为此而作的策问文得以保存下来，《文苑英华》题曰《策贤良五道》，第一道问"立化成俗，阐教弘风"之治道所尚；第二道问"设官分职，非贤不任"之考核办法；第三道问"廉洁之道，正直之举"之前贤今法；第四道问"学以从政，溥文强识"之典型范例；第五道问"食货工商，利弊得失"之古今举措。[④] 这只是概举其要，实际上各道问事非止一端。而"贤良"为其总称，其下还有更细的"分目"，如第二道云"职达化方，久应商略"，第三道云"既充廉洁之选，又应正直之科"，第四道云"学综古今，想宜究悉"，第五道云"佐时经国，此亦一隅。既膺斯举，何所兴让"，皆与诏文所列名目相应，应是作者有意将其"内嵌"于策问中，以便考官和应试者"对号入座"。然则这五道贤良策问整体看来，亦属"综合策"。

又如《册府元龟》载：

唐太宗贞观十八年三月己丑，有郿州所举孝廉赐坐于御前，帝问曰："历观往古，圣帝明王，莫不得一奉天，必以黎元为本；隆邦建国，亦以政术为先。天以气

---

① 陈飞：《唐代国家取士制度系统表释（上）》，《河南师范大学学报》（哲学社会科学版）2020 年第 1 期。陈飞：《唐代国家取士制度系统表释（下）》，《河南师范大学学报》（哲学社会科学版）2020 年第 3 期。

② 白居易《策林·序》云："元和初，予罢校书郎，与元微之将应制举，退居于上都华阳观，闭户累月，揣摩当代之事，构成策目七十五门。及微之首登科，予次焉，凡所应对者，百不用其一二。其余自以精力所致，不能弃捐，次而集之，分为四卷，命曰《策林》云耳。"（《白居易集笺校》卷六十二，第 3436 页）则《策林》为白氏与元稹共同之作。《文苑英华》收《策林》文，往往注称"准备制科"，如卷四百九十四《纳谏》下注云："自此至卷终，并于《白居易集·准备制科》（七）十五门中摘取九篇，其问答皆白居易拟作。"（第 2527 页。"七"字原脱）则知《策林》亦名《准备制科》。

③ ［北宋］宋敏求：《唐大诏令集》卷一百二《政事》之《举荐》上《求访贤良限来年二月集泰山诏》，中华书局重印商务印书馆本，2008 年，第 518 页。

④ 《文苑英华》卷四百七十三《策问》一《策贤良问五道》，下署："颜师古。"其撰作背景及时间，详见陈飞《唐代试策考述》，中华书局，2002 年。

变物，莫知其象；君以术化人，不显其机。气以隐质为虚，术以潜通为妙。运之无为，施之无极。故能清风荡万域，长辔控八荒，不令而行，不言而信。欲尊此术，未辨其方。想望高才，以陈良策。"孝廉等文（一作"久"）之无对。

又令皇太子问之曰："夫子何以为曾参说《孝经》？"孝廉答云："夫子以弟子之中参最称孝，所以为说。"太子曰："《礼记》云：公明仪问曾子曰：'夫孝子先意承志，喻父母于善。参直养而已，安能为孝？'据此而言，参未云孝。"又问："《礼》云：居处不庄，非孝也；事君不忠，非孝也；莅官不敬，非孝也；朋友不信，非孝也；战阵无勇，非孝也。五者不遂，灾及于亲。此五孝施用若为差等？"孝廉不能答。

次令近臣迭问："仁孝之名，谁所创作？明其优劣，仁孝何先？"又问："孝廉于四行之内，居第几科？"又问："社主之义，殷柏周栗。秦汉以来，若为变改？"又问："尧舜圣德，应贻厥孙谋。何因朱均以降，绝灭无后？"孝廉并不能答。

……令引就中书省射策，所答乖旨。①

这次郿州"举孝廉"，盖亦地方长官奉诏举贤，性质亦同制举。太宗等人的提问，当为笔试（射策）之前的"口策"。太宗所问，属治国之道；太子所问，涉及经文及注疏；近臣所问，则博及文史载籍，总体说来，亦为"综合策"。

以上的"贤良""孝廉"亦可视为宽泛的科目，此外还有不称科目的取士试策，如《贞观政要》载马周："贞观五年，至京师，舍于中郎将常何之家。时太宗令百官上书言得失，周为何陈便宜二十余事，令奏之，事皆合旨。太宗怪其能，问何，何对曰：'此非臣所发意，乃臣家客马周也。'太宗即日召之，未至间，凡四度遣使催促；及谒见，与语，甚悦。令直门下省，授监察御史，累转中书舍人。"②此事向为美谈，但其间有些重要环节为吴兢所"遗漏"，据《册府元龟》："（太宗）于是召见（马周），与语，深悦之。宣令直门下省，及令房玄龄试其经义及时务策，擢第，授儒林郎，守监察御史。"③太宗令百官上书言得失，其实就是让百官献计献策。连常何这样的武官都要"作弊"献策，可见当时人主求策之殷勤与人臣献策之踊跃。"便宜"即合乎时宜的便利之策；马周所陈"便宜二十余事"，其实就是二十多条时务策；其后试"经义及时务策"而"擢第"，足见马周不仅明达时务，而且擅长"经义"。然则太宗在"事皆合旨"且有常何举荐的情况下，仍令房玄龄试策马周，又足显其任人之审慎，对试策的特别重视。尤可注意的是，这次试策是在马周"直门下省"之后与"授儒林郎，守监察御史"之前，看来是作为正

---

① ［北宋］王钦若：《册府元龟》卷六四三《贡举部》之《考试》一，中华书局影印明刻初印本，1960年，第7708—7709页。

② ［唐］吴兢：《贞观政要》卷第二《任贤》第三，上海师范大学古籍整理组校点本，上海古籍出版社，1978年，第45页。

③ ［北宋］王钦若：《册府元龟》卷八百八十四《总录部》之《荐举》，中华书局影印明刻初印本，第10479页。案："恒"即"常"，避宋讳。

式授予职事官前的重要而必需环节，亦有"擢第"和"下第"之处分，如同正规考试。太宗令"总任百司"的房玄龄主持试策，既可见其对试策的重视，亦可见其深知房玄龄于"经义及时务策"造诣之高，而房玄龄平素于"经义及时务策"用功夫精勤、准备之充分，也就不言而喻了。

所谓"上有所好，下必有甚焉"，由于唐初特别是贞观时期君臣的倡导和推行，试策被广泛应用于取士、求贤和选官活动中，这种"尚策"的风气被后世延续和发扬，遂成通例和传统。然则在这样的风尚下，不论是有意入仕为官的士子，还是负责取士选贤的官员，都必须留心试策，谙练其事。于是出现大量的学习材料和模拟之作，残卷、魏徵《时务策》以及《兔园策府》之类皆属"应运而生"。然则残卷为数十条（今见三十条，实际应不止此）试策的集合之作，其写作的动机及用途当不限于某一科目，甚至也不限于一般的常科和制举，而是具有广泛的适用性。至于读者的利用，更是各取所需，殊难限定。

## 四、关于作者

残卷为何人所作？目前尚不得其详，然残卷中有两处文字，隐约透露出一些相关信息。第二十七条《海》云："某智非通圣人，异景纯身，无尺水之才，讵识溟波之量？聊凭布鼓，冒应雷门。怅忽迷神，周悼不具。"① 第二十八条《地》云："某识谢前规，才非天性。猥蒙提奖，忝预宾王。智不谋身，焉能度土？管窥前典，傍采遗书，轻敢述焉，何酬万一？战惶交争，悚悸多兼。"可先假定这个"某"即作者本人，此两处文字皆为"自谦"之辞，可作以下几点读释和推测：

一是"某智非通圣人，异景纯身"。"某"，残卷作"其"，刘著仍之，据文义及下例，当为"某"之讹。此处之"智"，应理解为智略、智谋或智虑之类，则此句是说自己不能如郭璞那样参透天地阴阳之秘，领悟圣人的智略。圣人的智略当然是博大而高妙的。"智不谋身，焉能度土"，盖用大禹过家门而不入，"荒度土功，弼成五服"② 之典，是谓己之智略不能如大禹那样度土建功。"某识谢前规"之"识"，应理解为察识、辨别及选择，则此句是说自己对事物（问题）的辨识和（应对）办法，与既有成规不同。故其"智"隐然与"方略"相应，"识"则隐然与"时务"相应。观其取法圣贤，欲破前规，可知其自许甚高，且非循规蹈矩之人。

二是"无尺水之才，讵识溟波之量"，表面上是说自身才识浅陋，不足以理解大海的博大无限，实则化用庄子"鲲鹏"之典，暗示自己有海运水击、扶摇而上之志。"才非天性"，则暗示自己后天用功之勤。可知其为抱负远大、勤奋自强之士。

---

① 此"章题"残卷原无，《笺校》酌加。
② 《尚书正义》卷五《益稷》第五："启呱呱而泣予弗子，惟荒度土功，弼成五服。"《十三经注疏》本，中华书局，1980年，第143页。

三是"聊凭布鼓，冒应雷门"。典出《汉书·王尊传》：尊居闾巷，为徐明所荐，由县令迁刺史至东平王相，奉诏谒王，太傅说《相鼠》诗，尊曰："毋持布鼓过雷门！"颜师古注："雷门，会稽城门也，有大鼓。越击此鼓，声闻洛阳，故尊引之也。布鼓谓以布为鼓，故无声。"① 此处反其意而用之，暗示自己本居闾巷，现在"王国"，将面对奉诏之官（即参加国家考试，此点可在下文得到佐证）。

四是"猥蒙提奖，忝预宾王"。"忝"，残卷原作"添"。刘著读作"性猥蒙提，奖添（忝）预宾王"，有误。"性"字衍，"奖"当从上作"提奖"。此八字尤为关键。"猥蒙提奖"，是说自己受到某人的提携和奖掖，亦即承蒙举荐。举荐的去向和目标，则是"宾王"。"宾王"典出《周易·观卦》："六四，观国之光，利用宾于王。"王弼注："居观之时，最近至尊，观国之光者也；居近得位，明习国仪者也，故曰：'利用宾于王也。'"孔颖达疏："居在亲近而得其位，明习国之礼仪，故曰：'利用宾于王庭也。'"② 《文选》六臣注："言当选名之秀，进于太学，利于时用，宾佐王道升进也。"③ 本指诸侯朝观于王，地位亲近，便利其用，后泛指为天子（国家）进荐贤能。唐代的各级取士通常都有举荐环节，往往亦称"宾王"。由"忝预宾王"推测，其人已获举荐，将要前往天子身边（京城）"观光"（参加国家考试），进而为之效力，此时正在做准备。

五是"管窥前典，傍采遐书，轻敢述焉，何酬万一"。此句紧承"猥蒙提奖，忝预宾王。智不谋身，焉能度土"而下，意谓自己智虑不足以度土立功，只能根据"前典"和"遐书"作此对答，实不足以酬谢（提奖者）恩惠之万一。此虽就"地"而言，亦可推知残卷是为"宾王"而作，既有对方略、时务的关注，也有对经史载籍的博取。"述"有"述而不作"之意，虽曰"不作"，实有所为。然则残卷之作，似不止于准备考试，还有其他目的和用途。

六是"怅忽迷神，周悼不具"和"战惶交争，悚悸多兼"。言其惆怅恍惚、神思迷乱、惊惧惶恐、战战兢兢，虽是谦抑表白，未免有些"过度"。然则这种"过度"谦抑，往往由于对方——提奖者或（拟想中的）主试官——地位太高，恩惠或权力太大等；也可能由于自己的期望太过美好和急切而特别难以实现。总之，悬殊越大，越容易造成这种紧张不安、恐惧迷乱的复杂情态。然而从唐代试策文本来看，这样"过度"的自我表白，多见于制举对策。据此推测，这样的表白如果准备用于正式官方试策的话，那么它

① 《汉书》卷七十六《王尊传》："涿郡太守徐明荐尊不宜久在闾巷，上以尊为郿令，迁益州刺史。……尊居部二岁，怀来徼外，蛮夷归附其威信。博士郑宽中使行风俗，举奏尊治状，迁为东平相。是时，东平王以至亲骄奢不奉法度，傅相连坐。及尊视事，奉玺书至庭中，王未及出受诏，尊持玺书归舍，食已乃还。致诏后，谒见王，太傅在前说《相鼠》之诗，尊曰：'毋持布鼓过雷门！'"中华书局点校本，1962年，第3229页。

② 《周易正义》卷三《观卦》，《十三经注疏》本，中华书局，1980年，第36页。

③ ［唐］李善等：《六臣注文选》卷三十六《文》王元长《永明九年策秀才文五首》："子大夫选名升学，利用宾王。"注："善曰：……《礼记》曰：卿论秀士、司徒论选士之秀者，升之于学曰俊士。郑玄曰：学，太学也。《周易》曰：观国之光，利用宾于王也。良曰：言当选名之秀进于太学，利于时用，宾佐王道升进也。"浙江古籍出版社，1999年，第656页。

所对应的很可能是制举或类似的举贤取士。当然，这样的表白在残卷中仅见于上述两处，其他部分（在正式考试时）是否也会采用这样的表白，无从得知，因而不能说残卷的全部都是为制举或类似取士试策而准备的。

如此看来，残卷的作者，很可能是偏远地方（今甘肃敦煌一带）的一位文士或低层官吏，颇有抱负和才学，勤奋努力，追求仕进。此番承蒙长官举荐，将赴京参加考试（试策），渴望获得擢用，为国家效力。为此汇集了很多相关问题，模拟试策形式，写成简要的问对，既可以做备试之用，也是自己用心观察、思考和表达的集中体现，残卷只是其中一部分而已。

回顾上文，可得几点基本认识：其一，残卷作者是一位获得举荐"宾王"即将赴京应试的士子。其二，残卷是其为准备应试而作的模拟试策的合集（部分），属"私试策"范畴。其直接用途，是为了应试成功；同时还有其他目的。其三，残卷的策种特征不是很典型，可适应方略策、时务策（以及商略策、征事策之类）、综合策多个策种，但不涉及"经策"。其四，残卷主要是为制举或类似的取士试策而准备的，但对常科（如进士科、秀才科，明经科除外）试策也有一定的适用性。考虑到诸多要素，称其为"敦煌唐写本应举备策残卷"，似较适当。

## Interpret of Examination Political Questions in Remnants of Dunhuang Tang Dynasty Manuscripts

Wu Yu, Chen Fei

**Abstract**：The fragments of the Dunhuang Tang Dynasty manuscripts "BD14491" and "BD14650" collected by the National Library contain up to 30 relatively complete and clear "question to answer" texts, which are extremely precious. However, there are many issues related to the title, corresponding types of inquiry, and subjects of the remaining papers that have not been properly addressed. The author of the fragments should be a scholar who was recommended by "King Bin" to go to capital to take imperial examinations. The fragments are his practice works and belong to the category of "private test strategies". It is possible to adjust multiple types of inquiry, such as strategic enquiry, current affairs enquiry, and comprehensive enquiry, with the main focus on zhiju or similar examinations. It also has certain applicability to the testing strategies of regular subjects (such as scholar subjects and jinshi subjects), but does not involve the use of classical and Mingjing subjects. Considering many factors, it may be appropriate to refer to it as the "examination political questions in remnants of Dunhuang Tang Dynasty manuscripts".

**Keywords**：Dunhuang；Tang Dynasty；Manuscripts；Take imperial examinations；Prepare for questioning

# 明代贵州易学述论<sup>*</sup>

刘海涛

[摘　要] 明代贵州建省给贵州易学的兴盛提供了一个重要的契机。明正德（1506—1521）前，贵州易学首先在贵州宣慰司、思南府等地兴盛起来；随着大量谪发人员以及师儒的到来，易学也在自成体系的卫、所中得到广泛传播。明正德后，随着阳明心学的创立与兴起，心学易在贵州思南、清平、都匀等地异常兴盛，尤其以孙应鳌的《淮海易谈》最为著名。南明时期，大量遗民来到贵州，贵州易学传统得以延续。明代贵州易学是贵州文化与中原主流文化正式接轨的标志，也是贵州地方性经学形成的标志，因此在贵州学术史上具有重要的意义。

[关键词] 贵州；明代；易学；心学

《周易》在先秦时期即已传入贵州。然而贵州"僻在荒服，杂处苗夷，两汉以来，类皆羁縻勿绝"（冯光熊《镇远府志序》），这也导致儒家文化很难深入到贵州内部，《周易》也只能在很狭小的空间内传播。明代贵州建省以后，随着行政区划的调整与重置，中央政府又不断加强"王化"的力度，通过"建置军卫、悉移中土、设立学校、慎择师儒"等一系列措施的强力推行，促使贵州的文教事业在短时间内迅速兴盛起来，也促进了《周易》在贵州的传播。明正德（1506—1521）前，出于科举应试的需要，贵州宣慰司、思南府以及众多卫、所内研《易》之风盛行。明正德后，受阳明心学的影响，孙应鳌、李渭等人心学易成为贵州易学的主流，尤其以孙应鳌的《淮海易谈》最为著名。南明时期，大量遗民来到贵州，则延续着明代易学的传统。

## 一、明正德前的贵州易学

明代贵州建省之前，中央政府即已加强了对贵州地区土司的管控，设置了思州、思南、播州和贵州四大宣慰司，又设置了金筑、都云等安抚司以及乌撒、普定、普安等土府，

---

【作者简介】刘海涛，贵州师范学院文学与传媒学院教授，博士，硕士生导师。研究方向：易学文献，明清文学文献。

\* 本文系贵州省 2018 年度哲学社会科学规划国学单列课题"贵州明清易学文献资料整理与阐释研究"（项目编号：18GZGX07）阶段性成果。

并将元代所置三百余蛮夷长官司改置为数十长官司及蛮夷长官司。永乐十一年（1413），废除了思州、思南宣慰司，以其地分设八府，加上贵州宣慰司及安顺、镇宁、永宁三州，建立了贵州承宣布政使，这也标志着贵州行省的正式建立。① 贵州行省建立后，朝廷极其重视教化工作，设置了大量的府、州、县学以及宣慰司、宣抚司、长官司学，礼延师儒，"择秀民群处其中，而以六经之道训而迪之"（费宏《重修司学碑记》），由是贵州文教丕振，"以明经举于乡、擢第于朝者，往往有其人，不异中州"②。贵州宣慰司、思南府两地因在宋、元时即受到儒家文化的薰染，所以最先呈现出科举繁荣的景象，而易学在两地也有广泛的传播。

### （一）贵州宣慰司的易学

贵州宣慰司在洪武初年建立后，"朝廷教养其民，一切不异于中州"，以至于贵州宣慰司内"向意诗书、登科入仕者，游济倍出"。而在这些士人中，不乏精通《周易》者，其中最有代表性的即贵竹长官司人易贵。弘治《贵州图经新志·易贵传》云："易贵，字天爵，宣慰司人。性通朗刚正，淹该载籍，为文善序事。登景泰甲戌（1454）进士第五人。筮仕职方主事，两奉使命，升礼部郎中，出知辰州府。崇学校，恤民隐，遇事明而能断，不怵于势利，有古循良风。归田，杜门校书十余年而卒。所著有《竹泉文集》十五卷、《诗经直指》一卷、《葬书》十五卷。"③ 易贵的《诗经直指》是有文献记载的最早的一部明代经学著作，易贵也被视为贵州明代经学的开创者，莫友芝认为其贡献可与尹珍、盛览等人相提并论："黔人著述见于史者，别集始于王教授（即王训），经学始于先生（即易贵）。并明一代贵州文教鼻祖，其开创之功，不在道真、长通下。"④ 弘治《贵州图经新志》记录有易贵校点《周易》一事："点易崖，在治城北三里许，知府易贵校《易》于此，遂名。"并附举人路义诗一首："□老铺将五马来，碧山扫石究羲经。闲来崖下寻遗迹，蓍草空余满地青。"⑤ 民国《贵州通志·艺文志》经部易类著录的第一部著述即易贵的《易经直指》十五卷，学术界也多据此将《易经直指》视为贵州易学的开山之作，从而给予了极高的评价。

易贵在点易崖校点《周易》有文献可征，但是否著有《易经直指》一书则是一个悬而未决的问题。梳理文献资料可以发现，弘治《贵州图经新志》、嘉靖《贵州通志》、万历《贵州通志》、郭子章《黔记》《明史·艺文志》《千顷堂书目》、康熙《贵州通志》以及朱彝尊的《经义考》等著录的易贵的著述仅见有《诗经直指》《竹泉文集》《葬书》三种，而未见有《易经直指》一书。乾隆《贵州通志》卷二十八《乡贤·易贵传》中则出

---

① 《贵州通史》编委会：《贵州通史》第二卷，当代中国出版社，2002 年，第 143—144 页。
② ［明］沈庠删正，［明］赵瓒编集，张祥光点校：《贵州图经新志》，贵州人民出版社，2015 年，第 3 页。
③ ［明］沈庠删正，［明］赵瓒编集，张祥光点校：《贵州图经新志》，贵州人民出版社，2015 年，第 54 页。
④ ［清］莫友芝编纂，关贤柱点校：《黔诗纪略》，贵州人民出版社，1993 年，第 61 页。
⑤ ［明］沈庠删正，［明］赵瓒编集，张祥光点校：《贵州图经新志》，贵州人民出版社，2015 年，第 7 页。

现了"《诸经直指》"的记载："易贵，字天爵，宣慰司人，景泰甲戌进士，廷试二甲第二。贵赋性刚正，积学渊通，宦辙所至，崇学校，恤民隐，遇事明而能断，不怵于势利，有古循良风。历官辰州府知府，创礼仪，制乐器，士始知古道。致仕归，闭门校书，十余年卒。著有《竹泉文集》《诸经直指》诸书。"乾隆《贵州通志》中的这段文字与康熙《贵州通志》中的文字几乎完全一样，不同之处在于康熙《贵州通志》中是"《诗经直指》"，而乾隆《贵州通志》是"《诸经直指》"。《诸经直指》在以前的文献资料中从未出现，显然是乾隆《贵州通志》在抄录康熙《贵州通志》时，误将"《诗经直指》"抄成了"《诸经直指》"。而清道光《贵阳府志》又延续了乾隆《贵州通志》的这个错误。道光《贵阳府志·艺文略》云："《诸经直指》，明贵州易贵撰，书佚。贵本末具《耆旧传》。"然而在道光《贵阳府志·耆旧传》中，"《诸经直指》"又误记为"《群经直指》"，由此也可见道光《贵阳府志》记录的粗陋。莫友芝在编纂《黔诗纪略》时已经对易贵是否著有《易经直指》产生了怀疑："省、郡志载其著述，但云有《群经直指》《竹泉文集》。考《明史·艺文志》'易贵《诗经直指》十五卷'，黄虞稷《千顷堂书目》'易贵《竹泉文集》十五卷'，朱检讨彝尊《经义考》亦载'易氏贵《诗经直指》，佚'。"① 显然，通过爬梳文献，也未见有《易经直指》的相关记载，莫友芝便采取了一种严谨的方式著录道："记长老言，易氏《易经直指》亦十五卷"，但又特别注明"今皆未见"。② 民国时期，任可澄等人在编纂《贵州通志·艺文志》时，应该注意到莫友芝的这个疑惑，但未加考辨，而是将"《易经直指》十五卷"放在易类的首位，此举也给学术界带来一定程度的误导。从上述考论中，基本可以确认易贵并未撰著《易经直指》一书，而莫友芝听长老言及的易贵著有《易经直指》十五卷，可能是民间在点易崖校《易》的传说上附会上去一部著作，其根源即在于乾隆《贵州通志》中的"《诸经直指》"，即《易经直指》属于《诸经直指》的一部分。

易贵虽然没有撰著《易经直指》一书，但点易崖校《易》是有明确文献记载的，而且这也是贵州学术史上首次明确记录的黔人研习《周易》的情形，因此具有重大的意义。嘉靖《贵州通志》亦记载贵竹人杨礼于"弘治戊午（1498）以《易》领乡荐③，"以《易》领乡荐"即以《周易》中举。明代科举以专经取士，即《诗》《书》《礼》《易》《春秋》五经，士子选择其中一部经典作为"本经"研习以应试。随着"一经取士"这种制度的成熟运作，科举中也出现了"地域专经"的现象，即一个地方的士子相对集中地选择同一部经典来应试，如明代吴宽所说的："士之明于经者，或专于一邑，若莆田之《书》、常熟之《诗》、安福之《春秋》、余姚之《礼记》皆著称天下者，《易》则吾苏而

---

① ［清］莫友芝编纂，关贤柱点校：《黔诗纪略》，贵州人民出版社，1993年，第61页。
② ［清］莫友芝编纂，关贤柱点校：《黔诗纪略》，贵州人民出版社，1993年，第61页。
③ ［明］谢东山删定，［明］张道编集，张祥光、林建曾等点校：嘉靖《贵州通志》，贵州人民出版社，2015年，第680页。

已。"① 杨櫛以《易》领乡荐当然只是个孤例，尚不能说明贵州宣慰司的士子多选择《周易》来应试，但至少也可以说明此地有着学《易》的氛围。

### （二）思南府的易学

随着科举的繁荣，明正德前的贵州也出现了"地域专经"的现象，那即是思南府士子多选择《周易》为应试的本经。据嘉靖《思南府志》记载，从成化七年（1471）至嘉靖十三年（1534）六十余年间，思南府即有 12 人以《易》中式，其中仅成化年间即有四人：

> 田显宗，水德司人，成化七年（1471）以《易》中式，任四川彭山县知县。
>
> 石泉，印江县人。成化十六年（1480）以《易》中式。德性和厚，家贫刻苦志学，累官国子助教，升云南弥勒州牧，守官清慎，归政日行李萧然。
>
> 吴溥，印江县人，成化十九年（1483）以《易》中式。聪敏博学，毅直敢言。……后为大邑令，廉慎有为，刚介不屈，为当时之称重也。
>
> 周邦，蛮夷司人，成化二十二年（1486）以《易》中式，由知县升云南、广西府通判。②

大量的士子以《易》中式，也说明思南府必然有着较好的学《易》条件，比如优秀的师资、众多的书籍等，而士子之间的切磋又会形成浓厚的学《易》氛围，如此才能在科举中占得优势而形成地域专经。当然，地域专经形成的原因是多种多样的："或可溯源至某地宋元时代的经学传统，或因某位著名经师的授徒，或因某地应试某种经典的士子集中在同一时段内取得令人羡慕的科举成绩，或因某位学官的提倡。"③ 思南府士子选择《周易》则是由于府学教授李悦的倡导与传授，嘉靖《思南府志》卷五《官师志》"教授"条即记载："李悦，福建莆田人，成化间任。学识宏博，倡导诸子，朝夕不倦。尤精于《易》，每为诸生讲授，至今《易》盛于思南焉。"④ 思南士子在科举上的成功，反过来又会进一步推动对《周易》的研习，这也使得思南府的易学至嘉靖时仍能长盛不衰。

### （三）卫所的易学

明正德前，易学除在贵州宣慰司、思南府等地获得长足的发展外，在一些卫、所也非常兴盛。明朝建立以后，中央政府为了加强对土司的监管，便建置军卫，从洪武四年

---

① ［明］吴宽：《家藏集》卷二四《三辰堂记》，文渊阁《四库全书》集部第 1255 册，台湾商务印书馆，1986 年，第 285 页。

② ［明］钟添纂次，［明］田秋删定，［明］洪价校正：嘉靖《思南府志》卷六《人物志》，天一阁藏嘉靖十六年（1537）刻本。

③ 陈时龙：《明代科举与地域专经》，《中国社会科学报》2017 年 8 月 22 日第 007 版。

④ ［明］钟添纂次，［明］田秋删定，［明］洪价校正：嘉靖《思南府志》卷五《官师志》，天一阁藏嘉靖十六年（1537）刻本。

（1371）设置贵州卫开始，先后建立了 24 个卫（其中 6 个军民司），2 个一级千户所，21 个二级千户所。① 卫、所是自成体系的军事、行政合一的组织，每个卫、所都管辖一个特定区域，有明确的疆界，与所在宣慰司、府、州、县严格分开。卫、所的设置原本是出于军事的考虑，然而在大量来到卫、所的军士中，不乏精通《易》理的"谪发"人员，如元末上虞人顾谅，"洪武初以人才荐，授无锡教谕，辟燕府。官未几，乞致仕。太祖爱其才，复敕管杭州教授事。靖难兵起，弃职家居。永乐初，廷议以擅离任所，谪戍五开卫，举家编置卫之来威屯，卒葬屯侧"②。顾谅"于书无所不读"，"穷经之暇"著有《西村省己录》，是书于"阴阳性命之理、修治存养之道，大包五伦，小该众善，与夫农工商贾、丧祭服食，靡所不备"（淮南高谷《西村省己录序》语）。顾谅所谈的"阴阳"之理，即应是《周易》之理。除"谪发"人员外，流寓至各卫、所的士人中亦不乏精通《易》理之人，如乾隆《开泰县志·秩部·流寓》记载江西人徐文渊"精于《易》，言笑不苟，游学至新化所，诸生留讲《易》，易学以传"。新化所即新化屯千户所，洪武二十五年（1392）建，隶属于五开卫，治所在新化长官司西南三十里。贵州的卫、所散布于交通要道以及险关危隘之处，这些精通《易》理之人的到来，必然会促进易学在贵州更大空间内的传播。

明代的卫、所实行家属一同驻守世袭制，因此也带来了大量的军事移民，中央政府便加大卫学的建设，"择俊秀子弟而教之"，卫、所驻地也得以"文教大行"，易学也随之在戍卒子弟中兴盛起来。如贵州卫人徐节，天顺己卯三年（1459）举于乡，成化八年壬辰（1472）进士。蔡潮在《徐节墓志铭》中称其"幼敏殊异，六岁就乡塾授书成诵。甫髫年习《易》，巡按御史陈公鉴大奇之，遗以《易义》诸书，选入庠校"③。又如范府，字季修，号素渠，别号唐山。其先世本襄阳宜城人，明初，六世祖戍瞿塘，调征贵州，以军功升百户，因家焉。谢东山《范府墓志铭》称范府性耽书，手不释卷，诸子百家无不涉猎。虽专门《尚书》，尤喜读《易》，善揲蓍，因扁其轩曰"玩易"。④《易经》不仅是戍卒子弟入进士之科的门径，甚至也是一些不愿意承袭武官的应袭者弃世业的门径，如弘治《贵州图经新志》卷十五《安庄卫指挥使司·人物》记载："陆卿，字廷相，明敏好学，尝以《易经》应乡试，不偶，序其父职，以功升贵州都指挥佥事。"⑤ 显然，陆卿本是可以承袭父职的，但其却欲借学《易》而弃武从文，由此也可想见安庄卫易学兴盛的情形。

① 吴才茂：《明代卫所制度与贵州地域社会形成研究》，西南大学博士学位论文，2017 年，第 45—47 页。
② ［清］莫友芝编纂，关贤柱点校：《黔诗纪略》，贵州人民出版社，1993 年，第 44 页。
③ ［明］谢东山删正，［明］张道编集，张祥光、林建曾等点校：《嘉靖贵州通志》，贵州人民出版社，2015 年，第 668 页。
④ ［明］谢东山删正，［明］张道编集，张祥光、林建曾等点校：《嘉靖贵州通志》，贵州人民出版社，2015 年，第 678 页。
⑤ ［明］沈庠删正，［明］赵瓒编集，张祥光点校：《贵州图经新志》，贵州人民出版社，2015 年，第 276—277 页。

## 二、明正德后的贵州易学

明正德后，易学在思南府仍然十分兴盛。与此同时，清平、都匀、普安等地易学也获得长足的发展。受阳明思想的影响，心学易成为此时贵州易学的主流，出现了李渭的《易问》、孙应鳌的《淮海易谈》等著作，贵州易学也迎来了第一个高峰。

### （一）思南府的易学

如上文所述，思南府早在成化年间即形成了浓厚的学《易》氛围。明正德后，思南易学仍保持着兴盛的局面，以《易》中式的士子仍是层出不穷："吴孟旸，溥之子。少尚儒雅，长于文学。正德五年（1510）以《易》中式，授新繁教谕，勤督士子，多所成就。""任相，印江县人，正德八年（1513）以《易》中式，任四川南溪县知县。""晏应魁，水德司人，嘉靖七年（1528）以《易》中式。"[①] 嘉靖十三年（1534）以《易》中式的则有田时中、李渭、田时雍三人。思南易学的兴盛，成化年间由李悦导其先路，弘治后则得益于田谷的传授，嘉靖《思南府志》对此有明确的记载："田谷，水德司人。少聪敏勤学，年十九领乡荐，性方严，精《易》学，家之子弟、乡之后生及门受业者甚多。"[②] 田谷即请开贵州乡试的田秋之长兄，《黔诗纪略》云："西麓兄弟行有以弘治五年（1492）乡举者曰谷，性方正，精《易》学。知新津县，严明清慎，赈穷乏，锄奸宄，学校、城池以次修举，升曲靖府通判。"[③] 田秋于正德五年（1510）以《易》中乡试，其易学亦来自田谷，对此田秋在《西麓训子》中有说明："吾幼承父兄之教，十三廪学，十七荐于乡。"这里还有一个需要注意的地方，那就是田氏家族中多人，如田秋、田谷、田时中、田时雍等均是以《易》中式，这也形成了《周易》专经的科举世家，而"这种以血缘为纽带的父子、叔侄之间相传的家学，是各地地域维系其专经优势的重要因素之一"[④]。

明正德后，思南易学延续着前期的兴盛，但随着阳明心学的兴起，易学也由前期尊崇程朱易转为尊崇阳明的心学易，而且心学易渐渐占据着主流的地位，学者以《易》证心，从易学中寻找相关的资源来建构自己的心学思想，其代表人物即李渭。李渭（1513—1588），字湜之，号同野，思南府水德司人。李渭"幼蒙庭训"，五岁时其父"书江门《禽兽说》训之"，即接受了陈献章"人具七尺之躯，除了此心此理，便无可贵"的心学思想。李渭十三岁补郡学弟子员，"向黉序礼木像惟谨，归而悚然若有惕者"，始终保持"戒慎恐惧"之心。李渭十五岁时，其父以"毋不敬""思无邪"饬之。嘉靖十三年（1534），李渭以《易》举于乡，后与阳明弟子蒋信、耿定向、耿定理、除阶、罗汝芳交

---

① ［明］钟添纂次，［明］田秋删定，［明］洪价校正：《嘉靖思南府志》卷六《人物志》，天一阁藏嘉靖十六年（1537）刻本。

② ［明］钟添纂次，［明］田秋删定，［明］洪价校正：《嘉靖思南府志》卷六《人物志》，天一阁藏嘉靖十六年（1537）刻本。

③ ［清］莫友芝编纂，关贤柱点校：《黔诗纪略》，贵州人民出版社，1993年，第102页。

④ 陈时龙：《明代科举与地域专经》，《中国社会科学报》2017年8月22日第007版。

往论学，这也对李渭易学思想的形成产生了极大的影响，如耿定向在《绎书·绎五经大旨》中曾记载：

> 藩参李湜之与仲子论《易》，仲子曰："闻宋季有谢石者，测字多奇中，识高宗于微时，因被眷宠。嗣为秦桧所构，编管远州。道遇老人于山下，亦善测字。石就之书'谢'字请测，老人曰：'子于寸言中立身，术士也。'举掌令更书以卜所终，石书'石'字。老人曰：'凶哉！石遇皮必破，遇卒必碎矣。'时押石之卒姓皮在傍，而书字在掌中，故云。石请老人作字测为何如人，老人曰：'即以我为字可也。'石测曰：'夫人立山傍，殆仙乎？'乃长跪请曰：'吾术不减丈人，乃丈人衰然仙矣，而吾不免于祸，何也？'丈人曰：'子以字为字，吾以身为字也。'学者须识此，而后可与论《易》。"湜之有深省云。①

此处的仲子即耿定理。耿定理所言论《易》应"以身为字"而非"以字为字"，即强调身心修养的重要性而非仅仅局限于文字本身，而这对李渭也有很大启发。也正是在与阳明弟子的交往中，李渭形成了自己的学术思想，耿定力在论李渭之学时即说："公之学，自却妄念，以至谨一介取与，去拘士岂远哉？道林先生（蒋信）破其拘挛，余伯兄（耿定向）谓之有耻，仲兄（耿定理）直指本心，近溪（蜀汝芳）先生喝其起灭，卒契毋意之宗。"②"毋意"说是李渭思想的核心观点，"先生之学，毋意也"（萧重望语）、"其（李渭）学以毋意为主"（俞汝本语）即学术界对李渭学说的高度总结与概括。李渭一生以"求'仁'为宗，以'毋意'为的"（万历《贵州通志》卷十六《思南府·乡贤》），"以'仁'为宗"是把仁推展至与"良知"同质同等的本体地位，以仁为心性本体。如何才能仁体发用流行，李渭则提出了"毋意"说。"毋意"可追溯至孔子所言"子绝四：毋意，毋必，毋固，毋我"，李渭所言的"毋意"是在具体的功夫或方法论上而言的，是要"排除任何人为的干扰，一任本心真性的自然发露，只是循理而决不从欲，只是实心行实事，而无一不合天道或天理"③。李渭的"毋意"说是建立在心性本体思想上的道德修养功夫论，上承南宋时期杨简的"不起意"（毋意），而杨简包括"毋意"在内的学说主要是通过其易学思想诠释、建构的。④李渭亦著有《毋意篇》一卷，此书已亡佚，但从各书目记载可知其中有《易问》一部分，由此可知李渭是借对《周易》等著作的重新解读来阐发其"毋意"的思想，其思路与杨简是一致的。但因为《易问》已亡佚，我们无法深入了解李渭的易学思想。李渭晚年回乡后，于城西小崖门左石洞中点校《周易》，石洞"亦以

① ［明］耿定向著，傅秋涛点校：《耿定向集》上，华东师范大学出版社，2015年，第452页。
② ［清］莫友芝编纂，关贤柱点校：《黔诗纪略》，贵州人民出版社，1993年，第135页。
③ 张新民：《黔中王门大儒李渭学行述要》，《贵州文史丛刊》2019年第2期。
④ 张新民、李发耀：《贵州传统学术思想世界重访》，贵州人民出版社，2010年，第180页。

同野曾讲《易》而名"。

李渭生平无日不以讲学为事，从游者甚众，而李渭的心学思想也对思南产生了巨大的影响，其弟子萧重望曾言："贵筑之学倡自龙场，思南之学倡自先生。自先生出，而黔人士始矍然悚然知俗学之为非矣。"萧重望所言"贵筑之学倡自龙场"即指王阳明在龙场悟道，揭示良知之理，并"用是风厉学者，而黔俗丕变"，黔学也得以勃兴，即如翁同书所言"黔学之兴，自王文成公始"。宋元之时，程朱理学很早即进入了思南之地，但思南学术并没有可为人所称道之处，而李渭以其重道德践履及先行的思想崛起于思南而成为"中朝理学名臣"（明神宗亲赐御联语），其对程朱的背离必然会使"黔人士始矍然悚然知俗学之为非矣"。而在李渭的众弟子中不乏精通《易》理之人，其代表即胡学礼。胡学礼，婺川廪生，是黔中王门的第三代弟子，乾隆《贵州通志》称其"素精邵尧夫数学，志尚清洁，淡泊自如，不求仕进，有古隐士风"。邵雍的易学属于先天象数易，其学说自成体系且深奥难懂，"非专门研究其说者，不能得其端绪"（朱熹语），所以在宋代即出现了"今邵氏之书虽存，通者极少"（刘克庄语）、"世之能明其学者盖鲜焉"（陈振孙《直斋书录解题》）的局面。元代这种局面并没有得到根本的改变，易学大师吴澄即曾言"是书之嗜者鲜，传之者谬误最多"（《吴文正集》卷一《邵子叙录》）。胡学礼"素精邵尧夫数学"，这也显示邵雍这门绝学在贵州也有传播。邵雍易学的传播，巴蜀人士做出了不少的贡献。[①] 思南毗邻巴蜀，胡学礼对邵雍数学的研习，或许即师从巴蜀的易学家。

## （二）清平卫的易学

清平卫设置于洪武二十三年（1390），原为清平堡。清平最早的有关易学的记载是正德八年癸酉（1513）王木即"以《易》领云贵乡试"。而最能代表清平易学乃至明代贵州易学最高成就的是孙应鳌的《淮海易谈》。孙应鳌（1527—1584），字山甫，号淮海，嘉靖二十五年（1546）中举，三十二年（1553）进士，历官陕西提学副使、四川右参政、佥都御史。孙应鳌被誉为"贵州开省以来人物冠"，与当时的罗汝芳、赵贞吉、耿定向共称为"心学四大名士"，海内群以"名臣大儒"推之。孙应鳌的出现，在某种意义上意味着贵州学术在中断千余年后的重建，因此具有重要的意义，如清末学者陈矩在《重印〈淮海易谈〉跋》中即言道："黔南江山灵秀，贤豪挺生，或汉犍为文学舍公，长通盛公，后汉道真尹公，德行、经学、词章，方之蜀都四子，殆无愧色，黔中不可谓无人矣。厥后兵燹屡兴，黔服没于邻邦者半，湮于蛮荒者亦半，山灵不轻钟毓，寂寞流风千有余载。有明中叶，始得淮海先生焉。"[②]《淮海易谈》是贵州易学史上的第一部著作，其以《易》证心、以心说《易》的思路显然是受到阳明心学的影响。然而，对于王学的流敝，孙应鳌也进行了反思，正如学者所指出的孙应鳌"非特《易》之诠释多一心之主体论生命色

---

① 金生杨：《宋代巴蜀对邵雍学术传播的贡献》，《周易研究》2007 年第 1 期。
② ［明］孙应鳌著，张新民、赵广升点校：《淮海易谈》，贵州人民出版社，2015 年，第 187 页。

彩，即心之体悟亦多一《易》之客观化印证标准。而主观与客观互贯互融互补，必然有裨于心学流弊之纠偏"①。虽然《四库全书总目》称《淮海易谈》是"借《易》以讲学""于《易》义若离或合，务主于自畅其说而止，非若诸儒之传惟主于释经者也"，但学术界也已经充分认识到了孙应鳌对王阳明心学易所做出的突破："阳明易学更加注生'以《易》证心学'（以《易》证良知）的方面，其易学思想多散见于他对心学体系的建构性阐释当中；而孙应鳌的《淮海易谈》作为一部全面系统的易学专著，体例上的完整性自不待言，思想的表达也相对集中完备，内容上则'以心释《易》'（以吾心释《易》）倾向似乎更显得突出。"②《淮海易谈》的刊刻也对贵州易学乃至全国的易学产生了广泛的影响，这也使得孙应鳌成为义理《易》学心学派传承中的杰出代表，成为贵州易学发展史上的一座里程碑。③

清平研《易》者亦有蒋世魁。蒋世魁，字道陵，号见岳。蒋世魁自少能诗，有俊逸才，然而十举不第，后应岁荐授同州训导，卒于官。蒋世魁极为推崇蒋信、湛若水，孙应鳌在《蒋见岳初志稿叙》中称"见岳子初谒道林公，知万物一体为圣门宗旨。既又谒甘泉公，乃登峋嵝，登罗浮，登太和，直凌层巅，俯睇六合，襟抱豁朗，不知有己，况于有人？益信甘泉、道林二公之言为不诬，归而玩《易》读《书》，借宅安居。"④ 由此亦可见蒋世魁的易学思想也应属于心学易的范畴。

### （三）都匀卫的易学

都匀卫"僻处万山中，苗僰杂糅，语言侏㒧"（赵吉士《续表忠记》），但易学很早就进入都匀，《黔诗纪略》记载都匀人吴嘉麟在嘉靖三十七年（1558）即以《易》领魁⑤，说明此地已有易学在流传，而都匀易学兴盛则是在万历五年（1577）邹元标贬谪戍都匀卫后。邹元标在都匀时"益究心理学，学以大进"。与此同时，邹元标与都匀士人"共相切劘"，"从学者何啻百数"。思南人胡学礼曾持李渭的著作拜谒邹元标，邹元标作《有儒生思南胡精邵尧夫数学持李同野大参书谒予赠之以诗》以示意：

> 圣学本无言，言者即不知。大道本无思，有思属外驰。荣华寻常耳，今古更共之。贫贱信所遭，富贵亦有时。鲲鹏元万里，鹪鹩自一枝。万里元非远，一枝亦非卑。嗟嗟寰中士，扰扰意何为。踽踽一生耳，徒令达者嗤。置身五行外，庶不负男儿。君更勿念我，久矣玩庖牺。⑥

---

① 张新民：《明代大儒孙应鳌及其著述考论——〈淮海易谈〉》，《贵州大学学报》（社会科学版）2013年第2期。
② 张新民、李发耀：《贵州传统学术思想世界重访》，贵州人民出版社，2010年，第200页。
③ 张新民、李发耀：《贵州传统学术思想世界重访》，贵州人民出版社，2010年，第201页。
④ ［明］孙应鳌著，赵广升编辑点校：《孙应鳌集》，人民文学出版社，2017年，第37页。
⑤ ［清］莫友芝编纂，关贤柱点校：《黔诗纪略》，贵州人民出版社，1993年，第369页。
⑥ ［明］邹元标：《愿学集》，文渊阁《四库全书》集部第96册，台湾商务印书馆，1986年，第131页。

此诗中"圣学本无言""大道本无思"是邹元标心性"自信自得"的表现："大都不肖之学，务在自信自得。夫依人谭说，非中藏之珍也；随人脚根，非坚贞之守也"（《愿学集》卷二《谢萧兑隅》）。正是有此"自信自得"，虽然处境艰难，邹元标也能超脱于荣辱之外，"置身五行外，庶不负男儿"。而面对友人的关心与忧虑，邹元标则说自己早已从《周易》中找到的答案："君更勿念我，久矣玩庖牺。"邹元标在都匀谪居六年，常讲解五经以勖勉诸生，得其传者甚众，如陈尚象、余显凤、吴铤等人。众弟子对《周易》也必有传授，惜文献缺失，无从考论，唯从陈尚象之字心易、号见羲，也可窥见其对《周易》的偏爱。

### （四）普安州的易学

普安州为"黔滇锁钥"，永乐十五年（1417）十二月教授何本即创建了普安州儒学（嘉靖《普安州志》卷三《学校志》），将儒家文化带入普安，而且"军卫戍卒多系中土，习俗相沿，崇礼让，士习诗书"（嘉靖《普安州志》卷一《风俗志》），所以普安具有浓厚的儒学氛围。而有关易学的记载则在在嘉靖年间才有出现，嘉靖《普安州志》卷八《人物志·乡贤》记载："吴鸿儒，字文伯，举人，历官至府同知。天资仕厚，操履端方，气温色和，信道明义，家庭之间克笃孝友。精于三《易》，后学多出其门。官司声懋绩以清吏见称，乡人咸敬慕之。""精于三《易》，后学多出其门"，由此亦可想见普定的学《易》之风。

《周易》为中国文化的总源头，其影响深入到了社会的各个方面，《四库全书总目》即称"《易》道广大，无所不包，旁及天文、地理、乐律、兵法、韵学、算术，以逮方外之炉火，皆可援《易》以为说。"研读《周易》，除义理的阐释外，亦可据易理以发论，如普安举人潘凤梧"幼习羲经"，为官时面对边患的现实问题常百思不得其解，后从《周易》师卦卦象中得到启发："伏羲何以指地水为师也？尝绎思之，地中无水则是战场，戎马可以驰驱，故伏羲为畎浍沟洫以制驭之；地中有水是谓重险，戎马不能往来，故圣王修畎浍沟洫以隄防之。今九边所恃者一关耳，虏或万一乘机而逾关，则势莫能遏，小而掳掠，大而拔城陷阵，不可枚举。"① 故"朝营夕虑，积有数年"而著《地水师边略》四卷。② 其卷一《地水师边略》阐明地水师卦为驭虏之长策。在潘凤梧看来，伏羲画卦，卦象中实含有抵御胡虏之道："御夷狄而独有外于此乎？是道也，伏羲尝示之以象矣。羲皇之心乎神武而不杀，此帝者之师也。孔子传《易》曰'君子以容民蓄众'，毋乃师成之效与？夫文王系师曰'贞'曰'丈人'，尽之矣。周公于初六曰'以律'，贞之义也。九二曰'在师中'，六五曰'长子帅师'，丈人之义也。是用师之道，王者之师也。独地中有

---

① ［明］潘凤梧：《地水师边略》，《续修四库全书》史部第852册，上海古籍出版社，1994年，第695页。
② 《续修四库全书总目·史部》称"是书全名为《地水师边略奏疏》"，误。此书名当为《地水师边略》，《地水师边略奏疏》是潘凤梧万历十七年（1589）献书时所上的奏疏名。郭子章《黔记》称"《地水师边略》七卷"，亦误，应为"四卷"。

水，乃设阵之中，寓止戈之义，其神武不杀之谓与？夫地无水则纯地矣，是谓战场，故坤之上六曰'龙战于野'。纯水则纯坎也，是谓重险，故坎之《象》曰'王公设险以守其国'。兹下坎上坤，大顺之内，至险伏焉，至静之中，不测藏焉。"① 所以只有"契地水之心法"，才能"开万世之太平"。卷二《地水师图演》依比、蒙、蹇、解、屯、涣、井、未济、既济、困、节、讼、需、坎、坤绘制《神武图》《三驱图》《御寇图》《知险图》《射隼图》《经纶图》《大川图》《井养图》《赏功图》《日戒图》《金车图》《时成图》《于渊图》《宴庆图》《重险图》及《方河图》，以示布阵之法。潘凤梧认为师卦上坤下坎、地中有水之象，寓意着设阵于其中，则有止戈之义。而且坤为金母，坎为金子，金气化则干戈息，所以易卦中有水则无征伐、无水者则用行师，故复取萃、临、否、泰、剥、谦、豫、复、观、升、晋、明夷诸卦以明方图取坤中之水之意。卷三《地水师条陈》、卷四《地水师或问》则陈述开方河之策与屯田之益，并深辨南北差异不远，均可实行沟河之制。《地水师边略》虽然不属于易学专著，但也可见黔人在学《易》时所采取的经世致用的态度以及对现实问题所作的思考。

### （五）兴隆卫的易学

兴隆卫建于洪武二十二年（1389），西南至清平卫界仅六十里。虽然兴隆卫在宣德九年（1434）即设立了卫学，但只至万历年间，始见有易学的相关记载。《黔诗纪略》卷十一记载："孙光启，字仲熊，兴隆卫人，万历甲申（1584）岁贡。见闻博赡，注《易》参用瞿唐，而讲学必主洛闽。"② 孙光启"讲学必主洛闽"，由此亦可见虽然明正德后阳明心学风靡一时，但程朱易学在贵州的传播也未曾中断。"注《易》参用瞿唐"说明此时来知德的《周易集注》一书已经传入贵州。来知德（1525—1604）是晚明著名的易学家，嘉靖三十一年壬子（1552）中举，后四上公车不第，遂隐居于四川万县虬溪山中致力于易学的研究，自隆庆四年庚午（1570）至万历二十六年戊戌（1598），历时二十九年完成了《周易集注》一书的写作。来知德《周易集注》传入贵州，应与时任贵州巡抚的郭子章有关。郭子章是江右王门传人，亦精通易理，著有《郭氏易解》一书。③ 万历二十六年（1598）冬十月，郭子章任贵州巡抚参与平定播州之乱。万历二十九年（1601）三月灭皮林之后，郭子章前往来知德住处拜访来知德："己入黔，夜郎、皮林既平，兰锜之际，乃以先王父所授书及小儿语拜友人邹尔瞻、来矣鲜所"（郭子章《批衣生黔草》卷十一《童蒙初告序》）。大约即在此时，郭子章见到了已刊印的《周易集注》，并为之作序。万历三十年（1602），郭子章又疏请公帑刊刻《周易集注》。④ 此时的郭子章兼制湖南及川南四土司地，来往川、黔极为便利，这无疑也会促进巴蜀易学与黔中易学之间的交流。

---

① ［明］潘凤梧：《地水师边略》，《续修四库全书》史部第 852 册，上海古籍出版社，1994 年，第 698 页。
② ［清］莫友芝编纂，关贤柱点校：《黔诗纪略》，贵州人民出版社，1993 年，第 467 页。
③ 谢辉：《〈郭氏易解〉与郭子章的易学思想》，《历史文献研究》2017 年第 1 期。
④ 陈培荣：《来知德〈周易集注〉初刻本考》，《儒家典籍与思想研究》2013 年，第 200—208 页。

### 三、南明时期的贵州易学

1644 年明王朝灭亡后，清王朝虽在北京建立了政权，但明王朝宗族在南方相继建立了弘光、隆武、绍兴、永历政权，史称"南明政权"。从顺治元年（1644）至顺治十六年（1659），贵州一直处于南明政权的管辖之下。此时的贵州虽然处于战争、动荡之中，但读《易》研《易》之风并未断绝，如贵阳人潘驯，"生而骏驶，读书好《易》，好《庄》《骚》，好苏长公嬉笑怒骂之文"①；安化人阴旭，"崇祯末选贡，官永明王国子监助教，精于《易》，著有《续易应蒙》"②；清平人李敦兹亦精于《易》，其中福王弘光元年乙酉（1645）乡试，"博学多通，下至星象方书，靡不毕究。遭世乱，友教以终，惜其诗无传"③；遵义县廪生周达，"绍濂溪太极之学。顺治四年任本府儒学训导。世乱，遁迹山林，涵茹道德，年七十三终"④；黎安理六世祖黎民忻，"受业来知德高弟，世讲来氏传，故尤精易学，说义理神逼大樽、钟陵，捷可日二十篇。"⑤黎平人周文清"潜究伊洛之学，以笃行自励"，其子周九龄"恪尊家学，恂恂儒者"（光绪《黎平府志》卷七上）。谌文学，字慕游，开州人。幼通经史，精易数，好为邵祝之说，言多奇中。崇祯四年（1631），宋氏削平，初以十二马头地置开州河防道金事沈楚翘王营建之务，延请谌文学辨正城门州署，甚得阴阳相背之宜。顷之，以能文补州学生。崇祯十六年（1643）后，谌文学参与副总兵杨得胜军务，所筹无不奇中。入清后，以儒生进，康熙元年（1662）贡于国子学。吴三桂反，遣使征之不至，强以官不受。吴世璠平，仍以恩贡生除勋阳知县，久之告归，后卒于乡。⑥除黔籍士人外，亦有许多外籍精通易理之人避难隐居于贵州，如由湖广麻城迁至真安的杨应麟，究心易理，著有《易经辨义》三十五卷⑦；江阳人刘之文因避乱来遵，"精研《周易》《太极》诸书，工书法。隐居东里，课农桑，量晴雨，乐善好施"（道光《遵义府志》卷三十八）；内江人何天章避乱迁遵，"深明《春秋》《周易》。事母孝。吴逆之乱，伪将掳男妇三百余人，天章挺身营救，伪将感其义，悉释之。年七十终"⑧。然而非常遗憾的是，这一时期的易学著作均已亡佚，因此我们也没无法深入了解此一时期贵州易学的特色，但可感知南明贵州易学在民间传播的情形。

## 结　语

明代贵州行省的建立给贵州易学的兴盛提供了一个重要的契机。随着贵州行省的建

---

① ［清］莫庭芝、黎汝谦采诗，陈田传证，张明点校：《黔诗纪略后编》，贵州人民出版社，2014 年，第 649 页。
② ［清］莫友芝编纂，关贤柱点校：《黔诗纪略》，贵州人民出版社，1993 年，第 1022 页。
③ ［清］莫友芝编纂，关贤柱点校：《黔诗纪略》，贵州人民出版社，1993 年，第 1022 页。
④ ［清］郑珍著，黄万机等点校：《郑珍全集》，上海古籍出版社，2012 年，第 1275 页。
⑤ ［清］郑珍著，黄万机等点校：《郑珍全集》，上海古籍出版社，2012 年，第 1275 页。
⑥ 冯楠：《贵州通志·人物志》，贵州人民出版社，2001 年，第 658 页。
⑦ ［清］莫庭芝、黎汝谦采诗，陈田传证，张明点校：《黔诗纪略后编》，贵州人民出版社，2014 年，第 647 页。
⑧ ［清］郑珍著，黄万机等点校：《郑珍全集》，上海古籍出版社，2012 年，第 1275 页。

立，贵州易学首先在贵州宣慰司、思南府等较早接触到儒家文化地区兴盛起来；与此同时，随着大量"谪发"人员以及师儒的到来，易学也在自成体系的卫、所中广泛传播。明正德年间，王阳明贬谪龙场，在"居夷处困"之际，因念"圣人处此，更有何道"而大悟，始知"圣人之道，吾性自足，向之求理于事物者误也"，由此创立了心学。嘉靖年间，王阳明的弟子蒋信及再传弟子徐樾先后任贵州提学副使，两人或修缮、新建书院，亲临讲学，或"讲明心学，陶镕士类"，持续掀起阳明心学的高潮。万历年间，阳明第三代弟子邹元标谪居都匀，建草堂讲舍，日夜与士子讲授阳明心性之学，进一步推动了阳明心学在贵州的传播。也正是得益于王阳明等人教诲，大批黔中之士崛起于西南一隅，建构了具有地方特色的学术体系——黔中王学，即如清代犹法贤所说："贵州之学，实开自阳明。当其时，接踵而起者，思南有李同野、贵阳马内江、清平孙淮海，皆卓卓可纪。贵州虽僻陋，应发彼有人焉之叹。"[①] 王阳明等人虽非专门的易学家，但对《周易》均有较深的研究，而王阳明与《周易》的关系尤为密切，如李贽在《阳明先生道学抄序》中即说"先生之书为足继夫子之后，盖逆知其从读《易》来也"。温海明在《王阳明易学略论》一文中也指出"阳明悟道，源自《易经》""龙场大悟之后，阳明一生学问大旨既立，自此所言皆在易道之中"[②]。王阳明在龙场时即"穴山麓之窝而读《易》其间"，悟道后"乃默记五经之言证之"，并创办龙冈书院，"选聪俊幼生及儒学生员之有志者二百余人，择五经教读六人，分斋教诲"（徐节《新建文明书院记》）以宣讲心学思想。"择五经教读"必然包括教读《周易》，由此也可视为阳明心学易传播的开端。受阳明等人的影响，李渭、孙应鳌等人也在《周易》上用力甚勤，共同铸就了明代贵州心学易的繁荣局面。从某种意义上可以说，明代黔中王学的核心要素即明代贵州心学易。明代贵州心学易所达到的高度即是明代黔中王学的高度。贵州明代心学易的繁荣，还有一层更重要的意义，那就巴蜀易学在经历了千余年的繁荣兴盛后，在明代逐渐远离了学术中心而渐趋衰落，而作为"王学圣地"的贵州，最早得到心学的熏染，率先兴起了心学易，这不仅填补了明代西南地区心学易的空白，也使得贵州成为明代西南易学另一个为学界所瞩目的中心。

## Review on Yi Studies of Guizhou in Ming Dynasty

### Liu Haitao

**Abstract**：The establishment of Guizhou province in Ming Dynasty provided an important opportunity for the prosperity of Guizhou Yi studies. Before Zhengde（1506-1521）in Ming Dynasty, Yi studies first flourished in Guiyang, Sinan and other places in Guizhou. With the arrival of a large number of exiled people and Confucian teachers, Yi

---

① ［清］犹法贤：《黔史》，贵州人民出版社，2013年，第43页。
② 温海明：《王阳明易学略论》，《周易研究》1998年第3期。

studies was also widely spread in its own system of Wei and Suo. After Zhengde in the Ming Dynasty，with the establishment and rise of the theory of mind of Wang Yangming，the theory of mind flourished in Sinan，Qingping，Duyun and other places in Guizhou Province，especially the Huaihai Yi Tan written by Sun Yingao. In the Nan Ming Dynasty，a large number of people came to Guizhou，and the Yi studies tradition continued. The Yi studies of Guizhou in Ming Dynasty is the symbol of the formal integration of Guizhou culture with the mainstream culture of Central Plains，and also the symbol of the formation of Guizhou local Confucian classics，so it has important value and significance in the cultural history of Guizhou.

**Keywords**：Guizhou；Ming Dynasty；Yi Studies；The theory of mind

# 规矩琅琊传晋法:《来禽馆帖》的
# 有益探索

廖妙清

[摘 要]"晚明四家"之一的邢侗在辞官归乡后,历时八年刻成《来禽馆帖》,收录以"二王"书法为主的八种法帖于其中,这是他一生追慕王书的证明。《来禽馆帖》的面世,使邢侗藏刻的《澄清堂帖》受到世人应有的重视,在书坛引起强烈反响。邢侗在刻帖时遵循原貌,为"二王"书风正本清源,《来禽馆帖》因而成为晚明文人私家刻帖的典范。此后,北方文人雅士刊刻集帖之风炽盛,他们为后世留下了丰厚的文化宝藏。

[关键词]邢侗;复古;来禽馆;澄清堂帖

邢侗(1551—1612)是晚明时期独步北方书坛的大家,与张瑞图、董其昌、米万钟合称"晚明四家"。万历十四年(1586),他以陕西行太仆寺少卿之位致仕还乡,在家乡山东临邑东南的荒地上修建了"泲园"。邢侗是忠于"二王"的传承者,他在诗文中写道:"买丝绣右军,分行种青李。总是爱来禽,帖与树俱尔。"①遂将泲园中自己的读书处命名为"来禽馆"。后来,邢侗将自己收藏的以王羲之书法为主的法帖如《十七帖》《澄清堂帖》《兰亭序(三种)》《黄庭经》《出师颂》《西园雅集图记》等,进行钩摹、上石等,于万历二十八年(1600)完成全部内容的刊刻,这就是闻名后世的《来禽馆帖》。

邢侗在外为官多年,阅历丰富,广泛的交游与师承开阔了他的眼界,他逐渐形成了以古典主义为主导的书学审美理想,加之他秉承精益求精的严谨态度,共同成就了《来禽馆帖》在晚明刻帖史上的重要地位。邢侗精湛完备的鉴藏功底集中体现在《淳化阁本跋语》和《淳化帖右军书评》中,他对"法帖鼻祖"《淳化阁帖》中王羲之的作品一一进行了真伪鉴别,并对其中文字误读之处详加考辨。因此,他在甄选刻帖底本方面更加胸有成竹。随后,邢侗以重金邀请江南著名刻工吴应祈、吴士端父子摹刻上石。他说:"今令吴生临之,若登石有遒劲意则刻之,不则未敢袭《戏鸿》花样也。"②可见,邢侗将董其昌

【作者简介】廖妙清,山东师范大学齐鲁文化研究院博士研究生,研究方向为区域文化与中国古代文学。
① [明]邢侗著,宫晓卫、修广利辑校:《邢侗集》,齐鲁书社,2017年,第124页。
② [明]黄克缵:《数马集》卷三十九,清刻本。

选辑刻成的《戏鸿堂法帖》作为目标，期望自己的刻帖不亚于此。另外，对于刻帖使用的材质，邢侗也有自己的标准，他提出："钟元常、李太和、颜平原，多自书自镌，于古所云致石也……木刻，草书犹可，行笔则半露强割；若正书，仅具支体，肌理全非。"①显然，石刻文字的笔画爽利，灵动有致，才能符合邢侗刻帖对"二王"风骨的追求和对书学正统的坚守。所以，邢侗对每一道工序皆倾其所能、做到极致，终于在晚年完成了这部不俗的刻帖，博得了世人的赞誉。

## 一、"昭陵茧纸再出人间"：《澄清堂帖》名扬天下

《澄清堂帖》是《来禽馆帖》中的重要刻帖，在邢侗刻成之后迅速在书坛产生了广泛的影响。但是，《来禽馆帖》之前，我们甚至无法在前人法帖论述与著作中找到《澄清堂帖》的相关记载。毋庸讳言，《来禽馆帖》的面世，才真正使《澄清堂帖》为世人所知，从此声名鹊起。

图 1　邢侗《来禽馆帖》之王稚登跋《澄清堂帖》

万历十三年（1585），邢侗购入《澄清堂帖》，这是一部以王羲之书牍为主的汇帖。对于邢侗购得此帖的方式、价格等细节，据王稚登跋语（图1）："澄清堂帖，不知刻在何地，亦未详几卷……邢使君子愿以三十千购之，重若琛贝，自楚藩督输，将渡淮，余送

① ［明］邢侗著，宫晓卫、修广利辑校：《邢侗集》，齐鲁书社，2017 年，第 547 页。

之邗沟，舟中翻阅，相与叹赏。始疑为吴中故家所藏，后见钱德夫题名，乃知是停云馆中物。德夫、姚江人，最善装帖，文寿承、休承两博士童子师也。"① 邢侗亦在《淳化阁本跋语》中写道："余家有《澄清堂帖》，是竖竹帘楮，墨色黯淡，古香拂鼻，镌手于转使处时露锋颖，遂令逸少须糜宛然如在……《澄清》初不定何代本，取质娄江尚书。尚书以询顾廷尉研山，研山大骇，以为此南唐官拓的本，系贺监手摹，清润天拔，品列《升元》上。"② 可见，《澄清堂帖》曾为停云馆主人文徵明所藏，后来为书法家、收藏家顾从义（即引文中顾廷尉研山）所有。另据嘉万年间著名鉴赏家詹景凤跋《王右军澄清堂帖》所载："旧为吾郡汪仲淹物，子愿先生从汪购得之。"③ 说明邢侗是从汪仲淹处购得，后来将此帖汇入《来禽馆帖》中。

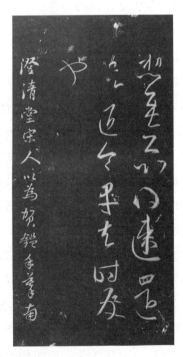

图 2　董其昌跋《戏鸿堂法书》卷十六之后

由于原帖没有年代，未标卷数，未落刻帖者姓名，刻工的署名也是模糊不清的，邢侗提出此帖应该是宋刻本或宋拓本；王稚登未予定论，认为"澄清堂帖……雕镂精好，纸墨光丽，当与甲秀、戏鱼等帖雁行，非宝晋及星凤楼所得比伦也"④，王世贞、王锡爵等人指出此帖应该是由贺知章钩摹的南唐时期的拓本；詹景凤善从风格特征与纸墨特征入手鉴赏书画，他判断此帖当为宋拓；董其昌则在《戏鸿堂法书》中的跋语（图 2）中讨

① 容庚著，莞城图书馆编：《容庚学术著作全集》第十八册，中华书局，2011 年，第 260 页。
② ［明］邢侗著，宫晓卫、修广利辑校：《邢侗集》，齐鲁书社，2017 年，第 545 页。
③ ［明］詹景凤：《詹东图玄览编》，卢辅圣主编《中国书画全书》第五册，上海书画出版社，2009 年，第 462 页。
④ 容庚著，莞城图书馆编：《容庚学术著作全集》第十八册，中华书局，2011 年，第 260 页。

论了这一问题："《澄清堂》宋人以为贺监手摹，南唐李氏所刻。"① 一时众说纷纭。邢侗在诸多分歧中发现有人从《澄清堂帖》之名入手，由"澄心"联想到了南唐后主李煜的澄心堂纸，误将澄清、澄心混为一谈。对此，邢侗独抒己见：

> 诸书评中或谓"澄清"亦谓"澄心"，意"澄心"是误为纸素而言，要当以法帖见本为据耳。太仓王凤洲先生近以书来，备述上海顾廷尉盛称此帖道："的是南唐拓。元以四十千为人所购去，则余喜减朱提一流矣。"行年不惑，久忘晋人结法，留以俟儿曹，想当有庶几也。②

> 详观此帖标目，似不止羲之一人。想年久霜裂，凑合取成帙，便捡藏耳。按《襄阳杂记》，董良史，江西好事家。是本图命宛结，当是其斋中物。③

由此，邢侗排除了《澄清堂帖》为南唐拓本的可能。清代以来，出现了邢侗所未见的文献资料，学人针对这一问题能够给出较为确凿的答案。现藏于中国国家博物馆的《澄清堂帖》卷十一，曾为清初文物鉴藏家宋荦收藏，后人依据其中的文字避讳现象，断定此帖应为南宋嘉定年间文人施宿选辑的宋拓王羲之书刻。对此，启功指出："（董其昌）硬把"清"字冒充"心"字，说它即南唐的帖……实际上，这《澄清堂帖》中不但刻有宋'讳'的缺笔，而且第十一卷中还刻有苏轼以下直到南宋许多人的字迹，那么董其昌的欺人伎俩，也就可以不攻自破，今天我们更没有信为'祖刻'的必要了。"④ 由此，为《澄清堂帖》的年代之争一锤定音。

以刻帖年代的讨论为开端，文人们随即对《澄清堂帖》进行梳理、比对各家藏本，对此帖的不同版本考镜源流。在进行学术层面的研究之余，对《澄清堂帖》大为称赞。董其昌写道："观其姿态横出，神气飞动，宛如临池用笔。《阁帖》遂无复位次，非仙手不及此。"⑤ 清人梁巘亦云："《澄清堂》合《十七帖》，皆邢子愿刻……其刻瘦健可爱，间有一二笔转折失度处，然其佳者，正如初脱手书也。"⑥ 张伯英对《澄清堂帖》也是赞誉有加："帖中重摹澄清堂数十则及唐模十七帖二种最著。澄清视戏鸿堂本尤精湛……子愿既深于书，选帖具有精识，摹勒亦出江南良工，以故迥异俗本。"⑦

---

① ［明］董其昌：《容台集》别集卷三，明崇祯三年（1630）董庭刻本。
② ［明］邢侗著，宫晓卫、修广利辑校：《邢侗集》，齐鲁书社，2017 年，第 548—549 页。
③ ［明］邢侗著，宫晓卫、修广利辑校：《邢侗集》，齐鲁书社，2017 年，第 549 页。
④ 启功：《〈兰亭〉的迷信应该破除》，《文物》1965 年第 10 期。
⑤ ［明］董其昌：《容台集》别集卷三，明崇祯三年（1630）董庭刻本。
⑥ ［清］梁巘：《承晋斋积闻录·古今法帖篇》，卢辅圣《中国书画全书》第十五册，上海书画出版社，2009 年，第 102 页。
⑦ 张伯英：《增补法帖提要》，商务印书馆，2019 年，第 125 页。

图 3　邢侗《来禽馆帖》之《十七帖》

图 4　邢侗《来禽馆帖》之《澄清堂帖》

　　来禽馆本《澄清堂帖》一度引起了书画界与收藏界的强烈反响，罗振玉亦在跋语中欣喜地写下："明中叶以后始显于世。一时能书精鉴诸家若王弇州、董华亭、邢子愿、孙退谷等，惊为昭陵茧纸再出人间。……既得窥山阴真面，文字之福已多，天下之宝，当与天下共之。"①据罗振玉考证，此帖在明代仅有三本，而能够与《兰亭》再现于人间相比，可见《澄清堂帖》举足轻重的地位。邢侗并非《澄清堂帖》的第一任收藏者，但他当之无愧地成为发现其艺术价值的"伯乐"，足见他对刻帖的掌控水准以及高超的鉴赏能力，这也彰显了邢侗在《澄清堂帖》传承史上的特殊意义。

---

　　①　罗振玉：《罗振玉学术论著集》第九集，上海古籍出版社，2010 年，第 136—139 页。

## 二、标榜"二王"典范，复兴魏晋之风

在邢侗的书学思想与实践中，古典主义显然处于主导地位，他既对不遵循古法者表示抗议，指出"奇生怪，怪生无常，是产祸也"①，又对同属于复古阵营的其他书家有自己的见解，他评价友人董其昌"总之名世业"，但依然"小下晋人一等"②。对于邢侗而言，书法家只有明确自己的选帖标准、形成独立主持的私家刻帖，才能真正昭示个人的书法理想。

吕文明认为："作为中国书法史的高峰，魏晋书法所彰显出的风度和气象是后世始终都无法超越的，它温文尔雅，贵和持中，风流蕴藉，潇洒飘逸，为历代书家所瞩目。"③作为"二王"与魏晋的践行者，邢侗的文学与书法在思想上一脉相承，因此，与邢侗同时期的文人周之士，甚至将邢侗之于书学正统的地位比作曾在唐朝古文运动中高举复古大旗的领袖韩愈，感慨道："近代邢子愿书，研精'二王'笔法，恒仿佛《十七帖》意……乃公独喟然，辟除陋习，追迹逸少，亡论其精诣谓何；即其矢志则已超人一等矣。韩昌黎以文章振起八代之衰，其此之谓乎！"④而邢侗重视传统，秉持取法乎上的学书精神，通过《来禽馆帖》，向世人打造出一道标榜"二王"、复兴魏晋的新风尚。

邢侗一生中对历代法书名作的购藏应该是比较丰富的，但是他不见得将这些藏品悉数刻石，而是在所有的收藏品中反复筛选，既要避免内容上的重复，又必须能够确凿地认定是"二王"真迹，才能符合他的刻帖要求。不凡的鉴赏能力让他充满底气，他说："即如晋、唐名家书，隔坐数尺，余即能辨某某。子昂行押，大似右军，然是元晋书，犹非唐摹晋书比也。"⑤邢侗敢于为作品的真伪下定论，何为真迹，何为赝品，评判标准又是什么，他胜券在握地围绕此话题展开论述。他在《淳化阁本跋语》中也谈到了他刻帖时会格外重视的因素，论及《淳化阁帖》，邢侗指出："唐初字尚遒健，得晋、宋风。开元后，浸变为肥。至赵宋，日趋痴重。"⑥他批评肥软迟滞的用笔，这样只会"位置无差，而笔意常少"⑦。他还反对《潭帖》《绛帖》过瘦、《临江》太媚。因此，邢侗所构想的书风应是恰到好处的骨肉停匀，雅畅爽利。与同期私家刻帖相较而言，《来禽馆帖》独得"二王"衣钵，詹景凤云："自《太清》《淳化》《潭》《绛》诸本外，见有'二王'法帖，独未见有专刻逸少者，是本称澄清堂而专刻逸少，其波发具悉，逸态流溢，右军心手并

---

① ［明］李维桢撰：《大泌山房集》卷七十九，明万历三十九年(1611)刻本。
② ［明］邢侗著，宫晓卫、修广利辑校：《邢侗集》，齐鲁书社，2017年，第553页。
③ 吕文明：《从儒风到雅艺：魏晋书法文化世家研究》，中华书局，2020年，第481页。
④ 崔尔平选编点校：《明清书论集》，上海辞书出版社，2011年，第504页。
⑤ ［明］邢侗著，宫晓卫、修广利辑校：《邢侗集》，齐鲁书社，2017年，第547页。
⑥ ［明］邢侗著，宫晓卫、修广利辑校：《邢侗集》，齐鲁书社，2017年，第545页。
⑦ ［明］邢侗著，宫晓卫、修广利辑校：《邢侗集》，齐鲁书社，2017年，第545页。

在,帖又视诸本特备。"① 对此,王玉池也认为,邢侗这样的刻帖行为与衡量标准,"在精化王羲之作品方面确实做出了有益的贡献"②。

《来禽馆帖》中还收录了一些赵孟頫的书法与绘画佳作,包括墨竹图、山水画,以及《六体千字文》。值得一提的是,邢侗对赵孟頫推崇备至,董其昌却对此不以为然,"(余书)与赵文敏较,各有短长。行间茂密,千字一同,吾不如赵;若临仿历代,赵得其十一,吾得其十七;又赵书因熟得俗态,吾书因生得秀色。"③ 在董其昌主持刊刻的法帖中,也选刻了赵书。董其昌对赵孟頫的态度兼有批判和欣赏,二人出发点不同,自然在遴选原则与刻石风格上各具特点。在创作中,赵孟頫号召回归晋唐,提出"命意高古,不求形似"的观念,体现了"中和"的学习态度,取得了巨大的文艺成就。赵孟頫也是复古文风的倡导者,他以晋唐为导向,重塑文学的审美境界。他在文学与艺术史上,以"复古理念"做出了重要贡献。邢侗对赵孟頫的认同,就源自二人跨越时代却不约而同的"复古"主张。邢侗评价赵孟頫墨竹图:"子昂此幅,于至和处见笔,至密处见墨,未尝不劲,未尝不疏,所谓瑶台缓步,罗绮骄春,或足拟之。"④ 赵孟頫的复古理念覆盖面广、包容性强,顺理成章地成为邢侗追随和效仿的偶像。

明初的复古之风对当时的刻帖影响极大,文士们的选帖原则是重视传统,涌现出《真赏斋帖》《晴山堂法帖》《净云枝藏帖》等制作精良的珍惜法帖。但是到了邢侗所在的晚明,为复古、崇古思潮呐喊的吴门书派已成明日黄花,盛极而衰的复古思潮渐渐衰落。所以,身体力行地传承"二王"法书、魏晋经典,精准表达自己审美的风格便成了邢侗所面对的首要任务。邢侗重新审视了当时的书风与刻帖,发出了"我思今古,未获我心"⑤ 的感叹。席文天云:"综观其书,上索魏晋"二王",是以继承为主,然创新是在继承传统的基础的创新,其道不背。"⑥ 为了实现他独树一帜的复古标的,将自己对魏晋风骨的把握、对"二王"书风的崇尚通过刀锋传承下去,他"不肖从骨髓处翻出,节本帖而为之"⑦,正如孟庆星所言,"'二王'书法经典的摹刻应以唐摹本为典范,它应将魏晋书法的骨髓即内在精神表达出来"⑧,进而形成这部凝聚着邢侗全部心血的、复古主义的经典刻帖,他标榜"二王"、复兴魏晋的成果必不会是俗笔。经过多年的精雕细琢,他终于收获了饱受赞誉的《来禽馆帖》,这也成为晚明"复古"刻帖热潮中一次难以超越的尝试。

① [明]詹景凤.《詹东图玄览编》,卢辅圣:《中国书画全书》第5册,上海书画出版社,2009年,第462页。

② 王玉池:《晚明北方书法重镇邢侗和他的〈来禽馆帖〉》,《第三届中国书法史论国际研讨会论文集》,文物出版社,1998年,第156页。

③ 崔尔平选编点校:《明清书论集》,上海辞书出版社,2011年,第224页。

④ [明]邢侗著,宫晓卫、修广利辑校:《邢侗集》,齐鲁书社,2017年,第561页。

⑤ [明]邢侗著,宫晓卫、修广利辑校:《邢侗集》,齐鲁书社,2017年,第546页。

⑥ 中国人民政治协商会议临邑县委员会文史资料研究委员会编:《临邑文史资料第七辑(邢侗专辑)》,1992年,第210页。

⑦ [明]邢侗著,宫晓卫、修广利辑校:《邢侗集》,齐鲁书社,2017年,第619页。

⑧ 孟庆星:《万历书坛——邢侗个案研究》,人民文学出版社,2017年,第157页。

图5　董其昌《戏鸿堂法书》之《澄清堂帖》王羲之《极寒帖》，此为《来禽馆帖》之《十七帖》

图6　董其昌《戏鸿堂法书》卷二《兰亭序》（局部）

### 三、开晚明北方刻帖风气之先

明代印刷出版行业形势大好，私家刻帖盛行，刻帖总数日渐庞大，推动了帖学大兴，古人经典作品面向大众的普及也更为便利。但值得关注的是，从地域分布上来看，刻帖行为在江浙一带更为集中，且就发展程度而言，也是南方地区更为成熟，北方却是长时间的低迷与落寞。邢侗曾在《平昌葛端肃公家乘集古法书序》中论述了南北方书法在明代的发展：

> 明盛以来，觚翰之长群归江左，碑版之富亦首金闾。似汜支流，未穷本始。夫伯喈陈留占籍，孟皇安定为乡，茂先著于范阳，肩吾奋于新野，柳谏生于京兆，萧郎望于兰陵。钟傅、王羲，琅琊颍水，举世所知已。唯是介碣丰蠵，瑰篇伟制，继传北地，渗漉我人，偶睹黄河一曲，文豹一斑，而谓昆仑为南发之源，泽雾非西钟之秀，斯则不达之甚也。①

在邢侗看来，蔡邕、钟繇、王羲之、庾肩吾、柳公权等都是深受北方文化影响之人，历代书家薪火相传，足以证明北方亦堪称书法艺术的渊薮。但是明代以降，江南地区的书法艺术影响深远，刻帖活动也是以金闾（今江苏苏州）最为繁荣、独领风骚，北方地区却是寂寂无闻，似乎是不太合理的。

早在邢侗之前，北方也曾出现过朱有燉《东书堂集古法帖》、朱启元《宝贤堂集古法帖》等相对而言规模较小、质量略逊色的法帖，直到《来禽馆帖》面世，为北方的刻帖行业带来了新鲜气息、激发了北方文人刻帖的积极性。众位书家、名流为《来禽馆帖》写下题跋，也真正提升了此帖的知名度，为此帖做出了很好的宣传。其后，北方也陆续刻成了诸多集帖。在邢侗的交友圈中，受其影响开始刻帖的也大有人在，如葛昕主刻《平昌葛端肃公家乘集古法书》、王象乾主刻《忠勤堂碑版集古法书》等，这些刻帖与《来禽馆帖》在许多方面存在相似之处。邢侗的刻帖活动为他们起到了很好的示范作用，并且持续产生影响，明朝末年的兵部尚书、临邑人王洽集邢侗书作而刻成的《来禽馆真迹》，明末清初的著名书家王铎《琅华馆真迹》以及清代收藏家冯铨的《快学堂帖》等，都成为北方刻帖中具有重要艺术价值的中坚之作。虽然这些文艺精英们并未完全扭转北方书坛略显暗淡的局势，当时的北方书法更是尚无法与南方平分秋色，但是他们曾经做过的尝试，仍具有其历史意义和文化价值。

万历年间，邢侗义无反顾地担负起倡导"二王"的重任，他一丝不苟地监管着刻帖的每个环节。通过这种方式，邢侗对"二王"书风驾轻就熟，达到了"于右军书，坐卧

---

① ［明］邢侗著，宫晓卫、修广利辑校：《邢侗集》，齐鲁书社，2017年，第198页。

三十年，始克入化"的境界。在晚明文艺思潮与个性解放的潮流中，"天下法书归吾吴"的盛况不再，恢复"二王"的呼声在心学思想的武装之下得到创新，这些都助益邢侗在追慕"二王"的路上坚持到底并有所突破，转而上溯汉魏。具体而言，邢侗把章草作为"改造"的对象，加入了篆书、隶书的笔法，他曾提出："北人书多怒强气，南人书多挛缩气"①，"怒强气"表现为浑厚、雄强且粗砺，北方娇媚、温婉而浮滑，邢侗的书法实践中，尝试将南方董其昌领衔的清雅意趣与北方划分，坚持古拙雄健的审美倾向，并在日复一日的斟酌与尝试中，熟练把握了章草的创作，在临习"二王"作品中，也不乏章草的应用，这是邢侗一大重要探索，"字用王而杂章"的评价恰如其分。他的弟子刘重庆以"晚造玄微，特精章草，拟议之极，变化出焉"② 概括了邢侗晚年的书法创作，也足以证实邢侗对章草的精研与重视。

如今，《来禽馆帖》已经成为书法史上的重要法帖，在中国书法史上具有特殊的地位，集中展示了邢侗的书学理念和帖学思想。我们可以从中发现邢侗选刻的法帖与其书法创作的紧密联系，而邢侗晚年的书风转变亦与这种选帖原则相辅相成。

明崇祯十一年（1638），清兵入侵临邑，邢侗次子邢王称"慷慨结众与邑令分城而守"，带领民众顽强抵抗，浴血奋战，"被执兵刃迫胁不屈死"，直至英勇牺牲，同时八百名壮士以身殉国，沚园由此荒废。《来禽馆帖》传给邢侗三子邢王蔼。《来禽馆帖》收藏有序，后来传至邢氏十四世后人邢世祺处，他将刻帖交由邢氏十七世传人邢文田。邢侗后人遵从祖训，尽管清朝诸位临邑知县思慕《来禽馆法帖》，收藏者并未轻易示人，才使《来禽馆法帖》平安流传下来。1937 年，日本全面侵华、占领临邑，曾竭力搜寻邢侗墨迹，邢文田将《来禽馆帖》秘密埋入地下。新中国成立后，邢氏十九世传人邢银然将刻帖垒进炕内。在"文革"期间，邢银然再次将其藏进地下。终于，在 1980 年的文物清查中，文物工作者找到了保存完好的石刻，邢氏后人考虑后决定悉数献出《来禽馆帖》石刻。因此，原石现全部收藏在临邑的邢侗纪念馆中。

## Standardize Langya Calligraphy and Inherit the Calligraphy Style of Wei-Jin Dynasties：The Useful Exploration of *Laiqin Guan Tie*

### Liao Miaoqing

**Abstract**：After he resign to return home, Xing Tong, one of the "Four Calligraphers of the Late Ming Dynasty", spent eight years carving *Laiqin Guan Tie*. This volume mainly includes eight kinds of the masterpieces of Wang Xizhi and Wang Xianzhi. This was the proof that he admired Wang Xizhi for the whole life. The publication of *Laiqin*

---

① ［明］邢侗著，宫晓卫、修广利辑校：《邢侗集》，齐鲁书社，2017 年，第 546 页。
② 刘文海编著：《来禽馆真迹》，天津人民美术出版社，2016 年，第 144 页。

*Guan Tie* brought the *Chengqing Tang Tie* engraved by Xing Tong to the world's attention and caused a strong response in the calligraphy circles. Xing Tong followed the original appearance when engraving the papers, which provided a clear perspective for the calligraphy style of Wang Xizhi and Wang Xianzhi. *Laiqin Guan Tie* thus became a model for private calligraphy by literati in the late Ming Dynasty. After that, northern literati began to publish collections of manuscripts and left rich cultural treasures for succeeding generations.

**Keywords**：Xing Tong；Revivalism；Laiqin Guan；*Chengqing Tang Tie*

# 《四库全书总目·子部》编撰特征与学术旨趣*

## 聂济冬

[摘　要] 通常将《四库全书》开馆的意义看作，或是以征集代禁锢，或是学术总结，或是汉学对宋学的清除。所言有据。但若以《四库全书总目·子部》为考察对象，我们会在上述认识外，还会强烈地感觉到，在辨章学术、考镜源流中，在评定是非、褒贬对错间，四库馆臣们正试图正本清源，努力建构雅正、开放的学术范型。他们重汉学但不废宋学的学术追求，和尚雅正、求实用的学术目的，彰显出康乾时期文人的学术旨趣。

[关键词] 四库总目；子部特征；学术旨趣

乾隆三十七年（1772），诏开四库馆。乾隆四十六年（1781），《四库全书总目》汇编成书。虽《四库全书总目》为钦定，但字里行间，亦透露着四库馆臣们的学术倾向和学术爱好。与经部、史部相比，子部的书籍容括了更为多元、活跃的思想内涵，其提要的撰写，更能体现四库馆臣的学术认知和学术追求，由此亦能清晰反观他们具有时代感的学术旨趣和深刻的问题意识。从《四库全书总目·子部》特征中，我们还可辨析四库开馆实为禁毁书说的逻辑渊源和学术重汉废宋说的不确。

## 一、《四库全书总目·子部》特征

《四库全书总目·子部》力图以正本清源的学术态度，评判当时学术。在书目甄别、分类排序、提要撰写上，反映出四库馆臣因循与革新并存的学术观念。

1. 循例、求实的分类原则

《四库全书凡例》中提出，分类分目应"皆务求典据，非事更张"①。《子部》即照章

---

【作者简介】聂济冬（1968—），文学博士，山东大学儒学高等研究院教授、博士生导师，研究方向：中国古典文献学。

＊　本文系国家社科基金重大招标项目"加拿大不列颠哥伦比亚大学图书馆藏汉籍调查编目、珍本复制与整理研究"（项目编号：19ZDA287）之阶段性成果。

　　① ［清]永瑢等撰：《四库全书总目》，中华书局，1965年，第17页。

办理，循例分类。例如，《谱录类叙》即云："《隋志》谱系，本陈族姓，而末载《竹谱》《钱图》，《唐志·农家》本言种植，而杂列《钱谱》《相鹤经》《相马经》《鸷击录》《相贝经》，《文献通考》亦以《香谱》入农家。是皆明知其不安，而限于无类可归，又复穷而不变，故支离颠舛，遂至于斯。惟尤袤《遂初堂书目》创立《谱录》一门，于是别类殊名，咸归统摄。此亦变而能通矣。今用其例，以收诸杂书之无可系属者。"从中可见，四库馆臣依据官私目录，在反复比对后，最终是择善而从，隶定类属。《汉志·诸子略》中列墨家、名家、纵横家。钱谦益《绛云楼书目》仍承之。但《四库全书总目·子部》认为墨家、名家、纵横家图书数量偏少，故因循黄虞稷《千顷堂书目》例①，将其统归杂家类。在《四库全书总目·子部》的各类叙言和书目提要，所关涉的分类辨析、著录卷数的依据，多为《隋志》、《唐志》、《宋志》、尤袤《遂初堂书目》、黄虞稷《千顷堂书目》等官私目录。

四库馆臣在分类上，并非一味守旧，他们也有独创认识。例如，北宋理学家邵雍的《皇极经世》在尤袤《遂初堂书目》中归入"子部儒家类"，晁㻛《晁氏宝文堂书目》中归入"经部性理类"，徐乾学《传是楼书目》归入"云字二格儒家类"，皆被视为儒家类著作。但四库馆臣却将此书列入《子部·术数类》，云："《皇极经世》虽亦《易》之余绪，而实非作《易》之本义。诸家著录，以出于邵子，遂列于儒家。然古之儒者，道德仁义，诵说先王。后之儒者，主敬存诚，阐明理学。均无以数为宗之事，于义颇属未安。夫著述各有体裁，学问亦各有派别。朱子《晦庵大全集》，皆六经之旨也。而既为诗文，不得不列为集。《通鉴纲目》亦《春秋》之义也，而既为编年，不得不列为史。此体例也。《阴符经刊误》《参同契刊误》，均朱子手著。而既为黄老神仙之说，不得不列为道家。此宗旨也。邵子既推数以著书，则列之术数，其亦更无疑义矣。"②此后，丁仁《八千卷楼书目》、范邦甸《天一阁书目》、张之洞《书目答问》等循此例，皆将邵氏该书列入"子部术数类"。

2. 以实用为先的排列顺序

《四库全书总目》中著录子部58887卷，分为十四类。一儒家，二兵家，三法家，四农家，五医家，六天文算法，七术数，八艺术，九谱录，十杂家，十一类书，十二小说家，十三释家，十四道家。而作于清康熙年间的《明史·艺文志》，将子部分为十二类："一曰儒家类，二曰杂家类，前代《艺文志》列名法诸家，然寥寥无几，备数而已。今总附杂家。三曰农家类，四曰小说家类，五曰兵书类，六曰天文类，七曰历数类，八曰五行类，九曰艺术类，医书附。十曰类书类，十一曰道家类，十二曰释家类。"③二者相较，

① "黄虞稷《千顷堂书目》于寥寥不能成类者，并入杂家。'杂'之义广，无所不包。班固所谓'合儒、墨，兼名、法'也。变而得宜，于例为善。今从其说。"［清］永瑢等撰：《四库全书总目》，中华书局，1965年，第1006页。
② ［清］永瑢等撰：《四库全书总目》，中华书局，1965年，第918页。
③ ［清］张廷玉等撰：《明史》，中华书局，1974年，第2425页。

《四库总目·子部》突出、提升了兵家、法家、医家的位置。而在《明史·艺文志》中，兵家仅排在第五位，无法家，医家仅是第九位艺术类的附庸。可见，《四库全书总目·子部》的分类，以实用之术为先，重视的是国家、百姓的福祉，其《叙》云："有文事者有武备，故次之以兵家。兵，刑类也，唐、虞无皋陶，则寇贼奸宄无所禁，必不能风动时雍。故次以法家。民，国之本也。谷，民之天也。故次以农家。本草经方，技术之事也，而生死系焉。神农、黄帝，以圣人为天子，尚亲治之，故次以医家。重民事者先授时。授时本测候。测候本积数。故次以天文算法。以上六家，皆治世者所有事也。"①

3. 天文类、谱录类、杂家类扩充

《四库全书总目·子部》大量扩充了天文类、谱录类、杂家类图书的著录。子部的扩充，与彼时的科技艺术的进步、皇帝的爱好密切相关。《清史稿·艺术传序》言："圣祖天纵神明，多能艺事，贯通中、西历算之学，一时鸿硕，蔚成专家。国史跻之《儒林》之列。测绘地图，铸造枪炮，始仿西法。凡有一技之能者，往往召直蒙养斋。其文学侍从之臣，每以书画供奉内延。又设如意馆，制仿前代画院，兼及百工之事。故其时供御器物，雕、组、陶埴，靡不精美、传播寰瀛，称为极盛。沿及高宗之世，风不替焉。"② 还与明版刻业发达有关。"明人刻书，据统计不下三万五千种，其中明人著述超过半数。"③

《四库全书总目·子部》中列天文算法类，著录 56 部，639 卷，存目 27 部，150 卷（7 部无卷数）。此前天文、术数常并言。《后汉书·王景传》："景少学《易》，遂广窥众书，又好天文术数之事，沈深多伎艺。"④ 此前的书目，亦通常将天文类与术数类合并，如宋人尤袤《遂初堂书目·术数家类》、明人祁承㸁《澹生堂藏书目·天文家》、黄虞稷《千顷堂书目·天文类》等。而《四库全书总目·子部》将天文与术数分列，并辨析了观天术之古今异同、学术源流，更注重突出天文算法类的科学性。《天文算法类叙》："圣祖仁皇帝《御制数理精蕴》诸书，妙契天元，精研化本，于中西两法权衡归一，垂范亿年。海宇承流，递相推衍。一时如梅文鼎等，测量撰述，亦具有成书。故言天者，至于本朝更无疑义。今仰遵圣训，考校诸家，存古法，以溯其源，秉新制以究其变。古来疏密，厘然具矣。若夫占验機祥，率多诡说。郑当再火，禆灶先诬。旧史各自为类，今亦别入之术数家。惟算术、天文相为表里。《明史·艺文志》以算术入小学类，是古之算术，非今之算术也。今核其实，与天文类从焉。"⑤ 与之相比，《明史·艺文志·天文类》显得杂乱无章，其中仅有少许的利玛窦、艾儒略、徐光启的著述著录，更多的是占梦、奇门遁

---

① [清]永瑢等撰：《四库全书总目》，中华书局，1965 年，第 769 页。
② [清]赵尔巽等撰：《清史稿》，中华书局，1976 年，第 13866 页。
③ 赵前：《明代版刻图典》，文物出版社，2008 年，第 4 页。
④ [南朝宋]范晔撰：《后汉书》，中华书局，1965 年，第 2464 页。
⑤ [清]永瑢等撰：《四库全书总目》，中华书局，1965 年，第 891 页。

甲法等图书著录。值得一提的是,《四库全书总目》还指出明代以后的术数类伪书多托名刘基。"明以来术数之书,多托于刘基。委巷之谈,均无足与深辨者耳。"① 《四库全书总目·子部》的这种分类,反映了四库馆臣已具有清晰的科学理念和严肃的科学态度。

《四库全书总目》设谱录类,是因循了《遂初堂书目》之例。② 但《遂初堂书目》谱录类,仅著录 62 种图书。而《四库全书总目》谱录类,著录图书 55 种,363 卷,附录 1 部,3 卷。存目 89 种,485 卷(内 1 部无卷数)。其中,先秦至唐,只有 6 部 8 卷,其余为宋以后图书。反映了宋以后士人的气质文雅性和生活情趣化的提升。

在《四库全书总目·子部》中,杂家类的排序,虽仅位第十,但其中著录图书 190 部,2232 卷,存目书 665 种,6585 卷(其中无卷数 49 部),超越了前朝的著录,内容驳杂,分属六类。杂家类的增多,不仅是因为四库馆臣所能见的图书超越前人,和墨家、名家、纵横家的并入,更是因为学术识见的增广、多元。馆臣根据此类图书的治学特征,将其六分。《杂家类叙》云:"杂之义广,无所不包。班固所谓'合儒、墨,兼名、法'也。变而得宜,于例为善。今从其说。以立说者,谓之杂学。辨证者,谓之杂考。议论而兼叙述者,谓之杂说。旁究物理、胪陈纤琐者,谓之杂品。类辑旧文、涂兼众轨者,谓之杂纂。合刻诸书、不名一体者,谓之杂编。凡六类。"③

4. 取一家之言的包容

《四库全书总目》秉持儒家正统观立目,但对杂学网开一面。"夫学者研理于经,可以正天下之是非。征事于史,可以明古今之成败。余皆杂学也。然儒家本六艺之支流。虽其闲依草附木,不能免门户之私。而数大儒,明道立言,炳然具在,要可与经史旁参。其余虽真伪相杂,醇疵互见。然凡能自名一家者,必有一节之足以自立。即其不合于圣人者,存之亦可为鉴戒。虽有丝麻,无弃菅蒯。狂夫之言,圣人择焉。在博收而慎取之尔。"④ 《尹文子提要》云:"百氏争鸣,九流并列,各尊所闻,各行所知,自老庄以下均自为一家之言。读其文者,取其博辨闳肆足矣,安能限以一格哉。"《方以智〈物理小识〉提要》言该书:"虽所录不免冗杂,未必一一尽确,所论亦不免时有附会,而而细大兼收,固亦可资博识而利民用。《鹖冠子》曰:'中流失船,一壶千金。'韩愈曰:'牛溲马勃,败鼓之皮。兼收并蓄,待用无遗。'则识小之言,亦未可尽废矣。"⑤

## 二、《四库全书总目·子部》的学术旨趣

辨章学术,考镜源流。《四库全书总目》通过部类叙案的撰写、提要语的褒贬、著录

---

① [清]永瑢等撰:《四库全书总目》,中华书局,1965 年,第 841 页。
② 《谱录类叙》言:"惟尤袤《遂初堂书目》创立《谱录》一门,于是别类殊名,咸归统摄。此亦变而能通矣。今用其例。"[清]永瑢等撰:《四库全书总目》,中华书局,1965 年,第 981 页。
③ [清]永瑢等撰:《四库全书总目》,中华书局,1965 年,第 1006 页。
④ [清]永瑢等撰:《四库全书总目》,中华书局,1965 年,第 769 页。
⑤ [清]永瑢等撰:《四库全书总目》,中华书局,1965 年,第 1055 页。

分类的辨析，清晰地表达出对学术发展的新认知。《四库全书总目》固然代表了官方意志，但是，四库馆臣，除戴震外，几乎都是翰林，学有专长，识有见地①，对学问有清晰的自我理解。《四库全书总目·子部》著录的图书涵盖多方，在书目的取舍、褒贬中，体现出学者识见和时代特征，反映了四库馆臣对学术走向的把握，蕴含着他们的学术旨趣。

1. 重实学

清初，确立了崇儒重道的文化国策。顺治十二年，世祖明确提出："今天下渐定，朕将兴文教、崇经术，以开太平。直省学臣，其训督士子，博通古今，明体达用。"② 四库开馆的目的，亦在于稽古右文，且学不论大小，皆求致用、实用。乾隆三十七年正月上谕即提道：

> 朕稽古右文，聿资治理，几余典学，日有孜孜，因思策府缥缃，载籍极博，其诠者羽翼经训，垂范方来，固足称千秋法鉴。即在识小之徒，专门撰述，细及名物象数，兼综条贯，各自成家，亦莫不有所发明，可为游艺养心之一助。是以御极之初，即诏中外搜访遗书，并令儒臣校勘十三经、二十一史，遍布黉宫，嘉惠后学。复开馆纂修纲目三编、通鉴辑览及三通诸书。凡艺林承学之士所当户诵家弦者，既已荟萃略备。第念读书，固在得其要领，而多识前言往行以畜其德，惟搜罗益广，则研讨愈精。如康熙年间所修图书集成全部，兼收并录，极方策之大观，引用诸编，率属因类取裁，势不能悉载全文，使阅者沿流溯源，一一征其来处。今内府藏书，插架不为不富，然古今来著作之手，无虑数千百家，或逸在名山，未登柱史，正宜及时采集，汇送京师，以彰千古同文之盛。其令直省督抚、学政等通饬所属，加意购访。除坊肆所售举业时文及民间无用之族谱、尺牍、屏幛、寿言等类，又其人本无实学，不过嫁名驰骛、编刻酬倡诗文琐屑无当者，均无庸采取外，其历代流传旧书，内有阐明性学治法，关系世道人心者，自当首先购觅。至若发挥传注，考核典章，旁暨九流百家之言有裨实用者，亦应备为甄择。又如，历代名人洎本朝士林宿望，向有诗文专集。及近时沉潜经史、原本风雅如顾栋高、陈祖范、任启运、沈德潜辈，亦各著成编，并非剿说卮言可比，均应概行查明。③

新文化运动后，通常将四库馆开馆的目的，视为以征集代禁毁、禁锢。此说固然有理，但发生学的角度说，又不十分确切。在上述上谕中，清晰表达了稽古的目的，在于教化，在于实用、致用，不在此列的图书，即不在购访范围内。这应是四库馆开馆、征书的逻

---

① 参见李致忠《旷古巨帙，学术真存》，《中国图书馆学报》1996 年第 6 期。
② ［清］赵尔巽等撰：《清史稿》，中华书局，1976 年，第 141 页。
③ ［清］庆桂等编纂，左步青校点：《国朝宫史续编》下册，北京古籍出版社，1994 年，第 787—788 页。

辑起点。后来出现的禁毁之举，实为过程中的矫枉过正。在四库馆的学术大整理中，馆臣突出了重实学、实用的意识。《四库全书总目·子部》提要的排列、撰写，即体现这种学术意识。

在《子部》分类的顺序中，即可见著录者具有明显的尚实意识。儒家，可正风俗，兴教化，故列首位。兵家、法家、农家居第二、三、四位，仅居儒家之后。这种排列顺序，反映了著录者的治国安民的思考。其后再排以天文算法类、术数类、艺术类、谱录类、杂学类等技能、技术之学。最后为释家类、道家类。在子部提要的撰写中，更能体现出四库馆臣推重实学的学术观念。

重实学、实用，反对空疏之学，这是自清初以来形成的学术理路。康熙时期的学者王懋竑曾对学生提出要求："反之身心，真实体验，行得一寸，便是一寸，行得一尺，便是一尺，空言全不济事，亦不必深求。只于日用寻常行事处，仔细检点，不一毫放过，积渐久之，自然得力。"① 四库馆臣接续学风，进一步批评王学的空谈心性、援佛入儒。《儒家类叙》虽云不废金溪、姚江之派所长，但《子部》中更多的是对王学的批判。《胡居仁〈居业录〉提要》言："居仁与陈献章皆出吴与弼之门。与弼之学介乎朱陆之间。二人各得其所近。献章上继金溪，下启姚江。居仁则恪守新安，不踰尺寸，故以敬名其斋。而是书之中，辨献章之近禅，不啻再三。盖其人品端谨，学问笃实，与河津薛瑄相类。而是书亦与瑄《读书录》并为学者所推。黄宗羲《明儒学案》乃谓其主言静中之涵养，与献章之静中养出端倪，同门冥契。特牵引附合之言，非笃论也。"②《提要》对胡居仁与陈献章的学问进行对比，在一褒一贬中，显现出馆臣的学术态度。四库馆臣注重学问言而有据，推崇有根柢的学问。《邱濬〈大学衍义补〉提要》言：其书是邱濬对真德秀《大学衍义》增补而作，"濬博综旁搜，以补所未备，兼资体用实，足以羽翼而行。且濬学本淹通，又习知旧典，故所条列元元本本，贯串古今，亦复具有根柢。其人虽不足重，其书要不为无用也。"③《陈叔方〈颍川语小〉提要》："较之王观国《学林》、王应麟《困学纪闻》皆为少逊，然大致考据详核。如辨女娲补天非炼石，则取张湛之说；辨同姓不必同氏，则从许慎之论；以及名称、字义铅讹袭谬而不知者，皆一一订证，尤足以砭流俗之非. 较之志俳谐、述神怪者，有益多矣。哀而录之，亦考证家之所取裁也。"④

子部著录书提要体例之一，是引用前人研究成果，进而作出判断。如《贾谊〈新书〉提要》云："其书多取谊本传所载之文，割裂其章端，颠倒其次序，而加以标题。殊眚乱无条理。《朱子语录》曰：'贾谊《新书》除了《汉书》中所载，余亦难得粹者。看来只

① 王箴听撰：《又文林郎翰林院编修子中王公行状》,沈云龙主编《近代中国史料丛刊》第九十三辑《碑传集》,文海出版社,1973 年,第 2367 页。
② [清]永瑢等撰：《四库全书总目》,中华书局,1965 年,第 791 页。
③ [清]永瑢等撰：《四库全书总目》,中华书局,1965 年,第 791 页。
④ [清]永瑢等撰：《四库全书总目》,中华书局,1965 年,第 1023 页。

是贾谊一杂记稿耳。中间事事有些个。'陈振孙亦谓其'非《汉书》所有者，辄浅驳不足观，绝非谊本书。'今考《汉书》谊本传《赞》称，'凡所著述五十八篇，掇其切于世事者，著于传。'应劭《汉书注》亦于《过秦论》下曰：'贾谊书第一篇名也。'则本传所载皆五十八篇所有，足为显证。……后原本散佚。好事者因取本传所有诸篇，离析其文，各位标目，以足五十八篇之数。故饾饤至此。其书不全真，亦不全伪。朱子以为杂记之稿，固未核其实。陈氏以为绝非谊书，有非笃论也。且其中为《汉书》所不载者，虽往往类《说苑》《新序》《韩诗外传》。然如《青史氏》之记，具载胎教之古礼；《修政语》上下两篇，多帝王之遗训；《保傅篇》《容经篇》并敷陈古典，具有源本；其解《诗》之《驺虞》，《易》之潜龙亢龙，亦深得经义。又安可以浅驳不粹目之哉？虽残缺失次，要不能以断烂弃之矣。"① 值得一提的是，在《子部》提要撰写中，多引用宋人的考据学成果。司马朝军先生曾认为："朱子的辩伪成果多被《总目》吸收。"②

对考据学的推崇，与四库馆臣的博学素养和重实尚真的学术追求，密切关联。他们重考据的背后，是为复原儒家纯正之学、摒弃浮华玄诞之文的目的。在《方以智〈通雅〉提要》中批评杨慎、陈耀文的考据学不纯，表彰方以智考据精核。"明之中叶，以博洽著者杨慎，而陈耀文起而与争。然慎好伪说以售欺，耀文好蔓引以求胜。次则焦竑，亦喜考证，而习与李贽游，动辄牵缀佛书，伤于芜杂。惟以智崛起崇祯中，考据精核，迥出其上。风气既开，国初顾炎武、阎若璩、朱彝尊等沿波而起，始一扫悬揣之空谈。虽其中千虑一失，或所不免，而穷源溯委，词必有征，在明代考证家中，可谓卓然独立矣。"③ 四库馆臣重考据学的示范效应，转变了当时学风。姚莹云："自四库馆启之后，当朝大老皆以考博为事，无复有潜心理学者，至有称诵宋、元、明以来儒者，则相与诽笑。"④ 四库馆臣重实学的目的，是在求经世致用。《西村省己录》入儒家类存目，《提要》云："录中皆论修省之道，大旨纯正，词亦平近易晓，然持论未免稍迂。"⑤ 凭此句中的前三条，该书可著录，但最后一条"稍迂"一语，把其拉到存目书中，反映了馆臣的求实用的学术目的。

重考据，反映了四库馆臣们重汉学的学术爱好、学术倾向，但也不能因此就判断他们有废宋学的学术意识。梁启超曾说四库馆是汉学大本营，而《总目》是由总纂官纪昀总其成的，认为纪氏有强烈的排斥宋学意识。余嘉锡亦称纪氏"自名汉学，深恶性理，遂峻词丑诋，攻击宋儒"⑥。梁氏、余氏的上述言论带有特定的历史背景的烙印，有偏颇

① ［清］永瑢等撰：《四库全书总目》，中华书局，1965 年，第 771 页。
② 司马朝军：《〈四库全书总目〉研究》，社会科学文献出版社，2004 年，第 271 页。
③ ［清］永瑢等撰：《四库全书总目》，中华书局，1965 年，第 1028 页。
④ 施立业点校：《姚莹集》，严云绶、施立业、江小角主编《桐城派名家文集》第 6 卷，安徽教育出版社，2014 年，第 378 页。
⑤ ［清］永瑢等撰：《四库全书总目》，中华书局，1965 年，第 807 页。
⑥ 余嘉锡撰：《四库提要辨证》，中华书局，1974 年，第 54 页。

之处。如果简单笼统地概说四库馆臣反宋学，那是不确切的。实际上，四库馆臣反对的是言禅谈玄的空疏之学。吕思勉曾言："汉学家的考据，亦可以说是导源于宋学中之一派的。而其兴起之初，亦并不反对宋学。只是反对宋学末流空疏浅陋之弊罢了。"① 确实，在《四库全书总目·子部》提要的撰写中，馆臣们采纳宋明学者的考证结论，运用他们的考辨、考订成果，对宋学持有较为平和的态度。纪昀就曾评判汉学、宋学二者的关系，言："要其归宿，则不过汉学、宋学两家互为胜负。"② 钱穆《中国近三百年学术史》中也认为，清之汉学与宋学相辅相成，清儒的汉学成就因于他们的宋学功底，"言汉学渊源者必溯诸晚明诸遗老。然其时如夏峰、梨州、二曲、船山、桴亭、亭林、蒿庵、习斋，一世魁硕，靡不寝馈于宋学。继此而降，如恕谷、望溪、穆堂、谢山乃至慎修诸人，皆于宋学有甚深契诣，而于时已及乾隆，汉学之名始稍稍起。而汉学诸家之高下浅深，亦往往视其宋学之高下浅深以为判"③。周予同也提出清之汉学与宋学不无关联，"我们不能认为宋学与清代'汉学'无关，一刀两断，这是机械论。"④

2. 尚雅正

《四库全书总目·子部》的著录、分类和提要反映了四库馆臣力图正本清源、反虚妄之说的学术观念。而正本清源、务实尚用的学术追求的背后，是他们崇尚雅正学术的终极目标。

表现一，推崇王道之学。复古、崇古，是清初以来的学术思路。他们所欲复原的是古圣王之道。汉代去古未远，所以他们极力赞同汉儒学说，尤其是王道之说。《贾谊〈新语〉提要》云："今但据其书论之，则大旨皆崇王道，黜霸术，归本于修身用人。其称引《老子》者，惟《思务篇》因上德不德一语，余皆以孔氏为宗。所援据多《春秋》《论语》之文。汉儒自董仲舒外，未有如是之醇正也。流传既久，其真其赝存而不论可矣。"⑤《桓宽〈盐铁论〉提要》："盖其著书之大旨，所论皆食货之事，而言皆述先王，称六经。故诸史皆列之儒家。黄虞稷《千顷堂书目》改隶史部食货类中，循名而失其实矣。"⑥

表现二，排斥神学。《子部》称释家、道家为外学，在分类排序上，将二者置于最后。不仅如此，四库馆臣对一些带有神学色彩的图书，认为循名失实，皆改隶部类。如班固《白虎通义》、颜之推《颜氏家训》历来被归为"子部儒家类"，但在《四库全书》中，两书被归入"子部杂家类"。其中原因当与神学相关。《颜之推〈颜氏家训〉提要》言其改隶的原因是："然其中《归心》等篇，深明因果，不出当时好佛之习。又兼论字画、音训，并考正典故，品第文艺，曼衍旁涉，不专为一家之言。今特退之杂家，从其

---

① 吕思勉：《中国通史》，华中科技大学出版社，2016年，第214页。
② ［清］永瑢等撰：《四库全书总目》，中华书局，1965年，第1页。
③ 钱穆：《中国近三百年学术史》，商务印书馆，1997年，第1页。
④ 周予同著，朱维铮编校：《中国经学史讲义》（外二种），上海人民出版社，2012年，第42页。
⑤ ［清］永瑢等撰：《四库全书总目》，中华书局，1965年，第771页。
⑥ ［清］永瑢等撰：《四库全书总目》，中华书局，1965年，第771页。

类焉。"《白虎通义》是东汉建初四年，为统一经义，在章帝主持下产生的。因"《五经》章句烦多，议欲减省"，"于是下太常，将、大夫、博士、议郎、郎官及诸生、诸儒会白虎观，讲议《五经》同异，使五官中郎将魏应承制问，侍中淳于恭奏，帝亲称制临决，如孝宣甘露石渠故事，作《白虎议奏》"①。在东汉，《白虎通义》具有法典性质。馆臣未言《白虎通义》降格的原因。我们只能推测，多可能是因为该书富含谶纬神学色彩。"《白虎通义》就是此次会议的总结，它把儒家学说与谶纬迷信紧密结合起来，使儒家思想进一步神学化。"②而将《白虎通义》《颜氏家训》改隶杂家类，反映了四库馆臣排斥神学、推崇雅正学问的态度。

基于同样的学术态度，馆臣们将汉儒的某些原属于经部易类，或子部儒家类的易学图书，放置杂家类中。例如，西汉焦延寿、京房、扬雄为易学大家，《焦氏易林》《京氏易传》《太玄》为汉时的显学著作。传统书目一般将其归为经部易类，如尤袤《遂初堂书目》、晁瑮《晁氏宝文堂书目》、祁承㸁《澹生堂藏书目》等。或将《太玄》列于子部儒家类，如《宋史·艺文志》。但在《四库全书总目·子部》中，上述三书却归为术数类。《焦延寿〈易林〉提要》《京房〈京氏易传〉提要》认为二书实为占候、占卜之术，与经义无关，馆臣案："然则阴阳灾异之说，始于孟喜，别得书而托之田王孙。焦延寿又别得书而托之孟喜。其源实不出于经师。朱彝尊《经义考》备列焦、京二家之书，盖欲备《易》学宗派，不得不尔。实则以《隋志》列五行家为允也。今退置术数类中，以存其真。"③从二书的《提要》可见，清儒是以阐发经义、复归王道为标准，如果侧重的是《易》中占卜原义的，是要等而下之的。今人也是将《易》的性质二分，一为哲学之思，一为占卜之用。对宋儒的此类作品，也是同样处置。如上文所言劭雍的"皇极"类易学图书从儒家类移至术数类中。又如王湜《易学》被《玉海·艺文》归入"易"类、《澹生堂书目》入"经部"、《万卷堂书目》入"易经"类，但馆臣将此作了清理，归为术数类。

表现三，纠偏理学弊端。重实学、重考据，是四库馆臣欲修正宋明理学空疏弊端，在方法论上的校正。与此同时，他们亦从学术理路上，对宋明理学之蔽进行清理。上文所言，摒弃方外之学的内容和方法，复原儒家王道之学，就是其中的一个表现。此外，他们还在寻求新的时代标举。荀子是战国末儒家集大成者，在汉唐的学术地位超越孟子。宋代以后，孟子地位隆升，学者多谈性命之理。宋明理学家对孟子、对性命的尊崇，使他们对荀子产生了一种排斥。"理学家以理为本体，理即道，而又认为性即理，因此，理、道、性、命具有同等意义，荀子性恶论既被认为不知性，自然亦是不知理或道了。"④程颐云："荀子，悖圣人者也，故列孟子为十二子，而谓人之性恶。性果恶邪？圣人何

---

① ［南朝宋］范晔撰：《后汉书》，中华书局，1965年，第138页。

② 白寿彝总主编：《中国通史》第4卷《中古时代·秦汉时期》上册（修订本），上海人民出版社，1995年，第27页。

③ ［清］永瑢等撰：《四库全书总目》，中华书局，1965年，第924页。

④ 孔繁：《荀子评传》，南京大学出版社，1997年，第286页。

能反其性以至于斯邪?"① 故宋后，荀子的学术地位渐渐弱化。清初，傅山《荀子评注》虽对荀子有了新评价，但仍认为《荀子》"但其精挚处，则即与儒远，而近于法家，近于刑名家。非墨而有近于墨家者言"②。傅山虽正视荀子，但仍未将其视作纯儒家。《四库全书总目·子部》为《荀子》正名，言："平心而论，卿之学源出孔门，在诸子之中最为近正，是其所长。主持太甚，词义或至于过当，是其所短。韩愈大醇小疵之说，要为定论，余皆好恶之词也。"③

表现四，推重典雅平和的风格。《四库全书总目·子部》追求雅正的文风。典雅，成为四库馆臣的重要评判标准。例如在《〈元珠密语〉提要》中对作者旧题"王冰"之说，展开讨论，云："然考冰所注《素问》，义蕴宏深，文词典雅，不似此书之迂怪。"④ 馆臣认为王冰的行文，具有"文词典雅"的优点，而此书"迂怪"不类。反而言之，他们轻视言辞鄙俗诡诞的图书。《总目·子部》将《太素脉法》归入术数类存目，认为其鄙薄浅陋，"此本所载皆七言歌括，至为鄙浅，未必即领中之素书。殆方技之流又从而依托也"⑤。馆臣也不喜激愤不平之文。《王符〈潜夫论〉提要》中认为王符是醇正儒家，但书中有不足，"是其发愤著书，立言矫激之过，亦不必曲为之讳矣"⑥。"立言矫激之过"，即馆臣认为的该书美中不足之处。

四库馆臣追求典雅文风的目的，实际是对扎实学问功力的追求。《周召〈双桥随笔〉提要》即云："又适逢寇乱，流离奔走，不免有愤激之词。是则其学之未粹耳。"⑦ 《王应麟〈困学纪闻〉提要》表彰王氏学问后云："盖学问既深，意气自平。能知汉唐诸儒本本原原，具有根柢，未可妄诋以空言。"⑧《陈建〈学蔀通辨〉提要》揭示了为人与学问之间的关系，"然建此书痛诋陆氏，至以病狂失心目之，亦未能平允。观朱子集中，与象山诸书，虽负气相争，在所不免，不如是之毒詈也。盖词气之间，足以观人之所养矣"⑨。

3. 反门户

清初，朝廷就对宋明理学独有的由书院，而门户，而朋党的学术、政治勾连的逻辑路径，保持了警惕。"顺治九年（1652）题准，各提学官，督率教官，务令诸生将平日所习经书义理著实讲求，躬行实践。不许别创书院、群聚结党，及号召地方游食之徒，空谈废业，因而起奔竞之门，开请托之路。违者，提学御史听督察院处分。提学道听巡按

---

① ［北宋］程颢、程颐撰：《二程语录集》，《四库家藏》，山东画报出版社，2004年，第259页。
② 傅山：《荀子评注》，《续修四库全书》第3932册，上海古籍出版社，2002年，第461页。
③ ［清］永瑢等撰：《四库全书总目》，中华书局，1965年，第770页。
④ ［清］永瑢等撰：《四库全书总目》，中华书局，1965年，第937页。
⑤ ［清］永瑢等撰：《四库全书总目》，中华书局，1965年，第951页。
⑥ ［清］永瑢等撰：《四库全书总目》，中华书局，1965年，第773页。
⑦ ［清］永瑢等撰：《四库全书总目》，中华书局，1965年，第798页。
⑧ ［清］永瑢等撰：《四库全书总目》，中华书局，1965年，第1024页。
⑨ ［清］永瑢等撰：《四库全书总目》，中华书局，1965年，第813页。

劾奏。游士人等，问拟解发。"① 在此基础上，四库馆臣对学术门户和门户之见，也是始终保持了深刻的防御之意。在《子部》提要撰写中，四库馆臣反复梳理、批评宋明时期学术的门派之争。《儒家类叙》总结了门户产生的原因及后果："迨托克托等修《宋史》，以《道学》《儒林》分为两传。而当时所谓道学者，又自分二派，笔舌交攻。自时厥后，天下惟朱陆是争。门户别而朋党起，恩仇报复，蔓延者垂数百年。明之末叶，其祸遂及于宗社。惟好名好胜之私心，不能自克，故相激而至是也。圣门设教之意，其果若是乎。今所录者，大旨以濂洛关闽为宗。而依附门墙，藉词卫道者，则仅存其目。"② 由此而言，那些带有门户之见的儒家著作，自然归入儒家类存目书中。如胡统虞《此庵语录》入儒家类存目，其《提要》云："其学祢姚江而祖象山，持良知之说。于朱子颇不能尽合。如记陆子静鹅湖讲喻义一章，满座为之挥泪。讲毕，朱晦庵长跪以谢曰：'熹平生学问，实实未尝看到此处。'其轩轾类多如此。亦可谓深于门户之见者矣。"③《子部·儒家类存目》收入程瞳《闲辟录》，《提要》云："是编录朱子集中辨正异学之语，以辟陆主之说。凡九卷。末一卷则杂取《宋史》以下诸家之论朱陆者。其说不为不正，而门户之见太深，词气之间，激烈已甚，殊非儒者气象。与陈建《学蔀通辨》均谓之善骂可也。"④

但馆臣虽反门户，对门户之见抱有敌意，但他们学术局限性，亦使他们仍不免有落入门户之嫌。有学者提出："《总目》提要对易纬的学术性质有精当评价是出于清初严谨的学风和对汉易文献资料价值的重视，从而将《易纬》附于《经部》之后。与此对比鲜明的是，汉易之显学《京氏易传》已被贬黜于《子部·术数略》，这是出于学术门户的偏见。"⑤ 从《总目》采纳姚鼐意见较少来看，姚氏退馆的原因，不能不说，学术持见不同是其中的一个主要成分。

4. 求新变

在《子部》中，四库馆臣反复表达对学术新意、新变的追求。明人拟古、泥古的治学路径，就成为他们批判的靶子。《黄省曾〈拟诗外传〉提要》："是书杂论治乱之理，凡三十条。每条引《诗》二句为证，全仿《韩婴诗外传》之例，故谓之拟。然感时发议，何妨自著一书？乃学步邯郸，规规形似。此亦明人赝古之一端矣。"⑥

存目书，只录书名，不抄书，是因为其中存在着某些问题，而平庸如常、没有创见，就是被弃置原因之一。如《吴肃公〈广祀典议〉提要》云："是书力辟二氏及诸淫祀，持议甚正。然皆儒者之常谈，可以无庸复述。"⑦ 又如《张能鳞〈儒宗理要〉提要》云："是

---

① ［清］素尔讷等纂修，霍有明、郭海文校注：《钦定学政全书校注》，武汉大学出版社，2009 年，第 94 页。
② ［清］永瑢等撰：《四库全书总目》，中华书局，1965 年，第 769 页。
③ ［清］永瑢等撰：《四库全书总目》，中华书局，1965 年，第 821—822 页。
④ ［清］永瑢等撰：《四库全书总目》，中华书局，1965 年，第 810 页。
⑤ 张玉春、张艳芳撰：《由〈四库全书总目〉易类提要看汉易经典地位的重构与缺失》，《文献》2013 年第 4 期。
⑥ ［清］永瑢等撰：《四库全书总目》，中华书局，1965 年，第 1071 页。
⑦ ［清］永瑢等撰：《四库全书总目》，中华书局，1965 年，第 824 页。

书取宋五子著述，分类编录。周子二卷，张子六卷，程子六卷，朱子十五卷。书前各有小序一首，本传一篇，别无发明。"[1] 上述二书，在内容上有正当之处，但因无新意，皆入儒家存目类。

此外，还表现为对西学有限性的接纳。子部类中西人西学著录计 23 种，国人著西学者 7 种。四库馆臣力图调和中西文化，认可西方技术、技能。《艾儒略〈西学凡〉提要》云："是书成于天启癸亥，《天学初函》之第一种也。所述皆其国建学育才之法，凡分六科。所谓勒铎理加者，文科也。斐录所费亚者，理科也。默第济纳者，医科也。勒义斯者，法科也。加诺搦斯者，教科也。陡禄日亚者，道科也。其教授各有次第，大抵从文入理，而理为之纲。文科如中国之小学，理科则如中国之大学。医科、法科、教科者，皆其事业。道科则在彼法中所谓尽性致命之极也。其致力亦以格物穷理为本，以明体达用为功，与儒学次序略似。特所格之物皆器数之末，而所穷之理又支离神怪而不可诘。是所以为异学耳。"[2] 比较后的结论是"异学耳"。

## 三、结语

四库馆运作，前后耗时十三年，是古代学术的一次大集成、大整理，其最初的设立动机、学术目的和学术理路，在政治变迁和学术演变中都有所变化，但也存不变之处，即四库馆臣对学术范式建构的追求。《四库全书总目·子部》芜杂但有序，其特征、条理反映出四库馆臣正本清源的学术态度，体现了他们建构清学范式的努力，蕴含了他们对既有学术、学问的理解。而建立在子部庞杂内容之上的认知基本点，就是四库馆臣力图清算宋明理学弊端，恢复儒家本原的王道之学的学术认知。建立在子部提要上的学术旨趣，充分反映了四库馆臣的学术思想和学术追求。

**Characteristics and Academic Purpose of *Siku Zongmu．Zibu***

Nie Jidong

**Abstract**：The significance of the opening of *Siku Quanshu*（also translated as *Complete Library in the Four Branches of Literature* or *Imperial Collection of Four*）is usually viewed as a collection to overcome censorship, an academic summary, or the removal of Songxue (Neo-Confucianism) by Hanxue (Sinology). These claims have their basis. However, if we examine the *Siku Zongmu．Zibu*, in addition to the aforementioned understanding, we will strongly feel that, in distinguishing academic works and examining their origins, in assessing right and wrong, and in praising or criticizing, the Siku

---

① ［清］永瑢等撰：《四库全书总目》，中华书局，1965 年，第 824 页。
② ［清］永瑢等撰：《四库全书总目》，中华书局，1965 年，第 1080 页。

guanchen（officials responsible for *Siku Quanshu* ）were attempting to rectify the fundamentals and construct an elegant and open academic paradigm. They emphasized the pursuit of Hanxue while not disregarding Songxue，and their scholarly interests were characterized by a combination of elegance，practicality，and a quest for truth，reflecting the intellectual pursuits of literati during the Kangxi and Qianlong periods.

**Keywords**：*Siku Zongmu* ；*Zibu* ；Academic Purpose；Academic Characteristics

# 《儒林外史》与清代戏曲生态

侯璐昱　樊庆彦

[摘　要]深稔戏曲艺术的吴敬梓在创作《儒林外史》时，也将戏曲描写作为重要手段加以运用。纵览《儒林外史》一书，其中竟有接近一半的章回出现了对戏曲及相关内容的描写。这些描写涉及戏曲演出的场合、体制、演员、剧目等状况，是清代戏曲发展的重要佐证材料。本文从《青袍记》等相关戏曲的演出情况，清曲、打十番与细乐的演出形式及小说中的戏单与剧目等三个小问题着手作以探讨，由此可以见出清代的戏曲生态。

[关键词]儒林外史；吴敬梓；戏曲生态

根据现有吴敬梓生平资料①，我们可以了解到，吴敬梓交友甚广，他所结识的学者、文士如程廷祚、金兆燕、严长明等人，皆擅长词曲，这给吴敬梓对于戏曲的认识带来了深刻的影响。吴敬梓晚年写成的《儒林外史》中，就有许多与戏曲相关的描写。如在小说第二、七回出场的人物荀玫，已有充足的资料证明其原型是清代名贤卢见曾。②其于乾隆元年（1736）与乾隆十八年（1753）曾先后两次担任两淮盐运使之职，在扬州修建红桥二十四景，并举行"修禊"活动，一时传为文坛佳话。因其巨大的影响力，有不少文人名士出入其幕府之中。《扬州画舫录》记载："座中皆天下士……其时宾客，备记于左……"③其后记三十人，金兆燕、严长明皆在其中。吴敬梓晚年也曾作客卢幕，两人有着千丝万缕的联系。可以说，以幕府为单位的戏曲创作、演出活动是戏曲史上一个重要的文化现象。由此可见，吴敬梓在戏曲方面的交友并非偶然的、独立的行为，而是一种具有时代性和团体性的行为。

《儒林外史》无疑是中国古代文学史中最为杰出的现实主义长篇讽刺小说之一，其中

---

【作者简介】侯璐昱，女，山东艺术学院戏剧学院硕士研究生，研究方向为戏剧编导学。樊庆彦，山东大学文学院教授，博士生导师，研究方向为宋元明清文献与文论。

① 目前有关吴敬梓生平的主要资料有：胡适《吴敬梓年谱》、陈汝衡《吴敬梓传》、李汉年等《吴敬梓集系年校注》、陈美林《吴敬梓评传》、孟醒仁《吴敬梓年谱》等。

② 参见朱一玄、刘毓忱《〈儒林外史〉资料汇编》，南开大学出版社，2003年，第6—10页。

③ ［清］李斗撰，汪北平、涂雨公点校：《扬州画舫录》，中华书局，1960年，第229页。

最主要的特色便是作者以高超的艺术手法塑造了一批令人难忘的人物形象。据鲁迅先生所说，"既多据自所闻见……所传人物，大都实有其人，而以象形谐声或词隐语寓其姓名，若参以雍乾间诸家文集，往往十得八九"①。作者虽把时间线假托于成化万历年间，但字里行间却皆是对其所处时代的细致反映，具有"信史"的价值，真可谓一幅真实再现清代雍正乾隆时期社会风俗的画卷。小说中近一半的章回都涉及与戏曲相关的描写，可以有助于我们更深入地理解作品本身及当时的戏曲现状。这个问题虽已有多位学者关注，如陈美林《吴敬梓和戏剧艺术》② 着眼于吴敬梓本人对戏剧的兴趣爱好；王廷信《〈儒林外史〉中的鲍家班》③ 介绍了鲍家班的体制、规模、演出情况及鲍廷玺的人物形象；吴国钦在《〈儒林外史〉中的戏曲资料》④ 中详细介绍了从"定班""溜戏""参堂"到"尝汤戏""三出头"的堂会演出全过程，使我们对这种风行明清的演出形式有所了解。徐雅萍、王昊《论〈儒林外史〉中戏曲描写的价值》⑤ 及伏漫戈《〈儒林外史〉戏曲史料探析》⑥ 分析了戏曲描写在小说塑造人物、强化结构方面的作用。但在《儒林外史》中仍然有一些相关的戏曲描写存在进一步发掘和阐释的空间。

## 一、梁灏中状元的戏曲演出

《儒林外史》第二回写到，顾老相公家小少爷中学后，其老师周进点了一本戏为其祝贺："是梁灏八十岁中状元的故事，顾老相公为这戏，心里还不大喜欢，落后戏文内唱到梁灏的学生却是十七八岁就中了状元，顾老相公知道是替他儿子发兆，方才喜了。"⑦ 这里提到了"梁灏中状元"的戏曲演出问题。

今已知以梁灏晚达为题材的戏曲作品，有冯惟敏的杂剧《梁状元不伏老》、佚名的传奇《青袍记》、秦淮居士的传奇《折桂记》、徐复祚的传奇《题塔记》（已佚）、骚隐生的传奇《题塔记》等数种。从前人的评价来看，《梁状元不伏老》毫无争议地被推为至品，祁彪佳称："得此剧，大为击节。"⑧ 钱谦益谓："余所见《梁状元不伏老》杂剧，当在《杜甫春游》之上。"⑨ 吴梅先生亦认为："《不伏老》原本至佳。"⑩《题塔记》是在《不伏老》的基础上改编而成，虽整体成就不及，但文人对其也多持赞赏态度，如吴梅先生称

---

① 鲁迅：《中国小说史略》，人民文学出版社，1973年，第367—368页。

② 陈美林：《吴敬梓研究》，上海古籍出版社，1984年，第49—62页。

③ 王廷信：《〈儒林外史〉中的鲍家班》，《古典文学知识》2001年第5期。

④ 吴国钦：《〈儒林外史〉中的戏曲资料——为纪念吴敬梓诞辰三百周年而作》，《中山大学学报》（社会科学版）2002年第3期。

⑤ 徐雅萍、王昊：《论〈儒林外史〉中戏曲描写的价值》，《江苏师范大学学报》（哲学社会科学版）2016年第3期。

⑥ 伏漫戈：《〈儒林外史〉戏曲史料探析》，《戏剧文学》2012年第11期。

⑦ ［清］吴敬梓著，张慧剑校注：《儒林外史》，人民文学出版社，2003年，第18页。

⑧ ［清］祁彪佳：《远山堂剧品》，中国戏曲研究院编《中国古典戏曲论著集成》（第六册），中国戏剧出版社，1959年，第153页。

⑨ ［清］钱谦益：《列朝诗集小传》，上海古籍出版社，1959年，第390页。

⑩ 吴梅：《顾曲麈谈》，郭英德编《吴梅词曲论著四种》，商务印书馆，2017年，第144页。

骚隐生《题塔记》"惟骚隐之改本，亦是佳作"①；吕天成也对徐复祚《题塔记》多加赞赏："曲写晚成志节，亦足裁少年豪举之气。"② 从内容来看，《题塔记》据史敷衍，在《不伏老》的基础上又有演变，情节更为生动曲折。以上三种戏曲都没有离开这个故事原本既有的主题。佚名的《青袍记》③ 传奇则对梁灏本事作了很大改动，增添了许多神异情节，使观众耳目之欲得到了极大的满足，它将梁灏的身份设定为下凡的文曲星，因留宿望仙楼，遇魁星点额，又遇"天赐夫人"薛玉梅，二人成就良缘。最终梁灏以八十二岁高龄夺魁，全家俱获朝廷赐封。

而《儒林外史》中所搬演的梁灏中状元的剧本是《青袍记》的可能性为最大。第一，从文中"梁灏的学生却是十七八岁就中了状元"这一条关于戏曲内容仅有的信息来看，《青袍记》中恰有梁灏的弟子韩琦取在第一名二甲的情节，而《儒林外史》将榜眼说成状元，应为吴敬梓为故事情节做出的改动。第二，从《青袍记》的在民间流行的盛况来看，吕天成《曲品》曾用俗演之《望仙楼》来衬托徐复祚所作传奇《题塔记》，认为前者"不足观"④。而这正从侧面说明《望仙楼》在当时已是相当流行的一出折子戏，这出折子戏正来自《青袍记》。另有日本学者发现的《琉球剧文和解》⑤，记录了由中国流传而来的五部唐跃剧，其五便是《望仙楼》，其篇幅短小，内容是集《青袍记》第十一出梁灏夜宿望仙楼，梦中魁星点额；三十出梁灏中状元；三十一出梁灏老母亲被封诰而成。语言相对全本《青袍记》而言，十分通俗简白口语化，可见这出戏在传入琉球之前，已经呈现出成熟的民间形态，并在民间有了一定的影响力和传播范围。钱南扬先生认为《青袍记》是余姚腔剧本，他在《戏文概论》中记录了一部分余姚腔剧本中不经见的曲调，其中就有《青袍记—锦堂欢》："这些曲调不但海盐腔中没有，也不见于弋阳腔，盖大都出于地方小曲。"⑥ 之后，余姚腔在安徽进一步发展，并最终形成青阳腔，也对这一题材多有关注，如《徽池雅调》便曾选此剧中《八旬状元》一折，《尧天乐》选《梁太素衣锦还乡》一折，可知此剧确有青阳腔唱法，而这两部选本又都为福建书林所刻，可见其流传之广。而且，"《望仙楼》还有湖南辰河戏《青袍缘》，系属其整本中的一折，湖南湘剧和衡阳湘剧亦有《望仙楼》一折，川剧中的高腔有《青袍记》的全本演出"⑦。由此可知，《青袍记》被改编成多种声腔，成为各地方戏剧中的流行剧目。正是这出为文人视作庸笔的剧目，在民间却流传甚广，极受欢迎。这一点由《青袍记》的版本形态也能够看出，如现存明万历年间金陵文林阁《新刊校正全相音释青袍记》一书在遇到难字之时，辄加浅近

---

① 吴梅：《顾曲麈谈》，郭英德编《吴梅词曲论著四种》，商务印书馆，2017年，第144页。
② ［明］吕天成撰，吴书荫校注：《曲品》，中华书局，1990年，第284页。
③ ［明］佚名：《青袍记》，《古本戏曲丛刊二集》，影印明万历间金陵文林阁刊本。
④ ［明］吕天成撰，吴书荫校注：《曲品》，中华书局，1990年，第284页。
⑤ 《戏剧艺术》编辑部编：《琉球剧文和解》，《戏剧艺术》2009年第6期。
⑥ 钱南扬：《戏文概论》，上海古籍出版社，1981年，第59页。
⑦ 张福海：《关于〈琉球剧文和解〉五个脚本的剧种归属问题》，《戏剧艺术》2009年第6期。

的音释，以便于大众阅读，可见这种本子的流传范围是市井里巷而非文人案头。

这里还牵涉到一个《青袍记》与《折桂记》是否为同一剧作的问题。《折桂记》仅存金陵广庆堂刻本于日本京都大学，不易看到，但能从其他文献的著录中曲折地了解其面目。因为两部戏在内容方面确实有一定的相似性，据《曲海总目提要》，《青袍记》为"此剧空中飘女于望仙楼上"①，《折桂记》为"薛琼之女玉梅，从空飘堕望仙楼上"②。因此有人将两部戏视为一部，如欧阳光先生便称"《青袍记》（一名《折桂记》）"③，这恐怕是不甚严谨的。《曲海总目提要》是将《青袍》与《折桂》视作两部戏而分开著录的，从著录顺序来看，两部戏的创作时间也有一定差距。而且，从这两部戏作者来看，吴书荫先生已考证《青袍记》的作者为王乾章④，而《折桂记》的作者秦淮居士一般被认为是纪振伦。当然，若能一探《折桂记》真身，这些问题便会迎刃而解。

## 二、清曲、打十番与细乐

《儒林外史》第十二回"莺脰湖名士高会"，写到几位假名士请了"一班唱清曲打粗细十番的"⑤，从中可见当时流行"清曲""打十番"这样的艺术形式。所谓"清曲"，也称"清唱"，李斗明确其与"剧曲"存在区别："清唱鼓板，与戏曲异。戏曲紧，清唱缓，戏曲以打身段、下金锣为难，清唱无是苦，而有生熟口之别。"⑥《剧说》引顾起元《客座赘语》："万历以前……后乃变而尽用南唱，歌者只用一小拍板，或以扇子代之，间有用鼓板者。"⑦吴梅先生谈"清曲作法"："明中叶以后，士大夫度曲者，往往去其科白，仅歌曲词，名曰清唱。"⑧另《儒林外史》第三十回还讲到"鲍廷玺吹笛子，来道士打板，王留歌唱了一只'碧云天——长亭饯别'。音韵悠扬，足唱了三顿饭时候才完"⑨。这里也可以看作是一次"清曲"表演，"长亭饯别"为李日华《南西厢记》中的一出，"足唱了三顿饭时候才完"，符合李斗所说"清唱缓"的特点，又只以吹笛打板伴奏，可见其清柔婉折。据陆萼庭先生考证，"清曲"原本只是"剧曲"入门练习的一种手段，在后来的发展中却被冠上高雅脱俗的神气，逐渐成为富贵人家身份的象征⑩。因此，附庸风雅的假名士宴会莺脰湖、标榜清高的杜慎卿举办文人小聚，在会上都采取了"清曲"演唱的艺术

① 董康辑校：《曲海总目提要》，俞为民、孙蓉蓉编《历代曲话汇编》（清代编），黄山书社，2009年，第671页。
② 董康辑校：《曲海总目提要》，俞为民、孙蓉蓉编《历代曲话汇编》（清代编），黄山书社，2009年，第1168页。
③ 欧阳光、何艳君：《以讹传讹，以俗化雅——从梁灏故事的衍变看古代戏剧题材的世俗化》，《文化遗产》2014年第1期。
④ 参见吴书荫《明代戏曲作家作品考略》，中国艺术研究院戏曲研究所编《戏曲研究》（第12辑），文化艺术出版社，1984年，第180—184页。
⑤ ［清］吴敬梓著，张慧剑校注：《儒林外史》，人民文学出版社，2003年，第140页。
⑥ ［清］李斗撰，汪北平、涂雨公点校：《扬州画舫录》，中华书局，1960年，第255页。
⑦ ［清］焦循：《剧说》，古典文学出版社，1957年，第10页。
⑧ 吴梅：《顾曲麈谈》，郭英德编《吴梅词曲论著四种》，商务印书馆，2017年，第106页。
⑨ ［清］吴敬梓著，张慧剑校注：《儒林外史》，人民文学出版社，2003年，第140页。
⑩ 参见陆萼庭著，赵景深校《昆剧演出史稿》，上海文艺出版社，1981年，第85页。

形式，可谓讽刺。与之相对的是汤由、汤实两位公子，实是里外皆为败絮的纨绔膏粱，连杜慎卿外表包装的一层虚假华丽都没有，因此他们所看的演戏只追求场面的热闹、喧哗："那小戏子一个个戴了貂裘，簪了雉羽，穿极新鲜的靠子，跑上场来，串了一个五花八门。大爷、二爷看了大喜。"① 在《儒林外史》中将这种演出形式称为"跑马"。而《扬州画舫录》称《跑马》是"锣鼓十番"的演出曲目之一，在上元、中秋二节时比较盛行②。

而所谓"打粗细十番"，涉及三个不同的概念。《今乐考证》在"乐器"一节引王棠的言论："王大将军敦在武帝前，时共言伎艺事，王自言知打鼓吹，于是振袖而起，扬槌奋击，音节谐捷，神气豪上，旁若无人。鼓吹是军前所需，有鼓亦有吹者，如今之十番，人执一器，而曰打十番者，亦以打鼓统之也。故知打鼓吹，即打十番之由起。"③ 此为"十番鼓"，源起于军乐。又引李斗的言论："是乐不用小锣、金锣、铙钹、号筒，只用笛、管、箫、弦、提琴、云锣、汤锣、木鱼、檀板、大鼓十种，故名十番鼓。番者，更番之谓……皆夹用锣、铙之属，则为粗细十番。"④ 可见演奏"粗细十番"所使用的乐器非常广泛，而它与"十番鼓"的区别在于是否使用锣、铙。李斗还谈到了一种"十番锣鼓"，以区别于"十番鼓"，是"以锣鼓、铙钹考击成文"，不再用管弦乐器，而专用打击乐器。李斗又云："以十番鼓作帽儿戏，又不专以十番名家，而十番自此衰矣。"⑤ 可见当时"十番鼓"这种艺术形式大多只用于开场戏的演出，是一种辅助性、点缀性的演出，很少有人因专门做"十番鼓"而名家，因此"十番鼓"逐渐衰落。而《儒林外史》中仍可见有专门做"粗细十番"的班子，也说明"粗细十番"在实际的发展中比"十番鼓"更具生命力。

因使用乐器的不同而加以区别的还有"细乐"这个概念。《都城纪胜》阐明"细乐"与"教坊大乐"在演出器乐方面的不同："细乐比之教坊大乐，则不用大鼓、杖鼓、羯鼓、头管、琵琶、筝也，每以箫管、笙、稽琴、方响之类合动。"⑥ 又如《宣和遗事》载："各排绮宴，笙箫细乐，都安排接驾。"⑦ 可见"细乐"的演奏主体是笙箫，虽然不同于"教坊大乐"的厚重严肃，也常被应用于皇家礼仪中。《儒林外史》中的"细乐"常出现于文人宴饮或婚嫁场合，是身份的象征。如上文提及的莺脰湖宴会："小船上奏着细乐……望若

① [清]吴敬梓著，张慧剑校注：《儒林外史》，人民文学出版社，2003年，第120页。
② 参见[清]李斗撰，汪北平、涂雨公点校《扬州画舫录》，中华书局，1960年，第257页。
③ [清]姚燮：《今乐考证》，中国戏曲研究院编《中国古典戏曲论著集成》（第十册），中国戏剧出版社，1959年，第53页。
④ [清]姚燮：《今乐考证》，中国戏曲研究院编《中国古典戏曲论著集成》（第十册），中国戏剧出版社，1959年，第54页。
⑤ [清]姚燮：《今乐考证》，中国戏曲研究院编《中国古典戏曲论著集成》（第十册），中国戏剧出版社，1959年，第55页。
⑥ [南宋]耐得翁：《都城纪胜》，中国商业出版社，1982年，第9页。
⑦ [南宋]佚名：《宣和遗事》，中国和平出版社，1996年，第110页。

神仙，谁人不羡慕?"① 颇有身份的蘧鲁二家结亲，婚宴上也是"才是一班细乐，八队绛纱灯，引着蘧公孙进来""下面奏着细乐"②。又如第二十六回，沈大脚为王太太说媒，王太太为了夸耀自己的身份，以上一段婚姻的盛大迎亲场面为荣："吃一看二眼三观的席，戏子细吹细打，把我迎了进去。"③

### 三、小说中的戏单与剧目

《儒林外史》书中有数十处描写提及了与戏曲演出相关的内容，其中涉及戏曲演出的场合、规模以及艺人地位、流行剧目等诸多方面，这些都生动呈现出了清初的戏曲生态。已有学者论述过的问题便不再赘述，仅做几点补充。

《儒林外史》中提及的堂会演出剧目众多，且题材广泛，可排出下面一张戏单：

《琵琶记》;《金印记》(封赠);《百顺记》;《思凡》

《南西厢记》(请宴、长亭饯别);《红梨记》(窥醉);《水浒记》(借茶);《铁冠图》(刺虎);《昊天塔》(五台);《千金记》(追信)

上述剧目多数属于昆曲剧目。而自其主题来看，则大致可以分为三类：表现对功名利禄的追求、表现对忠孝伦理的坚守、表现对男女爱情的渴望，具有浓厚的文人士大夫趣味。这些剧目当时非常流行，大部分在当时的戏曲选本如《玉谷新簧》《玄雪谱》《群音类选》《昆弋雅调》《缀白裘》中都有选入，有些剧目至今仍活跃在戏曲舞台上。《儒林外史》创作成书于乾隆朝，而在晚明时期，传奇已经成为江南戏曲演出的主流，这一带的堂会尤其盛行昆山腔传奇。书中所写内容与清代戏曲的发展状况一致。事实上，吴敬梓对于戏曲内容的看法是较为保守的，对于友人李本宣所作的《玉剑缘》，吴敬梓在为其作的序中毫不客气地指出："《私盟》一出，几于郑人之音。"④ 对其中男女情爱亵狎的内容十分不满。因此《儒林外史》中涉及的剧目也多是与前两类内容相关，而与风月相关的剧目多是为杜慎卿一人特意设置，意在暗讽其沽名钓誉与好女色。

陆萼庭先生在《昆剧演出史稿》中提出，艺人们为了适应演出的需要而修改剧本原作的现象非常普遍。⑤ 情况大多是由于原剧本过于冗长松散，艺人对其进行善意的删改而使结构更紧凑。这种现象可以在《儒林外史》中戏曲演出的时间得见，如第十五回中，写到已故冢宰之子胡三公子经常和南京一帮名士们聚会，有次他宴请江湖骗子洪憨仙与

---

① ［清］吴敬梓著，张慧剑校注：《儒林外史》，人民文学出版社，2003年，第141页。
② ［清］吴敬梓著，张慧剑校注：《儒林外史》，人民文学出版社，2003年，第119页。
③ ［清］吴敬梓著，张慧剑校注：《儒林外史》，人民文学出版社，2003年，第282页。
④ ［清］吴敬梓：《〈玉剑缘〉序》，载李本宣《玉剑缘》卷首，中国国家图书馆藏清刻本。
⑤ 参见陆萼庭著，赵景深校《昆剧演出史稿》，上海文艺出版社，1981年，第85页。

八股腐儒马二先生，"两席酒，一本戏，吃了一日"①，在这种慢节奏的友人小集中，戏曲节奏也可以相应放慢，部分闲、散、软的场子也可以作为调济而不必删去，因此一本戏佐一日酒。又如第二十五回，杜家为老太太庆贺七十大寿，定了二十本戏，戏班"做了四十多天回来"②。按演出传统，传奇本子一般分为上下两卷，分两个晚上演出完毕，所以二十本戏演了四十多天，节奏是相对缓慢的，这是由于办寿的场面需要热闹喜庆，戏曲的情节紧凑便是次要了。而有时情况却与此不同，如第四十二回两位汤少爷在考试后借戏谢神，"天色已晚，点起十几副明角灯来。足足唱到三更鼓，整本已完"③，这一本戏至多持续了四五个小时，主要是为配合祭献神明，戏曲演出在这里更多地变成了"例行公事"的一种形式需要，没有必要对原剧本进行一字不脱的演唱，可以根据实际情况进行精简场子，使之更适宜实际情境与观众接受。

与这种精简版全本同样活跃在舞台上的是折子戏，陆萼庭先生指出："康熙初叶，社会上演出折子戏已经成为风气。"④ 这种风气发展到《儒林外史》写作的时期便更为盛行，从上文的戏单可以看出，莫愁湖大会上演出的《请宴》《窥醉》《借茶》《刺虎》与秦中书宴请时演出的《请宴》《饯别》《五台》《追信》都为折子戏。相比较而言，全本戏演出的场合更为严肃庄重，如杜老太寿宴、汤公子祭祀神明，则以演全本戏为主，注重由此带来的仪式感。第十回在蘧公孙的婚宴上，蘧公孙"点了'三代荣'，副末领单下去"⑤，陆萼庭、张慧剑都认为这里"三代荣"是《百顺记》的另一名称，即蘧公孙点的是整本戏。而伏漫戈认为"三代荣"仅指《百顺记》中的一出。从演出时间上来看，婚宴开始时正是"黄昏时分"，一系列仪式过后，又演出了三出头，随后才是"三代荣"正本的演出，这期间"酒过数巡，食供两套"，在宾客进食点心的时候，"戏子正本做完"，从这段时间长短来看，演出整本戏的可能性不大。对于这部戏，伏漫戈指出："剧本已失传。清初，宫廷可演十八出，民间仅剩《召登》《荣归》《贺子》《三代》四出。"⑥ 而《儒林外史》中还有这样一段描写："小使看到戏场上小旦装出一个妓者，扭扭捏捏的唱，他就看昏了，忘其所以然。"⑦《群音类选》中选入了《百顺记》中的十出，分别为《王曾祝寿》《王曾谒妓》《众友登途》《妻忆王曾》《杨相赘曾》《王曾得子》《渔樵答曾》《丁谓玩赏》《王绎打围》《父子荣归》。⑧《儒林外史》中所描写的这一段，应正为《王曾谒妓》一出的内容。虽然我们无法确认"三代荣"是否为全本，但至少可以知道，截至清代中前期，民间可

① ［清］吴敬梓著，张慧剑校注：《儒林外史》，人民文学出版社，2003年，第166页。
② ［清］吴敬梓著，张慧剑校注：《儒林外史》，人民文学出版社，2003年，第268页。
③ ［清］吴敬梓著，张慧剑校注：《儒林外史》，人民文学出版社，2003年，第442页。
④ 陆萼庭著，赵景深校：《昆剧演出史稿》，上海文艺出版社，1981年，第178页。
⑤ ［清］吴敬梓著，张慧剑校注：《儒林外史》，人民文学出版社，2003年，第120页。
⑥ 伏漫戈：《〈儒林外史〉戏曲史料探析》，《戏剧文学》2012年第11期。
⑦ ［清］吴敬梓著，张慧剑校注：《儒林外史》，人民文学出版社，2003年，第120页。
⑧ ［明］胡文焕编：《群音类选》卷十二，文会堂刻本中华书局影印本。

演的《百顺记》也绝不止以上四出。由此也可见出此际戏曲的发展状况。

《儒林外史》中涉及的戏曲内容还有很多，本文无法一一谈及，兹列表如下，以供参考：

| 回目 | 内容 |
| --- | --- |
| 第二回 | 点了一本戏，是梁灏八十岁中状元的故事。 |
| 第三回 | 唱戏、摆酒、请客，一连三日。 |
| 第十回 | 戏子上来参了堂，磕头下去，打动锣鼓，跳了一出"加官"、演了一出"张仙送子"，一出"封赠"。<br>戏子穿着新靴，都从廊下板上大宽转走了上来。唱完三出头，副末执着戏单上来点戏。<br>公孙再三谦让，不肯点戏。商议了半日，点了"三代荣"，副末领单下去。<br>看到戏场上小旦装出一个妓者，扭扭捏捏的唱。<br>戏子正本做完，众家人掌了花烛，把蘧公孙送进新房，厅上众客换席看戏，直到天明才散。 |
| 第十二回 | 两公子请遍了各位宾客，叫下两只大船，厨役备办酒席，和司茶酒的人另在一个船上，一班唱清曲打粗细十番的又在一船。<br>小船上奏着细乐。 |
| 第十五回 | 两席酒，一本戏，吃了一日。 |
| 第二十三回 | 亲家要上门做朝，家里就唱戏、摆酒。 |
| 第二十四回 | 越是夜色已深，更有那细吹细唱的船来，凄清委婉，动人心魄。<br>鲍文卿进了水西门，他家本是几代的戏行，如今仍旧做这戏行营业。他这戏行里，淮清桥是三个总寓，一个老郎庵；水西门是一个总寓，一个老郎庵。总寓内都挂着一班一班的戏子牌，凡要定戏，先几日要在牌上写一个日子。鲍文卿却是水西门总寓挂牌。他戏行规矩最大，但凡本行中有不公不法的事，一齐上了庵，烧过香，坐在总寓那里品出不是来，要打就打，要罚就罚，一个字也不敢拗的。还有洪武年间起首的班子，一班十几个人，每班立一座石碑在老郎庵里，十几个人共刻在一座碑上。比如有祖宗的名字在这碑上的，子孙出来学戏就是"世家子弟"，略有几岁年纪就称为"老道长"。凡遇本行公事，都向"老道长"说了方才敢行。鲍文卿的祖父的名字却在那第一座碑上。<br>鲍文卿道："兄弟！你说这样不安本分的话，岂但来生还做戏子，连变驴变马都是该的！"<br>"记得我出门那日，还在国公府徐老爷里面看着老爹妆了一出'茶博士'才走的。" |
| 第二十五回 | 两个学戏的孩子捧出一顿素饭来。<br>鲍文卿因他是正经人家儿子，不肯叫他学戏。<br>邵管家笑道："正是为此。老爷吩咐要定二十本戏，鲍师父你家可有班子？若有，就接了你的班子过去。"鲍文卿道："我家现有一个小班，自然该去伺候。"鲍文卿也就领了班到天长杜府去做戏，做了四十多天回来，足足赚了一百几十两银子。那一班十几个小戏子，也是杜府老太太每人另外赏他一件棉袄，一双鞋袜。鲍文卿仍旧领了班子在南京城里做戏。<br>鲍文卿道："我们不必拢家了，内桥有个人家定了明日的戏，我和你趁早去把他的银子秤来。"<br>鲍文卿道："我是个老戏子，乃下贱之人。" |

| 回目 | 内容 |
|------|------|
| 第二十六回 | 后来渐渐说到他是一个老梨园脚色，季守备脸上不觉就有些怪物相。<br>老太道："因为班子在城里做戏，生意行得细，如今换了一个文元班，内中一半也是我家的徒弟，在盱眙、天长这一带走。他那里乡绅财主多，还赚的几个大钱。"<br>吃一看二眼观三的席，戏子细吹细打把我迎了进去。 |
| 第二十七回 | 到第三日，鲍家请了许多的戏子的老婆来做朝。鲍廷玺领班子出去做夜戏，进房来穿衣服。王太太看见他这几日都戴的是瓦楞帽子，并无纱帽，心里疑惑他不像个举人。<br>"我是戏班子里管班的，领着戏子去做夜戏，才回来。"太太不听见这一句话罢了，听了这一句话，怒气攻心，大叫一声，望后便倒，牙关咬紧，不省人事。 |
| 第二十八回 | 僧官说道："后日家里摆酒唱戏，请三位老爷看戏，不要出分子。" |
| 第二十九回 | 便走进房去拿出一只笛子来，去了锦套，坐在席上，呜呜咽咽，将笛子吹着。一个小小子走到鲍廷玺身边站着，拍着手，唱李太白《清平调》，真乃穿云裂石之声，引商刻羽之奏。 |
| 第三十回 | "若是妆扮起来，淮清桥有十班的小旦也没有一个赛的过他！也会唱支把曲子，也会串个戏。"<br>季苇萧道："要这一个，还当梨园中求之。"杜慎卿道："苇兄，你这话更外行了。比如要在梨园中求，便是爱女色的要于青楼中求一个情种，岂不大错？"<br>左边一路板凳上坐着十几个唱生旦的戏子，右边一路板凳上坐着七八个少年的小道士，正在那里吹唱取乐。<br>杜慎卿问鲍廷玺道："你这门上和桥上共有多少戏班子？"鲍廷玺道："一百三十多班。"杜慎卿道："我心里想做一个胜会，择一个日子，捡一个极大的地方，把这一百几十班做旦脚的都叫了来，一个人做一出戏。我和苇兄在旁边看着，记清了他们身段、模样，做个暗号，过几日评他个高下，出一个榜，把那色艺双绝的取在前列，贴在通衢。但这些人不好白传他，每人酬他五钱银子，荷包一对，诗扇一把。这顽法好么？"季苇萧跳起来道："有这样妙事，何不早说！可不要把我乐死了！"鲍廷玺笑道："这些人，让门下去传。他每人又得五钱银子；将来老爷们替他取了出来，写在榜上，他又出了名。他们听见这话，那一个不滚来做戏！"<br>王留歌笑了一笑。到晚捧上酒来，吃了一会。鲍廷玺吹笛子，来道士打板，王留歌唱了一只"'碧云天，——长亭饯别'"。音韵悠扬，足唱了三顿饭时候才完。<br>鲍廷玺领了六七十个唱旦的戏子，都是单上画了"知"字的，来叩见杜少爷。杜慎卿叫他们先吃了饭，都装扮起来，一个个都在亭子前走过，细看一番，然后登场做戏。众戏子应诺去了。当下戏子吃了饭，一个个装扮起来，都是簇新的包头，极新鲜的褶子，一个个过了桥来，打从亭子中间走去。杜慎卿同季苇萧二人，手内暗藏纸笔，做了记认。少刻，摆上酒席，打动锣鼓，一个人上来做一出戏。也有做"请宴"的，也有做"窥醉"的，也有做"借茶"的，也有做"刺虎"的，纷纷不一。后来王留歌做了一出"思凡"。 |
| 第三十一回 | 王胡子道："是。当年邵奶公传了他的班子过江来。" |
| 第三十二回 | "近来又添一个鲍廷玺。他做戏的，有甚么好人，你也要照顾他？" |
| 第三十三回 | 鲍廷玺打发新教的三元班小戏子来磕头。 |
| 第四十一回 | 李老四道："近来被淮清桥那些开'三嘴行'的挤坏了，所以来投奔老爹。" |

续表

| 回目 | 内容 |
|---|---|
| 第四十二回 | 叫小厮拿了一个"都督府"的溜子，溜了一班戏子来谢神。<br><br>戏班子发了箱来，跟着一个拿灯笼的，拿着十几个灯笼，写着"三元班"。随后一个人，后面带着一个二汉，手里拿着一个拜匣。到了寓处门首，向管家说了，传将进去。大爷打开一看，原来是个手本，写着："门下鲍廷玺谨具喜烛双辉，梨园一部，叩贺。"大爷知道他是个领班子的，叫了进来。鲍廷玺见过了大爷、二爷，说道："门下在这里领了一个小班，专伺候诸位老爷。昨日听见两位老爷要戏，故此特来伺候。"<br><br>锣鼓响处，开场唱了四出尝汤戏。天色已晚，点起十几副明角灯来，照耀的满堂雪亮。足足唱到三更鼓，整本已完。鲍廷玺道："门下这几个小孩子跑的马到也还看得，叫他跑一出马，替两位老爷醒酒。"那小戏子一个个戴了貂裘，簪了雉羽，穿极新鲜的靠子，跑上场来，串了一个五花八门。大爷、二爷看了大喜。鲍廷玺道："两位老爷若不见弃，这孩子里面拣两个留在这里伺候。"大爷道："他们这样小孩子，晓得伺候甚么东西?" |
| 第四十三回 | 又得了苗女为妻，翁婿两个，罗列着许多苗婆，穿的花红柳绿，鸣锣击鼓，演唱苗戏。<br><br>汤总镇叫把收留的苗婆内中，拣会唱歌的，都梳好了椎髻，穿好了苗锦，赤着脚，到中军帐房里歌舞作乐。 |
| 第四十六回 | 戏子吹打已毕，奉席让坐。戏子上来参堂。庄非熊起身道："今日因各位老先生到舍，晚生把梨园榜上有名的十九名都传了来，求各位老先生每人赏他一出戏。" |
| 第四十七回 | 备了极齐整的席，一个人搂着一个戏子，在那里顽耍。<br><br>戏子一担担挑箱上去，抬亭子的人道："方老爷家的戏子来了!" |
| 第四十九回 | 又发了一张传戏的溜子，叫一班戏，次日清晨伺候。<br><br>正想着，一个穿花衣的末脚，拿着一本戏目，走上来，打了抢跪，说道："请老爷先赏两出。"万中书让过了高翰林、施御史，就点了一出《请宴》，一出《饯别》。施御史又点了一出《五台》。高翰林又点了一出《追信》。末脚拿笏板在旁边写了，拿到戏房里去扮。到了二厅，看见做戏的场口已经铺设的齐楚，两边放了五把圈椅，上面都是大红盘金椅搭，依次坐下。长班带着全班的戏子，都穿了脚色的衣裳，上来禀参了全场、打鼓板才立到沿口，轻轻的打了一下鼓板。只见那贴旦装了一个红娘，一扭一捏，走上场来。长班又上来打了一个抢跪，禀了一声"赏坐"，那吹手们才坐下去。 |
| 第五十回 | 这里四人坐下，戏子从新上来做了《请宴》，又做《饯别》。施御史指着对高翰林道："他才这两出戏点的就不利市!才请宴就饯别，弄得宴还不算请，别到饯过了!"说着，又唱了一出《五台》。才要做《追信》，那打探的管家回来了。 |
| 第五十三回 | 他公公在临春班做正旦，小时也是极有名头的。后来长了胡子，做不得生意。却娶了一个老婆，只望替他接接气，那晓又胖又黑，自从娶了他，鬼也不上门来。<br><br>"我昨日在国公府里做戏，那陈四老爷向我说，他着实闻你的名。"<br><br>徐九公子道："闻的向日有一位天长杜先生在这莫愁湖大会梨园子弟，那时却也还有几个有名的脚色，而今怎么这些做生旦的，却要一个看得的也没有?难道此时天也不生那等样的脚色?"陈木南道："论起这件事，却也是杜先生作俑。自古妇人无贵贱。任凭他是青楼婢妾，到得收他做了侧室，后来生出儿子，做了官，就可算的母以子贵。那些做戏的，凭他怎么样，到底算是个贱役。自从杜先生一番品题之后，这些缙绅士大夫家筵席间，定要几个梨园中人，杂坐衣冠队中，说长道短，这个成何体统!看起来，那杜先生也不得辞其过!" |

# The Scholars and the Opera Ecology of the Qing Dynasty

Hou Luyu，Fan Qingyan

**Abstract**：Wu Jingzi is very familiar with the art of Chinese opera. He used the description of Chinese opera as an important means to create the *The Scholars*. These descriptions relate to the situation of the occasion，system，actors and repertoire of the drama performance，and are the important supporting materials for the development of the drama in the Qing dynasty. This paper discusses the performance of the related operas such as The story of the *Green Robe*，the performing forms of Qinqu，Dashifan and Xiyue，the programme and list of operas in the novel，which also can be seen in the Qing dynasty opera ecology.

**Keywords**：*The Scholars*；Wu Jingzi；The Opera ecology

# 唐文治《十三经读本评点札记》探析

王少帅

[摘　要]《十三经读本评点札记》是以文读经，进行古文创作的指南。文章从评点札记的成书、评点札记的形式和内容、评点札记的经学意义等三个方面进行考述。评点札记以文读经，是《十三经读本》中颇具特色的一块内容。各家评点人数不一，从评点符号到评语内容，都各有特色。今对经学评点札记的考述，一方面窥见文学源于经学，文学为经学之流；另一方面也看到经学与文学的结合，经文可以以文论之。《十三经读本评点札记》不仅有经学导引、文章指南的作用，更有保存文章学文献的重大意义。

[关键词] 唐文治；《十三经读本》；评点；文章学

唐文治（1865—1954），字颖侯，号蔚芝，晚号茹经，江苏太仓（今属苏州市）人。光绪十八年（1892）进士，授户部主事，署理尚书。光绪三十三年（1907）丁内艰南归。后转而从事教育事业，任上海高等实业学堂监督、无锡国学专修学校校长。唐氏幼承庭训，又先后受业于王祖畲、黄以周、王先谦门下。著有《十三经提纲》《礼记大义》《茹经堂奏疏》《紫阳学术发微》《阳明学术发微》《茹经堂文集》等。《十三经读本》为唐文治编撰，凡二百二十七卷。首列《十三经提纲》十三卷，后附《十三经读本评点札记》四十五卷。此评点札记集唐氏数年搜求之功，筛选辑合之力，遂有此四十五卷关于经书的名家评点。评点之法脱胎于章句传统，后来被广泛应用于文学作品的评论，专门选辑经书评点的作品尚不多见，因此唐氏此举对经学研究大有裨益。这部分评点札记的附录既是唐氏经学思想与古文创作相结合的反映，也是《十三经读本》中以文论经而颇具特色的一部分。遗憾的是此处评点几乎不见有人研究，更遑论评点札记对经学的价值了。因此，笔者拟对《十三经读本》所附评点札记探考如下，以期展示唐文治的经学思想和以文读经的意义。

## 一、《十三经读本评点札记》的成书

晚清以降，西学东渐，科举废除，经学废置。唐文治有感于经学危机甚于焚书之祸，

---

【作者简介】王少帅，河南濮阳人，山东大学文学院博士研究生。主要从事先秦两汉文献整理与研究。

遂从 1918 年开始，历时六年完成《十三经读本》的编撰，其间曾组织门人弟子对所收著作进行校勘，后由施肇曾于 1924 年襄助付梓，至 1926 年刊印完成。据唐氏自叙云："一九一八年冬，编《十三经提纲》，《易》《诗》《书》《三礼》成。"① 又 "一九一九年，编《十三经提纲》，《春秋左氏》《公羊》《穀梁》三传，《论语》《孝经》《尔雅》《孟子》成。合上年所编，共分二卷。是编之意，专为开示初学读经门径，后人得此，当不至畏难中止矣"②。《十三经提纲》编撰后，1920 年唐氏辞去南洋大学督学之职，同年 12 月施肇曾创办无锡国学专修馆，并聘请唐文治留馆任教。据唐氏《自述》云："一九二一年与施君省之议刻《十三经》。近时吾国学生皆畏读经，苦其难也。爰搜罗《十三经》善本及文法评点之书，已十余年矣。自宋谢叠山先生，至国朝曾文正止，凡二十余家，颇为详备。施君闻有此书，商请付梓，余因定先刻《十三经》正本，冠以提纲。附刻先儒说经世鲜传本之书，而以评点文法作为札记，谨作叙文，并请陈太傅弢庵名宝琛撰序，命上海刻字铺朱文记经刊，分校者太仓陆君蓬士、王君慧言、李君慰农、徐君天旸及陆生景周，期以三年竣工。"③ 唐文治《十三经读本》是针对学生苦于经书难读而编，首列《十三经提纲》，后附评点札记均可视为读经之引导。故《十三经读本》唐氏自序云："文治于是悚然以惧，渊然以思。思所以拯斯道之厄。则孳孳焉、汲汲焉，搜集《十三经》善本，采其注之简当者，芟其解之破碎而繁芜者，抉其微言，标其大义，撰为提纲，附于诸经简末。复集昔人评点，自钟、孙以逮方、刘、姚、曾诸名家，参以五色之笔，阅十数年而成书。由是各经之文法显，文义明，厘然灿然，读者如登康庄，如游五都，如亲聆古人之诏语，无复向者艰涩不通之患矣。"④ 将札记视其为学者读经之助，循此犹如古人亲授，不会有艰难不通之处。

由此可知，唐氏搜求经书善本与文法点评之书历经十余年，编撰校勘历时六年，又历时三年刊刻完成。虽然唐氏称所附评点从宋谢枋得到清曾国藩止，这是唐氏本人辑合的。实际上，点评也收录了由唐氏门人收集的唐氏本人的若干种点评，如《周易》《仪礼》《礼记》《论语》《孝经》《孟子》等。评点札记凡四十五卷，每一经均辑有不同人的评点，兹胪列如下：

| 书名 | 卷数 | 评点人及用笔 | | | |
|------|------|------|------|------|------|
| 《周易》 | 三 | 徐退山（红⑤） | 吴挚甫（蓝） | 唐蔚芝（墨） | |

---

① 唐文治著，文明国编：《唐文治自述》，安徽文艺出版社，2013 年，第 70 页。
② 唐文治著，文明国编：《唐文治自述》，安徽文艺出版社，2013 年，第 72 页。
③ 唐文治著，文明国编：《唐文治自述》，安徽文艺出版社，2013 年，第 76 页。
④ 唐文治：《十三经读本》卷首序言，第 1 册，民国十三年（1924）施肇曾醒园刊本，上海人民出版社，2015 年影印本，6 页下—7 页上。
⑤ 按：《十三经读本》凡例云："经书本非难读，若从文法入手，便易了解，是刻所用评点本，皆历年搜集而成，颇费心力。惟因五色笔套印不便，故略仿《归方评点史记》之例，改作札记。学者按照札记自临一过，则于圣道之渊源，文章之奥义，思过半矣。"故此处标"红"字，刊刻时仅标明笔色，仍是墨刻，其他同义。唐文治：《十三经读本》卷首凡例，第 1 册，民国十三年（1924）施肇曾醒园刊本，上海人民出版社，2015 年影印本，11 页下。

续表

| 书名 | 卷数 | 评点人及用笔 | | | | |
|---|---|---|---|---|---|---|
| 《尚书》 | 五 | 孙月峰（黄） | 武士进（绿） | 任钓台（红） | 方存之（蓝） | 吴挚甫（墨） |
| 《诗经》 | 三 | 谢叠山（蓝） | 钟伯敬（红） | 刘海峰（墨） | | |
| 《周礼》 | 三 | 陈子渊（墨） | 郭文毅（绿） | 孙月峰（红） | | |
| 《仪礼》 | 二 | 陈爻一（墨） | 唐蔚芝（红） | | | |
| 《礼记》 | 五 | 谢叠山（蓝） | 孙月峰（墨） | 姚姬传（黄） | 吴挚甫（绿） | 唐蔚芝（红） |
| 《春秋左传》 | 四 | 孙月峰（蓝） | 方望溪（黄） | 姚姬传（红） | 曾文正（墨） | |
| 《春秋公羊传》 | 五 | 孙月峰（红） | 张宾王（黄） | 钟伯敬（蓝） | 杨绍溥（绿） | 储同人（墨） |
| 《春秋穀梁传》 | 五 | 孙月峰（墨） | 张宾王（黄） | 钟伯敬（蓝） | 王昭平（红） | 储同人（绿） |
| 《论语》 | 三 | 方存之（蓝） | 吴挚甫（红） | 唐蔚芝（墨） | | |
| 《孝经》 | 一 | 唐蔚芝（红） | | | | |
| 《尔雅》 | 一 | 陈爻一（红） | | | | |
| 《孟子》 | 五 | 苏老泉（红） | 曾文正（黄） | 方存之（绿） | 吴挚甫（蓝） | 唐蔚芝（墨） |

由此表可知，札记共辑合有宋、明、清至民国学者二十一家评点。徐与乔、武士进、任启运、刘大櫆、陈子渊、郭正域、方苞、杨绍溥、王昭平、苏洵等仅有评点一种；谢枋得、陈爻一、姚鼐、储欣、曾国藩、张榜评点两种；方宗诚、钟惺评点三种；吴汝纶评点五种；孙旷、唐文治为六种。各家评点分别用红、黄、蓝、绿、墨五色以示区别，实际上刊刻中开篇篇名之下靠右仅保留"唐蔚芝红笔"或"孙月峰蓝笔"等竖行小字，以示评点之貌。此外，自民国十三年（1924）施肇曾醒园刊本以后，又有2015年6月上海人民出版社据此影印本。以上为评点札记编撰、刊印的基本情况。

## 二、《十三经读本评点札记》的形式和内容

评点是在阅读文本的基础上，对其内容和写作方法进行评析，从而深入理解文本的一种研究方法。从对经籍正史的注解，进而发展到对诗词歌赋以及小说等俗文学的评论圈点。张伯伟对评点进行全面考察后认为："章句提供了符号和格式的借鉴，前人论文的演变决定了评点的重心，科举激发了评点的产生，评唱树立了写作的样板。"又"（评点）它注重对文本结构、意象、遣词造句等属于文学形式方面的分析，同时也不废义理和内容的考察，尽管这在评点是次要的"①。因此，评点本身兼具形式内容两个方面，是"点"与"评"的结合。大致来看，"评"主要是文字评论，"点"主要是符号评论，二者一般是齐头并进，相互起作用，圈点符号其实也是文字评论的另一种表达。评点"其形式包

---

① 张伯伟：《中国古代文学批评方法研究》，中华书局，2002年，第590—591页。

括序跋、读法、眉批、旁批、夹批、总批和圈点"①。这些评点形式中又夹杂有一些特定的点评符号，不同的符号代表不同的含义。明徐师曾《文体明辨序说》载有宋代真德秀批点符号，如"点、抹、撇、截"，其中旁点"、"表示"谓其言之藻丽者，字之新奇者"②；明代唐顺之批点符号，如"长圈、短圈、长点、短点、长虚抹、短虚抹、抹、撇、截等"。其中长圈"○○○○○○○○"表示"精华"，短圈"○○"表示"字眼"等。③《十三经读本》后附评点札记基本上也都是这些符号，以圈点为主。此圈点主要是以"札记"的叙述形式呈现出来。今以2015年6月上海人民出版社影印本来考察其形式和内容。

总体来看，唐氏所辑合的这四十五卷评点主要有以下三种评点方式，即总评、夹注（文字）评、圈点（符号）评等。这三种方式之间可以组合，或兼有总评和夹注评，或夹注评和圈点评，或总评和圈点评，或只有圈点评等。由于每个人的评点方法不同，即使同一个人对不同的经书的评点也不同，所以现对每部经书的评点情况，详细述列如下。

《周易》评点三种。徐退山评点《周易》，徐氏对《卦辞》《爻辞》《彖辞》《象辞》或《文言》予以评论。然后对每卦下面的《爻辞》进行圈点。或无评论文字，直接圈点。对《系辞上传》《系辞下传》《说卦传》《序卦传》《杂卦传》评论之后，又以"○"为标识，将《系辞》或者《卦传》进行圈点（参图1）。吴汝纶对《周易》中《卦辞》《彖辞》《象辞》《爻辞》或《文言》直接进行圈点，无夹注评论。唐文治在《周易》评点前列出圈点总例，并指出"右圈点总例，学者按此过临，记中不复辑录"④。（参图2）《周易》评点径用圈点符号，如单角、双角、单圈、连点、连圈、重圈、围圈等，无文字评论。

图1　徐退山评点《周易》卷一第一页

①　谭帆：《古代小说评点简论》，山西人民出版社，2005年，第20页。
②　徐师曾：《文体明辨序说》，人民文学出版社，1962年，第96页。
③　徐师曾：《文体明辨序说》，人民文学出版社，1962年，第97页。
④　唐文治：《〈周易〉评点札记》卷三，第6册，民国十三年（1924）施肇曾醒园刊本，上海人民出版社，2015年影印本，3784页上。

图2　唐文治评点《周易》总例卷三第一页

图3　任钓台评点《尚书》　　　　图4　唐文治评点《礼记》
　　卷六第一页Ａ面　　　　　　　　卷二一第一页Ａ面

　　《尚书》评点五种。孙月峰评《尚书》之始，有唐文治对《尚书》的帮助"《尚书》古今文本不同，兹所辑评点四家，惟吴挚甫先生用古文，核之孙辑本无甚出入，至孙、武、任三家俱用梅本。学者过临时，当以吴评度入，《尚书读本》其余评点均应归入《尚书约注》"①。孙氏评《尚书》摘取经文夹注评论，后面紧随该段起讫文字及圈点。武士进先有对经文的摘取夹注，后列有夹注所评段落的文字起讫，或以"○"为界，或以"至"为限，施加圈点。任钓台先摘取经文进行夹注评论，之后对应该段或以"○"为界，或以"至"为限施加圈点（参图3）。方存之评点全用文字评论，对摘取的经文夹注点评，

---

①　唐文治：《〈尚书〉评点札记》卷四，第6册，民国十三年（1924）施肇曾醒园刊本，上海人民出版社，2015年影印本，3793页下。

详细缜密。吴挚甫评点《尚书》先夹注评论，后列所评段落对应的圈点。

《诗经》评点三种。谢叠山选取《诗经》中的篇章，全用文字评论，无圈点符号。或针对一篇整体评论，如《葛覃》《麟趾》等；或是对一篇中的某句、某章评论，如《北风》《有狐》等。钟伯敬评点，一般有针对整篇的总评，之后是针对篇章中某些句子进行评论。《国风》中的篇章评论完之后，再有对刚才评论过的篇章进行起讫圈点评。如先有《国风·关雎》"看他窈窕淑女，三章说四遍"①。《国风》中所要评论的篇目结束后，又从《关雎》开始进行圈点评，即《关雎》"关关圈，窈窕淑女，君子好逑圈，左右流之圈"②。刘海峰评点选取《风》《雅》《颂》篇目，径施圈点，无文字评论。如"《常棣》首章全点，二章全圈，'脊令在原，兄弟急难'圈。'每有良朋，况也永叹'点"③。

《周礼》评点三种。陈子渊以文字夹注的形式对《天官》《地官》《春官》《夏官》《秋官》《冬官》进行点评，每个部分中又分整体评点和单句评点两种。如对《周礼·考工记·幌人》的整体点评"此章峻洁简练，太上古调"④。对《玉人》篇中"玉人之事下"评点为"纪叙器制，朴而文。韩退之《画记》仿此"⑤。郭文毅仅点评了《冬官》一篇，他认为此篇："其文瑰奇变化，乃天地间一种不可磨灭文字。"⑥ 如对"粤之无镈也下"的评点，"文气矫矫，前无古人"⑦。文字评点完之后，郭氏的符号圈点附在文后，例如"粤无镈至谓之工圈"等⑧。孙月峰除《周礼》之《地官》外，其余五篇均仅抽绎出其中的某句话进行评点，共十条札记。如《小宗伯》"辨六齍之名物下"，评点为"章法典雅且奇，字磊落堪摘"⑨。

《仪礼》评点两种。《仪礼》评点中陈爻一除《公食大夫礼》《觐礼》《士丧礼》《既夕礼》《有司彻》五篇未评外，其余十二篇均有点评。每篇篇首，均有总评一则，总体谈论此篇的文法等。例如《士冠礼》总评云："此文叙事体格也，字字有斟酌，句句有筋骨，

---

① 唐文治：《〈诗经〉评点札记》卷一〇，第 6 册，民国十三年(1924)施肇曾醒园刊本，上海人民出版社，2015 年影印本，第 3864 页上。

② 唐文治：《〈诗经〉评点札记》卷一〇，第 6 册，民国十三年(1924)施肇曾醒园刊本，上海人民出版社，2015 年影印本，第 3866 页上。

③ 唐文治：《〈诗经〉评点札记》卷一一，第 6 册，民国十三年(1924)施肇曾醒园刊本，上海人民出版社，2015 年影印本，第 3875 页上。

④ 唐文治：《〈周礼〉评点札记》卷一二，第 6 册，民国十三年(1924)施肇曾醒园刊本，上海人民出版社，2015 年影印本，第 3882 页下。

⑤ 唐文治：《〈周礼〉评点札记》卷一二，第 6 册，民国十三年(1924)施肇曾醒园刊本，上海人民出版社，2015 年影印本，第 3882 页下。

⑥ 唐文治：《〈周礼〉评点札记》卷一三，第 6 册，民国十三年(1924)施肇曾醒园刊本，上海人民出版社，2015 年影印本，第 3884 页上。

⑦ 唐文治：《〈周礼〉评点札记》卷一三，第 6 册，民国十三年(1924)施肇曾醒园刊本，上海人民出版社，2015 年影印本，第 3884 页上。

⑧ 唐文治：《〈周礼〉评点札记》卷一三，第 6 册，民国十三年(1924)施肇曾醒园刊本，上海人民出版社，2015 年影印本，第 3884 页下。

⑨ 唐文治：《〈周礼〉评点札记》卷一四，第 6 册，民国十三年(1924)施肇曾醒园刊本，上海人民出版社，2015 年影印本，第 3886 页上。

节节有次第，章章有源委，条理始终，如绘如织，文蕴于质中。若求辞华于字面，则失之矣。"① 之后，则针对此篇中个别字句征引前人评点，如对《士冠礼》中的"〔醴辞〕甘醴惟厚，嘉荐令芳"后引用明代钟惺评语"颂词，雅致相仍"②。文字评点之后，附有圈点评，如"〔醴辞〕甘醴惟厚，嘉荐令芳点"等。唐文治评点了《仪礼》中的《士冠礼》《士昏礼》《士相见礼》《聘礼》《丧服》《士丧礼》《既夕礼》《士虞礼》等八篇，仅有圈点符号，无文字评论，如《士相见礼》："〔进言之法〕凡'言非对也，妥而后传言'点，'与君言'至'言忠信'圈。凡'与大人言'至'坐则视膝'点。"③

《礼记》评点五种。谢叠山评点了《檀弓》一篇，谢氏先文字评论，后紧随该段文字的圈点评。如将"君安骊姬，是我伤公之心也"评论为"妙在'安'字，'伤'字。"④ 这段文字对应的后面的圈点为"君安骊姬，是我伤公之心也。围圈"⑤ 等。孙月峰除《燕义》《中庸》《大学》外，其余四十六篇均有评点。孙氏评点没有一定之则，有的篇目分总评、夹注评、圈点评三种，如《曲礼上》《礼运》《礼器》《郊特牲》《玉藻》《丧服小记》《乐记》《投壶》等。有的篇目无总评，直接是夹注的评点文字，紧接有该段文字的圈点符号，如《檀弓上》《檀弓下》《王制》《内则》《学记》《杂记上》《丧大记》《祭法》《祭义》《祭统》《哀公问》《孔子闲居》《深衣》《乡饮酒义》《射义》等。有的篇目仅有圈点评，如《曲礼下》《月令》《文王世子》《明堂位》《大传》《杂记下》《经解》《仲尼燕居》《坊记》《缁衣》《问丧》《间传》《昏义》《聘义》《丧服四制》等。有的篇目有总评，无夹注评论，有圈点评，如《曾子问》《少仪》《表记》《奔丧》《服问》《三年问》《儒行》等。有的篇目仅有总评，如《冠义》等。姚姬传评点了《檀弓》《礼运》《礼器》《郊特牲》《学记》《乐记》《祭义》《祭统》《经解》《孔子闲居》《问丧》《三年问》，凡十二篇，均以直接圈点的形式评点，如《祭统》"'所以假于外'至'故与志进退'圈"⑥ 等。吴汝纶评点《礼记》四十九篇，间或解说篇名，然后为多数篇目重新划章节，标明起讫，进而施加圈点。如《檀弓上》篇，先释篇名"檀弓自是孔子时人，此以为篇名，非即作记之人也。"然后，"读赗。曾子曰：非古也。连上'孟献子之丧'为一章。"这是章节划

---

① 唐文治：《〈仪礼〉评点札记》卷一五，第 6 册，民国十三年（1924）施肇曾醒园刊本，上海人民出版社，2015 年影印本，第 3887 页上。

② 唐文治：《〈仪礼〉评点札记》卷一五，第 6 册，民国十三年（1924）施肇曾醒园刊本，上海人民出版社，2015 年影印本，第 3887 页上。

③ 唐文治：《〈仪礼〉评点札记》卷一六，第 6 册，民国十三年（1924）施肇曾醒园刊本，上海人民出版社，2015 年影印本，第 3890 页上。

④ 唐文治：《〈礼记〉评点札记》卷一七，第 6 册，民国十三年（1924）施肇曾醒园刊本，上海人民出版社，2015 年影印本，第 3892 页上。

⑤ 唐文治：《〈礼记〉评点札记》卷一七，第 6 册，民国十三年（1924）施肇曾醒园刊本，上海人民出版社，2015 年影印本，第 3892 页下。

⑥ 唐文治：《〈礼记〉评点札记》卷一九，第 6 册，民国十三年（1924）施肇曾醒园刊本，上海人民出版社，2015 年影印本，第 3916 页上。

分。进而针对此节，进行圈点评，如"'申生有罪'至'申生受赐而死'点"①。此外，吴氏圈点符号比较丰富，有"点横""横截"等。唐文治点评《礼记》中的《曲礼上》《檀弓上》《檀弓下》《王制》《月令》《文王世子》《礼运》《内则》《玉藻》《学记》《乐记》《祭义》《经解》《哀公问》《孔子闲居》《坊记》《中庸》《表记》《缁衣》《问丧》《三年问》《儒行》《大学》《冠义》《昏义》《乡饮酒义》《射义》等，凡二十七篇。唐氏评点径施圈点符号，无评论文字（参图 4）。其中《内则》采顾抱桐先生评点，《坊记》《表记》《缁衣》采黄元同先生评点，《儒行》采黄石斋先生评点。所采点评均有总评、有夹注评，之后是所评段落起讫的圈点评。

《春秋左传》评点四种。孙月峰评点先列双行夹注文字评论，然后再列这段文字的圈点评，对十二公相应年月均有评点。方望溪评点分上、下两部分，上一部分以夹注的形式重点评论了：庄公八年（前 686）"齐连称管至父弑襄公"，僖公十五年（前 685）"韩之战"，僖公二十八年"城濮之战"，宣公十二年（前 597）"邲之战"，成公十六年（前 575）"鄢陵之战"，襄公二十七年（前 546）"宋之盟"。下一部分则是从隐公到哀公，选取其中的部分内容，以圈点形式点评。姚姬传评点则是对十二公经文，择取评点起讫之文，径施圈点符号，间或有夹注评论。曾文正评点则选取庄公、僖公、文公、宣公、成公、襄公、昭公、定公、哀公中的经文，径施圈点加以点评。

《春秋公羊传》评点五种。孙月峰评点除《闵公》一篇外，其余均有摘取点评，无圈点评论，如"桓公〔八年〕亟则黩下"点评为"以礼经语疏《春秋》，妙绝"②等。张宾王摘取经文评点，无圈点符号，如"庄公〔十七年〕书甚佞也"点评为"逸致翩然"③等。钟伯敬评点经文，先夹注评论，然后针对所评文字标明起讫，施以圈点。两部分之间以"○"隔开。杨绍溥仅摘取经文标明起讫，施加圈点。储同人评点经文，先夹注评论，然后针对所评文字标明起讫，施以圈点。两部分之间以"○"隔开。如"桓公〔五年〕言雩，则旱见；言旱，则雩不见"，评点为"妙语不在多"，之后以"○"界隔，再接"言雩，则旱见；言旱，则雩不见圈"④。

《春秋穀梁传》评点五种。孙月峰摘取点评，无圈点符号点评，如"襄公〔二十七年〕卫侯之弟出奔晋下"，评点为"章法雄肆，譬之骏马不必腾骧，跬步间有千里之

————————

　① 唐文治：《〈礼记〉评点札记》卷二〇，第 6 册，民国十三年（1924）施肇曾醒园刊本，上海人民出版社，2015 年影印本，第 3917 页下。

　② 唐文治：《〈春秋公羊传〉评点札记》卷二六，第 6 册，民国十三年（1924）施肇曾醒园刊本，上海人民出版社，2015 年影印本，第 4047 页上。

　③ 唐文治：《〈春秋公羊传〉评点札记》卷二七，第 6 册，民国十三年（1924）施肇曾醒园刊本，上海人民出版社，2015 年影印本，第 4049 页上。

　④ 唐文治：《〈春秋公羊传〉评点札记》卷三〇，第 6 册，民国十三年（1924）施肇曾醒园刊本，上海人民出版社，2015 年影印本，第 4072 页下。

思。"① 张宾王除《闵公》《哀公》外，其余摘取评点，无圈点符号。钟伯敬评点经文，先夹注评论，然后针对所评文字标明起讫，施以圈点。两部分之间以"〇"隔开。间或有直接圈点而无夹注者。如"昭公〔十八年〕子产曰下"评论为"灾祥祸福天意也，而圣人往往引归人事，意最深远"。然后以"〇"为界，接"'天者神'至'是人也'圈"②。王昭平径施圈点，无文字点评。储同人除《闵公》外，其余点评经文，先夹注评论，然后针对所评文字标明起讫，施以圈点。两部分之间以"〇"隔开。

《论语》评点三种。方存之对《雍也》《述而》《泰伯》《子罕》《颜渊》《卫灵公》六篇，在相应篇目下针对某一小章节作出评点，间有对整篇作出的总评。如"《为政》'吾十有五章'"评点为"此章即后人年谱之所祖"③。吴汝纶评点《论语》，除《子路》《宪问》《卫灵公》《子张》《尧曰》外，对每篇摘取文字径施圈点。如《里仁》"'有能一日用其力于仁矣乎'至'我未之见也'圈"④。唐文治评点摘取每篇的关键章节，径施起讫和圈点，最后附有此篇唐氏自撰并评论的《大义》，如《学而》篇后附有《学而大义》。

《孝经》评点一种。唐文治取《孝经》部分章节，径施起讫圈点，无夹注评。如"'先王有至德要道'至'上下无怨'点。'夫孝'至'教之所由生也'圈"⑤。

《尔雅》评点一种。陈爻一评点了《释亲》《释宫》《释乐》《释天》《释地》《释山》《释水》《释畜》八篇，间或有篇章总评，之后摘取个别句子进行文字评点，又接起讫和圈点评。评论中多引用钟惺、孙矿、胡撰、蒋尚宾、王宗尹等诸家说法。如《释山》"河南华下叙得嶒崚峣屼，如万山当前。孙矿曰：'句皆质陟，字多奥险。'多小石礐，多大石礜。王宗尹曰：'说的顽石皆生。'"后紧接"上正章宛中隆点，未及上翠微点，厓义点，重甋陳点，晋望点"⑥。

《孟子》评点五种。苏老泉评点了十四篇，径施起讫和圈点。曾文正先对《滕文公》《离娄》《告子》《尽心》个别句子进行评点，间有起至，后有夹注评论。如《告子篇》"鱼我所欲也至而有不为也。以上言欲有甚于生，恶有甚于死"⑦。再后有〔梁惠王篇齐桓

---

① 唐文治：《〈春秋穀梁传〉评点札记》卷三一，第 6 册，民国十三年（1924）施肇曾醒园刊本，上海人民出版社 2015 年影印本，第 4081 页上。

② 唐文治：《〈春秋穀梁传〉评点札记》卷三三，第 6 册，民国十三年（1924）施肇曾醒园刊本，上海人民出版社 2015 年影印本，第 4097 页上。

③ 唐文治：《〈论语〉评点札记》卷三六，第 6 册，民国十三年（1924）施肇曾醒园刊本，上海人民出版社 2015 年影印本，第 4116 页上。

④ 唐文治：《〈论语〉评点札记》卷三七，第 6 册，民国十三年（1924）施肇曾醒园刊本，上海人民出版社 2015 年影印本，第 4119 页上。

⑤ 唐文治：《〈孝经〉评点札记》卷三九，第 6 册，民国十三年（1924）施肇曾醒园刊本，上海人民出版社 2015 年影印本，第 4137 页上。

⑥ 唐文治：《〈尔雅〉评点札记》卷四〇，第 6 册，民国十三年（1924）施肇曾醒园刊本，上海人民出版社 2015 年影印本，第 4139 页上。

⑦ 唐文治：《〈孟子〉评点札记》卷四二，第 6 册，民国十三年（1924）施肇曾醒园刊本，上海人民出版社 2015 年影印本，第 4148 页上。

晋文之事章〕〔公孙丑篇养气章〕〔滕文公篇神农之言章〕〔离娄篇离娄之明章〕〔告子篇鱼我所欲也章〕〔舜发于畎亩章〕〔尽心篇孔子在陈章〕这七篇中点评句子的起讫和圈点。方存之于每篇之中，按照不同的故事又划分出若干章，每章之下有整体的评论。如《梁惠王上》篇分出《见梁惠王章》《沼上章》《尽心章》《愿安承教章》《梁襄王章》《晋文章》等，针对每章，方氏均有评论。吴汝纶评点《孟子》，于每篇开篇有总评一则，共七则。总评之后紧接有起讫圈点，无夹注点评。唐文治评点，先有夹注评论，后列文字起讫和圈点，再后面接此篇唐氏自撰并评点的《大义》。如《梁惠王上》《梁惠王下》之后有《梁惠王大义》，《大义》也有文字起讫和圈点符号。

## 三、《十三经读本评点札记》的意义

唐文治在经学、理学、古文创作等方面均有很高的造诣。同时他又能将这三个方面融会贯通，"涵濡于四子、六经之书，研求于《史》《汉》诸子百家之言"①。总体来看，唐氏对《十三经读本评点札记》的汇编体现出他重视以文读经，并且有志于宣传经学的思想。搜集诸家评点是针对当时废经不读，视经学如洪水猛兽之社会现实而发，也是唐氏文章学观念最直接的体现。

唐氏曾编撰《国文大义》《古人论文大义》《国文阴阳刚柔大义》《古人论文大义》等教学用书，诸书均是为文之法，而作文之源全在"六经"，为文之精要悉在名家评点。所以，唐氏文章学观念与此有很大关系。1925年，唐文治编成《国文经纬贯通大义》一书，以该书重点讲授评点之法，所以该书序言称："圈点之学，始于谢叠山，盛于归震川、钟伯敬、孙月峰，而大昌于方望溪、曾文正。圈点者，精神之所寄，学者阅之，如亲聆教者之告语也。惟昔人圈点所注意者，多在说理、炼气、叙事三端。方、曾两家，乃渐重章法句法。近时讲家，多循文教授，或炫博矜奇，难获实益。是编精意，专在线索，而线索专在于圈点。如'局度整齐法'，则专圈整齐处；'鹰隼盘空法'，专圈腾空处；'段落变化法'，专圈变化处。学者得此指点，并详玩评语，举一反三，毕业后可得无数法门矣。"② 唐氏专门编撰此书，列出四十四种方法，意在将圈点与古文创作结合起来，以期能够让学生领悟评点精要，进而进行古文创作。

1930年，唐氏曾撰《桐城吴挚甫先生文评手迹跋》一文，详细记述了向吴汝纶请益交往之事。跋文云："盖余受业镇洋土先生紫翔，定海黄先生元同，嘉兴沈先生子培而外，平生景仰者，惟先生一人而已。"③ 唐氏景仰吴氏，向其请教古文之法，受其影响颇

---

① 王桐荪、胡邦彦、冯俊森等选注：《唐文治文选·王紫翔先生文评手迹跋》，上海交通大学出版社，2005年，第323页。

② 唐文治：《国文经纬贯通大义例言》，王水照编纂《历代文话》第9册，复旦大学出版社，2008年，第8243—8244页。

③ 王桐荪、胡邦彦、冯俊森等选注：《唐文治文选·桐城吴挚甫先生文评手迹跋》，上海交通大学出版社，2005年，第345页。

大。同时，评点札记中又收录有吴氏评点五种，足见唐氏对桐城派传人的崇敬和效法。唐氏认为："我国文之功用，于古则足以经经纬史，贯穿百家；于今则足以陶铸群伦，开物而成务。"① 要追溯古文的源头，非经文莫属。因此，《十三经读本评点札记》的辑录就是以读文之法学习经文，领悟古文的创作关键。所以，评点札记的经学意义主要有三个方面。

第一，重塑了经文是古文典范的观念。自古就有经文是古文典范的观念，《文心雕龙·宗经》篇云："经也者，恒久之至道，不刊之鸿教也。故象天地，效鬼神，参物序，制人纪，洞性灵之奥区，极文章之骨髓者也。"② 所以，经文是文章的典范，是能够洞察人性，代表文章精华。但受制于经为不刊之论的传统观念，人们又将经文视为高于其他一切文字著作而格外重视。因此，就有"经不以文论"的观念，经书虽然是文字创作，但不受文学作品评论的限制。所以，清初钱谦益、顾炎武等人认为评点之法用于经书"是之谓非圣无法，是之谓侮圣人之言"③。四库馆臣评《孙月峰评经》云："经本不可以文论，苏洵评《孟子》，本属伪书，谢枋得批点《檀弓》，亦非古义。钤乃竟用评阅时文之式，一一标举其字句之法，词意纤仄。钟谭流派，此已兆其先声矣。"④ 四库馆臣出于尊经的目的，认为"经不可以文论"，评点为时文样式，不能揭示经文大义。据吴承学研究："以文法读经始于唐而盛于明。其实，古人认为'文本于经'，经书也是文章写作的典范，所以以文法读经是自然而然的事。在诗文评中，有大量对于五经文法、句法的分析，以文体说经不足多怪……"⑤ 所以，评点源于注解，后又以之读经，形式虽有不同，但目的都是为读懂经书。唐文治对经书尊重的同时，又能认识到经书的价值，力主读经救国，以培养广大学子的民族气节。因此，评点札记的辑录正是对经文是古文典范观念的重塑。

第二，强调了评点为古文创作的关键。清俞樾曾评宋吕祖谦之《古文关键》云："先生论文极细，凡文中精神、命脉，悉用笔抹出；其用字得力处，则或以点识之；而段落所在，则钩乙其旁，以醒读者之目。学者循是以求，古文关键可坐而得矣。"⑥ 对于初学者而言，掌握这些点评所揭示的古文精要，自然就可以得门而入。吕思勉曾言："圈点之用，所以抉出书中要紧之处，俾人一望而知，足补章句所不备，实亦可为章句之一种。徒以章句为古人所用而尊之，圈点起于近世而訾之，实未免蓬之心也。"⑦ 圈点虽然流行于近世而被轻视，但它可以补"章句"之不足，乃至影响到对正经正史的点评。古文创

---

① 王水照编纂：《历代文话·国文大义序》，复旦大学出版社，2007年，第8188页。
② ［南朝梁］刘勰著，范文澜注：《文心雕龙注》上册，人民文学出版社，1958年，第21页。
③ ［清］钱谦益：《牧斋初学集》第2册，上海古籍出版社，2003年，第872页。
④ ［清］纪昀等：《四库全书总目》，中华书局，1965年影印本，上册，第283页上栏。
⑤ 吴承学：《中国古代文体学研究》，人民文学出版社，2011年，第423页。
⑥ ［清］俞樾：《东莱先生古文关键后跋》，清光绪廿四年（1898）江苏书局本卷末。
⑦ 吕思勉：《文字学四种》，上海教育出版社，1985年，第52页。

作的结构骨架、章法句法等一方面有赖于先生讲授，另一方面又依靠自己熟读古文，阅读前人评点。因此，评点就是阅读文章的点播指南，而唐文治《国文经纬贯通大义》一书中所集中讲解的四十四种评点方法，均是指导古文创作的释例。不因评点为文学批评样式而忽视它在古文学习中的关键作用，所以《十三经读本评点札记》的辑录就突出了这一点，可以作为学习的典范，文章之学的精华正是由此体现出来。

第三，宣传并普及了对经学的认识。唐氏读经治世的主张需要将经书大义普及开来，消除当时社会上普遍存在的畏经难读的心理，打破原来"经不能以文论"的偏见。因此，就有必要将经文当作古文写作的典范，加以学习并进行创作。唐氏的殷切期盼和身体力行的实践证明，经学作为中国传统文化的核心是需要也是值得提倡和发扬的。由于世殊时异，读经方法的选择上需要变通，而不是盲目地尊奉不疑。《唐文治国学演讲录》中收录有唐氏古文辞演讲，虞万里分为三类，"一为总论读文作文之要旨，二为选讲研究古人名篇，三为选录其《国文经纬贯通大义》中古文作文以示例"①。它以讲座的形式传授古文要旨及写法，其中第三类即为评点讲授。所以，《十三经读本评点札记》就是经学学习的导引，以文读之，可以起到普及的效果，促进对经学的重新认识。

## 四、结语

经文是古文的典范。《十三经读本评点札记》是以文读经，进行古文创作的指南。本文从评点札记的成书、评点札记的形式和内容、评点札记的经学意义等三个方面进行考述。此考述是对《十三经读本》研究的一部分，评点札记是以文读经，颇具特色的一块内容，尤其值得重视。唐文治先生一生著述宏丰，尤其看重文章学，在教学活动中不断付诸实践，或编撰讲义，或选讲古人名篇，或搜集古文评点等，目的在于将古文的学习与个人品德、操守、气节等结合起来，真正实现读经治世的愿望。今对经学评点札记的考述，一方面窥见文学源于经学，文学为经学之流；另一方面也看到经学与文学的结合，经文可以以文论之。《十三经读本评点札记》不仅有经学导引、文章指南的作用，更有保存文章学文献的重大意义。

**An Exploration of the Commentary Notes on Tang Wenzhi's**
***Readings of the Thirteen Classics***

Wang Shaoshuai

**Abstract**：The commentaries on *Readings of the Thirteen Classics* are a guide to reading the Scriptures in writing and composing ancient texts. The article examines three aspects of the book, the form and content of the Commentary Notes, and the significance

---

① 唐文治著，张靖伟整理：《唐文治国学演讲录》，上海交通大学出版社，2017 年，第 50 页。

of the Commentary Notes in the study of the Scriptures. The Commentary Journal, which reads the Scriptures in writing, is a piece of content that is quite unique in the *Readings of the Thirteen Classics*. The number of commentaries varies from diffent people, and the contents of commentaries are unique from the symbols to the comments. Today's review of the Scripture Commentary Notes, on the one hand, we can see that literature originated from the Scripture, literature for the flow of the Scripture; on the other hand, we can also see the combination of the Scripture and literature, the Scripture can be argued with the literature. The commentaries on the *Readings of the Thirteen Classics* not only serve as a guide to the scriptures and articles, but also have a great significance in preserving the literature of article studies.

**Keywords**：Tang Wenzhi; *Readings of the Thirteen Classics*; Commentary; Essayism

# 《汉籍与汉学》稿约

《汉籍与汉学》是由山东大学国际汉学研究中心主办、由山东人民出版社出版发行的综合性学术刊物，旨在建立弘扬中国传统文化、推动海内外中国古典学研究与交流的学术平台。本刊自 2017 年 11 月创刊，主编王承略，副主编聂济冬，刊物每期设置有"汉籍研究""汉学研究""文史研究""海外访书记""学术信息"等板块，内容主要涉及海内外有关中国古典学术与古代典籍的研究，范围较为广泛。

《汉籍与汉学》发刊以来，受到海内外学界的支持和关注，已连续三年入选"中文社会科学引文索引"（CSSCI）来源集刊、被《中国人文社会科学学术集刊 AMI 综合评价报告（2022 年）》收录，被"中国学术期刊网络出版总库"（CNKI）全文收录，并多次荣获华东地区优秀哲学社会科学图书奖，北方十五省、市、自治区哲学社会科学优秀图书奖。竭诚欢迎海内外从事中国古典学研究、中国古代典籍整理研究的学者赐稿。文稿一经采用，稿费从优。

## 一、征稿范围

关于中国古典学、古代典籍和海外汉籍与汉学研究的学术论文。

## 二、来稿要求

1. 来稿须是未经发表的学术论文，来稿篇幅以控制在 1 万到 1.5 万字为宜，特约文稿不在此例。要求学术观点新颖，客观审慎，论据充足，论证严密，文字通达，资料可靠，能及时反映所研究领域的最新成果。

2. 本刊使用规范简体字。标题采用宋体四号字。正文采用宋体五号字，一倍行距，A4 纸打印。按照标题、作者姓名、中英文内容摘要（200 字左右）、中英文关键词（3—5 个）、正文的顺序排列。引文一律采用页下注的形式，注释码用阿拉伯数字①②③④……表示，每页重新编号，要求引文准确，并按照"作者、译者、校注者：书名，版本，页码"的顺序注明出处即［朝代］或［国别］作者，书名，出版社，出版年，页码。

3. 本刊采用匿名审稿制。来稿可将电子文本投递至本刊电子信箱。于正文第一页页下注中附作者简介（姓名、出生年月、工作单位、职称职务、研究方向）、通信地址、邮编、电话、电子信箱。来稿请勿投寄个人。

4. 来稿文责自负。

## 三、其他

1. 编辑部有权对拟采用的稿件做适当修改，如不同意，请在来稿首页予以注明。

2. 编辑部有权将刊发文稿在"全球汉籍合璧工程"相关网站、数据库、微信公众号等平台公开，如不同意，请在来稿中予以注明。

3. 本刊已许可《中国学术期刊（光盘版）》电子杂志社在中国知网及其系列数据库产品中以数字化方式复制、汇编、发行、信息网络传播本刊全文。作者著作权使用费和本刊稿酬一次性给付。如不同意，请在来稿中予以注明。

4. 来稿中若无特别说明，即被视为同意编辑部上述声明。

5. 自投稿日起 3 个月内未接到用稿通知者，可自行处理。来稿不退，敬请谅解。

## 四、联系方式

通信地址：山东省济南市山大南路 27 号山东大学中心校区国际汉学研究中心

邮政编码：250100　　电话：(86)-0531-88363848

电子信箱：hanjiyuhanxue@163.com

# 《汉籍知新》稿约

　　为推进中华优秀传统文化创造性转化和创新性发展，山东大学国际汉学研究中心特推出《汉籍知新》辑刊，以此作为中国古籍研究、中国古典文献学研究成果的发布、交流平台。《汉籍知新》于2022年创刊，已出版第1期。在此基础上，为了更好地加强东西方文化对话交流、多元文明的互鉴；更好地推动海内外有关中国古籍研究、中国古典文献学研究的发展，我们今将本刊作全面提升，扩大收录范围。不仅专注于有关海外汉籍流布、存藏和珍稀本的研究以及海外汉籍的接受与影响，而且还发布汉籍与汉学研究的前沿动态，介绍海外重要的汉籍存藏图书馆，等等。

　　本刊主要设置有"海外汉籍流布研究""海外汉籍存藏研究""海外汉籍图书馆介绍""汉籍与汉学研究新动态""海外珍稀本研究""海外汉学家访谈""中国书籍史研究"等板块，截稿日期在每年的2月和8月，略有薄酬，敬希海内外从事中国古代历史、中国古代思想史、中国古代文学史、中国古典文献学等研究领域的学者赐稿，共同推动中国古典学、中国古典文献学的发展。

## 一、征稿范围

　　关于中国古典学、古代典籍和海外汉籍研究的学术论文。

## 二、来稿要求

　　1. 来稿须是未经发表的学术论文，来稿篇幅以控制在1万到1.5万字为宜，特约文稿不在此例。要求学术观点新颖，客观审慎，论据充足，论证严密，文字通达，资料可靠，能及时反映所研究领域的最新成果。

　　2. 本刊使用规范简体字。标题采用宋体四号字。正文采用宋体五号字，一倍行距，A4纸打印。按照标题、作者姓名、中英文内容摘要（200字左右）、中英文关键词（3—5个）、正文的顺序排列。引文一律采用页下注的形式，注释码用阿拉伯数字①②③④……表示，每页重新编号，要求引文准确，并按照"作者、译者、校注者：书名，版本，页码"的顺序注明出处即［朝代］或［国别］作者，书名，出版社，出版年，页码。

　　3. 本刊采用匿名审稿制。来稿可将电子文本投递至本刊电子信箱。于正文第一页页下注中附作者简介（姓名、出生年月、工作单位、职称职务、研究方向）、通信地址、邮编、电话、电子信箱。来稿请勿投寄个人。

4. 来稿文责自负。

## 三、其他

1. 编辑部有权对拟采用的稿件做适当修改，如不同意，请在来稿首页予以注明。

2. 编辑部有权将刊发文稿在"全球汉籍合璧工程"相关网站、数据库、微信公众号等平台公开，如不同意，请在来稿中予以注明。

3. 本刊已许可《中国学术期刊（光盘版）》电子杂志社在中国知网及其系列数据库产品中以数字化方式复制、汇编、发行、信息网络传播本刊全文。作者著作权使用费和本刊稿酬一次性给付。如不同意，请在来稿中予以注明。

4. 来稿中若无特别说明，即被视为同意编辑部上述声明。

5. 自投稿日起 3 个月内未接到用稿通知者，可自行处理。来稿不退，敬请谅解。

## 四、联系方式

通信地址：山东省济南市山大南路 27 号山东大学中心校区国际汉学研究中心

邮政编码：250100　　电话：(86)-0531-88363848

电子信箱：hanjizhixin@163.com